清史稿

趙爾巽等撰

第三册

卷九至卷一六（紀）

中華書局

清史稿卷九

本紀九

世宗本紀

世宗敬天昌運建中表正文武英明寬仁信毅睿聖大孝至誠憲皇帝諱胤禛，聖祖第四子也。母孝恭仁皇后烏雅氏。生有異徵，天表魁偉，舉止端凝。康熙三十七年封貝勒。四十八年封雍親王。

六十一年十一月，聖祖在暢春園不豫，命代祀圜丘。甲午，聖祖大漸，召於齋宮，宣詔嗣位。聖祖崩。辛丑，上卽位，以明年爲雍正元年。命貝勒胤禩、皇十三弟胤祥、大學士馬齊、尚書隆科多總理事務。召撫遠大將軍胤禵來京。命兵部尚書白潢協理大學士。以楊宗仁爲湖廣總督，年希堯署廣東巡撫。

十二月戊午，停止直省貢獻方物。壬戌，封貝勒胤禩爲廉親王，胤祥爲怡親王，胤祹爲履郡王，廢太子胤礽之子弘晳爲理郡王。更定歷代帝王廟祀典。癸亥，詔古今圖書集成一書尚未竣事，宜速舉淵通之士編輯成書。以輔國公延信爲西安將軍，署撫遠大將軍事。甲子，詔直省倉庫虧空，限三年補足，逾限治罪。命富寧安爲大學士，隆科多爲吏部尚書，廉親王胤禩管理藩院尚書事。壬申，以張廷玉爲禮部尚書。予大學士馬齊二等伯爵，賜名敦惠。

雍正元年癸卯春正月辛巳朔，頒詔訓飭督、撫、提、鎭，文吏至於守、令，武將至於參、游，凡十一道。丙戌，時享太廟。辛卯，祈穀於上帝。壬寅，頒賜提、鎭、副將大行遺念弓矢櫜鞬。刑部尚書陶賴、張廷樞坐審訊陳夢雷一案釋其二子，降官。甲辰，封淳郡王子弘曙爲長子、弘春爲貝子。乙巳，大學士王掞乞休，允之。

二月辛亥朔，以佛格、勵廷儀爲刑部尚書。壬子，以張鵬翮爲大學士。乙卯，以皇十六弟胤祿出嗣莊親王博果鐸，襲其爵。以博果鐸之姪球琳爲貝勒。庚申，訓飭貝子胤禟。乙丑，封輔國公延信爲貝子。定部院書吏考滿回籍聽選例。敕科道官每日一人具摺奏事。辛未，以宜兆熊爲福州將軍。趙之垣免，以李維鈞爲直隸巡撫。己卯，副將軍阿喇衲奏羅卜臧兒回人投順。

三月甲申，罷西藏防兵戍察木多。加隆科多、馬齊、年羹堯太保。命督撫疏薦幕賓。封年羹堯三等公。壬辰，命故安和親王岳樂之孫吳爾占、色亨圖、經希及其子移居盛京，除屬籍。

夏四月辛亥，大行梓宮奉安饗殿，命貝子胤禵留護。丙辰，命怡親王胤祥總理戶部，封其子弘昌爲貝子。設鄉、會試繙譯科。乙丑，復置起居注官。封皇十七弟胤禮爲果郡王。丁卯，初御乾淸門聽政。制詔訓飭大學士、領侍衞內大臣、文武大臣凡三道。丙子，晉封淳郡王胤祐爲親王。敕總兵官具摺言事。

五月庚辰，詔免雲南入藏兵丁應補倒斃馬匹。癸卯，御太和殿視朝。李維鈞請以州縣歲入彌補積虧。上曰：「州縣官令少從容，方可責之盡心興舉，豈可勒爲他人補虧缺耶！」乙酉，敕理郡王弘晳移住鄭家莊。丁酉，命尙書徐元夢署大學士。辛丑，仁壽皇太后崩，帝之生母也，奉安梓宮於寧壽宮。封貝子胤禵爲恂郡王。

六月丁巳，以左世永爲漢軍都統。己未，加封孔子五世王爵。辛酉，命八旗無恆產者移居熱河墾田。壬戌，青海郡王額爾得尼爲羅卜藏丹津所破，率屬來投，遣官撫之。其姪噶爾丹達錫續來歸附，命同居於蘇油。壬申，敕李維鈞：「畿甸之內，旗民雜處，旗人暴橫，頗苦小民。爾當整飭，不必避忌旗、漢形迹，畏懼王公勳戚，皆密奏以聞。」丙子，敕八旗人員有爲本旗都統、本管王公刁難苛索者，許其控訴。

秋七月己卯，命侍郎常壽諭和羅卜藏丹津。乙酉，遣官赴盛京、江西、湖廣糴米運京。己丑，詔免江西漕糧腳耗運費誤追者。壬辰，改國語固山額眞爲固山昂邦，伊都額眞爲伊都章京。辛巳，停本年秋決。除紹興惰民丐籍。頒行孝經衍義。壬寅，命隆科多、王頊齡監修明史，徐元夢、張廷玉爲總裁。

八月丁巳，以楊琳爲廣東總督，孔毓珣爲廣西總督。甲子，召王大臣九卿面諭之曰：「建儲一事，理宜夙定。去年十一月之事，倉卒之間，一言而定。聖祖神聖，非朕所及。今朕親寫密封，緘置錦匣，藏於正大光明匾額之後，諸卿其識之。」庚午，常壽疏報行抵靑海，諭和羅卜藏丹津，不從。詔年羹堯備兵。辛未，上謁陵。

九月丁丑朔，葬聖祖仁皇帝於景陵，孝恭皇后祔焉。是日，五色雲見。己卯，上還京。辛巳，以郝玉麟爲雲南提督。壬午，以張廷玉爲戶部尙書，張伯行爲禮部尙書。癸巳，以裕親王保泰管鑲黃旗事務。命纂修律例。丙申，以阿喇衲爲蒙古都統。

冬十月戊申，敕授年羹堯撫遠大將軍，改延信爲平逆將軍。癸亥，羅卜藏丹津執我使臣常壽，筆帖式多爾濟死之。癸酉，以阿爾松阿爲禮部尙書，尹泰爲左都御史。

十一月丁丑，賜于振等二百四十六人進士及第出身有差。戊寅，羅卜藏丹津入寇西寧，守備馬有仁、參將宋可進敗之於申中堡，賊遁。丙戌，年羹堯奏總兵楊盡信進勦番賊於莊浪椅子山，斬賊數百。得旨嘉獎。辛丑，冬至，祀天於圜丘，奉聖祖仁皇帝配享。

十二月丙午朔，以吳爾占等怨望，不准承襲安郡王，並撤所屬佐領。辛酉，年羹堯奏賊人來犯，參將孫繼宗擊敗之。安插洋人於澳門，改天主堂爲公所，嚴禁入教。丁卯，册嫡妃那拉氏爲皇后，封年氏爲貴妃，鈕祜祿氏爲熹妃，耿氏爲裕嬪。甲戌，祫祭太廟。

是歲，免直隸、江南等省四十九州縣災賦有差。朝鮮、琉球入貢。丁戶二千五百三十二萬六千二百七十，又永不加賦後滋生人丁四十八萬五百五十七。田賦徵銀三千二十二萬三千九百四十三兩有奇。鹽課銀四百二十六萬一千九百三十三兩有奇。鑄錢四十九萬九千二百有奇。

二年甲辰春正月辛巳，祈穀於上帝，奉聖祖仁皇帝配享。詔大學士圖海配享太廟。常壽自羅卜藏丹津處回，命監禁西安。丁亥，命岳鍾琪爲奮威將軍，專征青海。丁酉，以高其佩爲漢軍都統。庚子，建孔子廟於歸化城。

二月丙午，御製聖諭廣訓，頒行天下。戊午，岳鍾琪兵至青海，擒阿爾布坦溫布等三虜，收撫逃散部落。詔以青海軍事將竣，策旺阿拉布坦恭順，罷阿爾泰及烏蘭古木兵。辛酉，詔臨雍大典，改幸學爲詣學。癸亥，上耕耤田，三推畢，復加一推。甲子，敕州縣舉老農，予頂戴。年羹堯奏涼莊道蔣洞勦平阿岡部落，加按察使銜。丙寅，高其倬奏中甸番夷就撫。庚午，上祈雨於黑龍潭。

三月乙亥朔，上詣太學釋奠，御彝倫堂講尙書、大學，廣太學鄉試中額。丁丑，祭歷代帝王廟。庚辰，上謁陵。岳鍾琪師抵賊巢，羅卜藏丹津遁，獲其母阿爾泰喀屯，青海平。封年羹堯一等公，岳鍾琪三等公，發帑金二十萬犒軍。乙酉，淸明節，上詣景陵行敷土禮。丁亥，還宮。

夏四月丁未，以孔毓珣爲兩廣總督，李紱爲廣西巡撫。庚戌，召王大臣訓飭廉親王胤禩，令其改行，並令王大臣察其善惡，據實奏聞。己巳，敦郡王胤䄉有罪，削爵拘禁。

閏四月丁丑，續修會典。丙戌，以嵇曾筠爲河道副總督。丁酉，以蘇丹爲蒙古都統。癸未，青海叛虜阿爾布坦溫布、吹拉克諾木齊、藏巴扎布械繫至京，上御午門受俘。

五月癸卯朔，夏至，祭地於方澤，奉聖祖仁皇帝配享。貝勒阿布蘭復降爲輔國公。丙辰，貝子蘇努坐廉親王黨削爵，並其子俱發右衞。辛酉，詔川、陝、湖廣、雲、貴督、撫、提、鎭：「朕聞各處土司，鮮知法紀，苛待屬人，生殺任性。方今海宇樂利，而土民獨切向隅，朕心不忍。宜嚴飭土司，勿得肆爲殘暴，以副朕子惠元元至意。」壬戌，以那敏爲滿洲都統。

戊辰，貝子弘春削爵。

六月癸未，敕八旗勿擅毆死家人。乙酉，以青海平定，勒石太學。戊戌，上以闕里廟災，致祭先師，遣官監修。降貝子胤禑爲鎮國公。李光復罷，以李永紹爲工部尙書。

秋七月丁巳，御製朋黨論，頒示諸臣。壬戌，以丁壽爲阿爾泰駐防將軍。癸亥，副將軍阿喇衲卒於軍，上念其久勞於外，加予世職。

八月甲戌，命鄉、會試迴避士子一體考試，別派大臣閱取。壬午，停本年秋決。庚寅，以田文鏡署河南巡撫。

九月辛丑朔，以阿爾泰軍功予丁壽世職。停戶部捐納事例。甲寅，命山西丁銀攤入地糧徵收，其後各省以漸行之。

冬十月乙亥，賜陳悳華等二百九十九人進士及第出身有差。戊寅，封明裔朱之璉爲一等侯，世奉明祀。癸未，詔京師建忠義祠。乙未，詔厄魯特郡王額駙阿寶賜往青海遊牧。設寧夏駐防。丙申，刑部尙書阿爾松阿以無心効力，奪職削爵，發往盛京，以其伯音德襲果毅公。暹羅國貢稻種果樹。設直隸布政司、按察司，以巡撫李維鈞爲總督。庚子，以音德、夸岱俱爲領侍衞內大臣。丁未，以蘇丹爲寧夏將軍。

十一月庚戌，弘晟有罪削爵。乙卯，以綽奇爲蒙古都統，噶爾弼爲漢軍都統。丁巳，高其倬奏官兵進勦仲苗，平之。辛酉，定稱孝莊文皇后山陵爲昭西陵。

十二月癸酉，命太學立進士題名碑。癸未，廢太子胤礽薨，封理親王，謚曰密。以綽奇爲奉天將軍。己丑，裕親王保泰有罪削爵，以其弟子廣寧襲封裕親王。設湖南學政。戊戌，祫祭太廟。

是歲，免江南、浙江等省五十七州縣衞災賦有差。朝鮮、安南、暹羅入貢。

三年乙巳春正月癸丑，詔以固安官地二百頃爲井田，遣八旗閑散受耕。壬戌，以蔡珽爲左都御史。癸亥，以阿齊圖爲步軍統領。

二月庚午，日月合璧，五星聯珠。庚辰，上以三年服闋，行祫祭禮。丁亥，詔責年羹堯未能撫卹青海殘部，倘有一二人逃入準噶爾者，必重罪之。乙未，鄂倫岱坐廉親王黨奪職削爵，發往盛京，以其弟夸岱襲一等公。丁酉，召廷臣宣示胤禟罪狀，並及胤禩、胤祴、胤䄉。

三月丁未，以馬會伯爲貴州提督。策旺阿拉布坦遣使入貢。設安徽學政。癸丑，大學士張鵬翮卒。禮部尚書張伯行卒。丁巳，蠲蘇、松浮糧四十五萬兩。滿保奏臺灣生番七十四社歸化。辛酉，年羹堯表賀日月合璧，五星聯珠，將「朝乾夕惕」寫作「夕惕朝乾」。詔切責之曰：「年羹堯非粗心者，是直不以朝乾夕惕許朕耳。則年羹堯青海之功，亦在朕許與不許之間，未可知也。顯係不敬，其明白回奏。」乙丑，敍總理王大臣、怡親王胤祥予一子郡王，隆科多、馬齊加予世職。廉親王胤禩不與，並嚴詔訓責之。

夏四月己卯，調年羹堯爲杭州將軍。以岳鍾琪爲川陝總督。遣學士衆佛保、副都統查史往準噶爾定界。以董吉那爲江寧將軍。辛卯，以田從典爲大學士。

五月癸亥，以左都御史尹泰爲盛京禮部侍郎，兼理奉天府尹。

六月癸酉，詔年羹堯之子年富、年興，隆科多之子玉柱俱褫職。乙亥，命上三旗世職及登城巴圖魯之子，二十以下，十四以上，揀選引見錄用。削年羹堯太保，尋褫其一等公。

秋七月丁未，削隆科多太保。壬戌，大學士白潢罷，以高其位爲大學士，張廷玉署大學士。命隆科多往阿蘭善山修城。壬戌，杭州將軍年羹堯黜爲閑散旗員。癸亥，貝子胤禟有罪削爵。

八月辛未，李維鈞以黨年羹堯逮鞫，以李紱爲直隸總督。壬辰，上駐圓明園。加怡親王胤祥俸，果郡王胤禮護衞。

九月甲寅，以朱軾爲大學士，改蔡珽爲吏部尙書，仍管兵部、都察院事。丙辰，逮繫年羹堯下刑部。

冬十月戊辰，命巡撫不與總督同城者，參劾屬員，自行審結。丙子，封恆親王胤祺子弘旺輔國公。庚寅，以楊名時爲雲貴總督，管巡撫事，鄂爾泰爲雲南巡撫，管總督事。

十一月庚子，上謁陵。戊申，還宮。癸亥，以噶爾弼爲奉天將軍。

十二月丁卯，降郡王胤禵爲貝子。甲戌，廷臣議上年羹堯罪九十二欵。得旨：「年羹堯賜死，其子年富立斬，餘子充軍，免其父兄緣坐。」辛巳，汪景祺以謗訕處斬。癸未，以覺羅巴延德爲天津水師營都統。壬辰，祫祭太廟。

是歲，免直隸、江蘇、河南、浙江、廣東等省二十七州縣災賦有差。朝鮮、琉球、西洋國入貢。

四年丙午春正月甲午，上御太和殿受朝賀。朝正外藩，依先朝例，賚予銀幣。丁酉，宣詔罪狀皇九弟胤禟。戊戌，集廷臣宣詔罪狀皇八弟胤禩，易親王爲民王，褫黄帶，絕屬籍，革其婦烏雅氏福晉，逐回母家，復革民王，拘禁宗人府，敕令易名名曰阿其那，名其子弘旺曰菩薩保。甲寅，削隆科多職，仍令赴鄂羅斯議界。乙卯，贈故尚書顧八代太傅，謚文端，上之授讀師也。

二月甲子，以孫柱爲吏部尚書，兼管兵部。以法海爲兵部尚書，福敏爲左都御史。貝子魯賓、鎮國公永謙俱以議胤禩獄依違削爵，尋起魯賓爲輔國公。大學士朱軾有母喪，賜白金四千庀葬事。乙酉，簡親王雅爾江阿削爵，以其弟神保住襲封。庚寅，以張廷玉爲大學士，蔣廷錫爲戶部尚書，以申穆德爲右衞將軍。

三月丁丑，命丁壽屯兵特斯，備策旺阿拉布坦。壬戌，侍講錢名世投詩年羹堯事發，革去職銜，上親書「名教罪人」四字懸其門，並令文臣作爲文詩刺惡之。

夏四月己卯，以范時繹爲兩江總督。

五月癸巳，禁錮皇十四弟胤禵及其子白起於壽皇殿側，以子白敦爲鎭國公。誅鄂倫岱、阿爾松阿於戍所。乙巳，改胤禟名爲塞思黑，拘於保定。己酉，命順承郡王錫保食親王俸。封皇十五弟胤禑爲貝勒，皇二十弟胤禕爲貝子。

六月癸亥，以輔國公巴賽爲振武將軍，備邊。乙丑，以查弼納爲兵部尚書。

秋七月癸巳，釋回軍前御史陶彝等十三人。辛亥，命蔡珽專管都統。以查弼納、楊名時爲吏部尚書。平郡王納爾素有罪削爵，以其子福彭襲封。

八月丙寅，停本年秋決。丁亥，李紱奏塞思黑卒於保定。

九月壬辰，以宜兆熊爲湖廣總督，尋命福敏代之。以蔡良爲福州將軍。貝子滿都護降爲輔國公，撤出佐領。丁酉，輔國公阿布蘭以違例謝恩削爵，撤出佐領。戊戌，重九節，上御乾淸宮，賜宴廷臣，賦柏梁體詩。己亥，錫保奏阿其那卒於禁所。癸丑，起復大學士朱軾在內閣行走。乙卯，侍郎查嗣庭以謗訕下獄。

冬十月甲子，設浙江觀風整俗使。命鄉試五經取中之副榜及兩次取中副榜，准作舉人。戊辰，詔廷臣：「皇考臨御六十餘年，躬節行儉。宮廷地毯用至三四十年，猶然整潔。服御之物，一惟質樸，絕少珍奇。昨檢點舊器，及取回避暑山莊陳設，思慕盛德，實無終已。用特書此，以詔我子孫。」辛巳，裕親王廣寧削爵，永錮宗人府。甲申，以普雄苗地，界連川、滇，命川陝總督移駐成都。以鄂爾泰爲雲貴總督，憲德爲湖北巡撫。丙戌，琉球國謝賜匾額，貢方物。

十一月己亥，大學士高其位罷。壬子，敍富寧安久戍功，封一等侯。乙卯，詔浙江士習敝壞，工爲懷挾，停其鄉會試。

十二月庚申，王大臣請將阿其那、塞思黑妻子正法。諭曰：「阿其那、塞思黑雖大逆不道，而反叛事蹟未彰，免其緣坐。塞思黑之妻逐回母家禁錮。其餘眷屬，交內務府養贍。」辛酉，命河南、陝西、四川均攤丁銀入地併徵。乙丑，御史謝濟世疏劾田文鏡十罪，詔褫職遣戍。壬申，鄂爾泰奏勦辦仲苗就撫者二十一寨，查出熟地荒地三萬餘畝。壬午，以李紱爲工部右侍郎，以宜兆熊爲直隸總督，劉師恕協辦，以毛文銓爲京口將軍。丙戌，祫祭太廟。

是歲，免直隸、山東、安徽、江西、湖廣等省六十三州縣衞災賦有差。朝鮮、琉球、蘇祿入貢。

五年丁未春正月戊子朔，時享太廟。壬寅，赦年羹堯之子之戍邊者。甲辰，王大臣奏黃河清，請朝賀，上不許。加文武官一級。赦八旗交納銅器，三年限滿，隱匿者罪之。乙巳，以孫柱署大學士。丙辰，以沈近思爲左都御史兼吏部侍郎。

二月丁卯，上謁陵。甲辰，廣州駐防兵丁滋事，將軍李杕以徇庇論死。甲戌，上還京。甲申，上御經筵。丙戌，命李紱往廣西擒捕逸犯羅文綱。文綱自投來歸。

三月庚寅，敕本年會試於三月舉行，給與薑湯木炭。以廣祿襲裕親王。戊戌，上宣示蔡珽罪狀，下刑部拘訊。辛丑，開閩省洋禁。丙午，鄂羅斯察罕汗遣使臣薩瓦表賀登極，進貢方物，賞賚如例。內大臣馬武卒。大學士高其位卒。

閏三月乙丑，揀選下第舉人，分發直省，以州縣用。戊辰，以宜兆熊爲吏部尙書，邁柱爲湖廣總督。癸酉，烏蒙、鎭雄兩土府改設流官。己卯，以覺羅伊禮布爲奉天將軍，常壽爲江寧將軍。丙戌，弘昇有罪削爵。

夏四月戊子，吐魯番回酋請進貢，不許，爲已撤兵，又以其地許策旺阿拉布坦也。以福敏爲吏部尚書，黄國材署兵部尚書。辛卯，賜彭啓豐等二百二十六人進士及第出身有差。癸巳，命州縣會學官舉優行生。乙巳，設宗室御史二員。

五月戊午，以拉錫爲滿洲都統。查嗣庭死於獄，戮其屍。乙亥，敍烏蒙、鎮雄功，予鄂爾泰世職。

六月庚子，移盛京副都統一員駐錦州，設熊岳副都統。封誠親王胤祉子弘景爲鎮國公。隆科多以罪削爵，以其弟慶復襲一等公。

秋七月乙卯，以富寧安爲漢軍都統。己未，李永紹罷，以黄國材爲工部尚書。加田文鏡尚書，爲河南總督。己巳，以夸岱爲工部尚書。丙子，晉封輔國公弘晊、鄂齊、熙良爲鎮國公。己革貝勒蘇努涂抹聖祖硃諭，經王、大臣、刑部參奏。得旨：「蘇努怙惡不悛，竟令其子蘇爾金、庫爾陳、烏爾陳信從西洋之教。諭令悛改，伊竟抗稱：『願甘正法，不能改教。』今又查出昔年聖祖硃批奏摺，敢於狂書涂抹，見者髮指。卽應照大逆律概行正法。但伊子孫多至四十人，悉行正法，則有所不忍。倘分别去留，又何從分别。暫免其死，仍照前禁錮。」

八月己丑，上御經筵。庚寅，賴都罷，以常壽爲禮部尚書。癸卯，追封故平南大將軍賴塔爲一等公，其孫博爾屯襲。乙巳，喀爾喀郡王額駙策淩與鄂羅斯使臣薩瓦定界，以恰克圖爲貿易之所，理藩院派員管理。

九月丙寅，定官員頂戴之制。以孫柱爲大學士，查弼納爲兵部尚書。己巳，鄂爾泰奏花苗內附，勦辦濆藻，平之，威遠倮苗內附。戊寅，刑部議上蔡珽獄，大罪十八，應立斬，妻子入辛者庫。得旨，改監候。

冬十月乙酉，命科道及吏部司官不必專用科目。丁亥，王大臣會審隆科多獄上，大罪五十，應斬立決，妻子入辛者庫，財產入官。得旨，隆科多著禁錮。以博爾屯爲蒙古都統。

十一月癸丑，命查郎阿、邁祿備邊。丁巳，加浙江巡撫李衞爲總督。丁卯，復鰲拜一等公，令其孫達福襲。敕修執中成憲。戊辰，鄂爾泰奏貴州長寨後路克猛等一百八十四寨生苗內附。乙亥，守護景陵大學士蕭永藻坐失察公衙廣善越分請安，褫職，仍依前守陵。庚辰，遣官淸丈四川地畝。順承郡王錫保以徇庇延信奪親王俸，仍停郡王俸三年。

十二月壬午朔，以那蘇圖爲黑龍江將軍。乙酉，命直省學政每六年拔取生員一次。王大臣審擬貝勒延信大罪二十，應斬決。得旨，延信免死，與隆科多一處監禁。辛丑，范時繹奏太倉州屬之七浦士民願自行修濬。上不許，曰：「民間之生計，卽國計也。國用不敷之時，不得不藉資民力。方今國用充裕，仍發帑銀給之。」戊戌，左都御史沈近思卒。壬寅，以唐執玉爲左都御史。庚戌，祫祭太廟。

是歲，免直隸、江蘇、江西、浙江、福建、湖廣、廣東等省三十四州縣災賦有差。朝鮮、鄂羅斯入貢。

六年戊申春正月己未，高其倬疏陳閩省械鬭情形。得旨：「此等處須鼓舞屬員實心盡力，方能有濟。設遇一二有爲者，甫欲整理，輒目爲多事。屬員窺見其隱，誰肯任怨向前。須知其難而終任之，二三年後始有成效也。」乙丑，晉封貝勒球琳爲惠郡王，鎭國公弘春爲貝子。己卯，命杭奕祿、任蘭枝使安南。

二月丙戌，晉封果郡王胤禮爲親王。癸巳，上御經筵。庚子，以來文爲江寧將軍。壬寅，賜歸流永順土司彭肇槐世職，幷白金萬兩。庚戌，以嵇曾筠爲兵部尙書，仍辦河工。

三月丁巳，大學士田從典罷，以蔣廷錫爲大學士。庚午，以進藏官兵駐劄西寧，命巡撫杭奕祿督之。

夏四月甲申，以陳泰爲滿洲都統。予告大學士田從典卒。癸卯，以查郎阿、稽曾筠爲吏部尙書。壬寅，詔：「地方官私徵耗羨，難以裁革。惟在督撫審愼用之，不可以歸公。若歸公，則地方官又重複取民矣。」

五月癸丑，以郭鉷爲廣西巡撫。鄂爾泰奏勦辦東川逆苗祿天祐、祿世豪，平之。壬戌，詔：「八法內年老一條，義有未盡。凡年老而能辦事者，勿入八法。」丁卯，削富寧安侯爵，仍爲大學士。命馬爾賽在大學士內辦事。乙亥，以田文鏡爲河東總督，兼轄山東。以耿化祚爲漢軍都統。

六月庚辰，詔六部員外郎、主事作爲公缺，勿庸按旗升轉。癸未，置先賢仲弓後裔五經博士。丙戌，以蔡良爲廣州將軍，石禮哈爲福州將軍，尹繼善協辦江南河工。癸巳，以張廣泗爲貴州巡撫，岳濬署山東巡撫。己亥，誠親王胤祉有罪降郡王，拘其子弘晟於宗人府。封理密親王子弘曣爲輔國公。

秋七月辛亥，命李衞兼理江蘇緝捕。戊午，鄂爾泰奏遣兵勦平川境米貼逆苗。命以其事屬四川提督黃廷桂。辛酉，岳鍾琪奏頗羅鼐兵至西藏，喇嘛擒獻阿爾布巴、隆布奈、扎爾鼐等，西藏平。戊辰，以紀成斌爲固原提督。壬申，大學士富寧安卒。賜故大學士寧完我三世孫寧蘭驍騎校，房一所，銀五百，四世孫寧邦璽拜唐阿。

八月甲申，上御經筵。以尹繼善署江蘇巡撫。乙酉，改湖廣桑植、保靖二土司爲流官。以馬爾賽爲大學士。甲午，以祖秉衡爲京口將軍。丁未，詔復浙江鄉會試。

九月癸丑，命八旗勳舊子孫有犯法虧帑者，察實以聞。漢員中陣亡盡節及居官清正之子孫，同此察報。天津水師營都統公鄂齊以失察兵丁傷官削爵，降三等侍衞。丁卯，查郎阿奏領兵至藏，會同副都統馬喇、學士僧格訊明逆首阿爾布巴等，立時正法，餘衆處置訖。冬十月丁亥，以鄂爾泰勦平廣西八達寨逆苗，兼督雲、貴、廣西三省，發帑銀十萬犒滇、黔兵。辛卯，發內帑九十四萬代西征軍士賠償追款。以石文焯爲禮部尚書，路振揚爲兵部尚書。乙未，岳鍾琪奏建昌喇汝窩番賊作亂，討平之。詔：「湖廣土司甚多，供職輸將，與流官無異，該督撫勿得輕議改流。」以蔡仕舢爲浙江觀風整俗使。癸巳，諭停諸王管理旗務。十一月丙辰，設咸安宮官學，包衣子弟肄業。庚申，停本年決囚。戊辰，江西巡撫布蘭泰以不職免。添設欽天監西洋人監副一。

十二月甲午，免四川崇慶州七年額賦。丙申，大淸律集解附例成。丁酉，以定藏功封頗羅鼐爲貝子，理後藏事，揀選噶隆二人理前藏事，賞其兵丁銀三萬兩。庚子，命侍郎王璣、彭維新往江南淸查逋賦。甲辰，祫祭太廟。

是歲，免直隸、江南、陝西、四川等省二十六州縣災賦有差。朝鮮入貢。

七年己酉春正月辛亥，鄂爾泰奏萬壽節日，雲南慶雲見。命宣付史館。丁巳，命陳元龍、尹泰爲大學士。壬申，復蒙古恩格德爾侯爵爲三等公，以其曾孫噶爾薩襲。蒙古二等伯明安晉封一等侯，令其孫馬蘭泰襲。都統伯四格有罪監禁，上念其祖莽固爾岱之功，釋之。癸酉，命侍郎法保等察修直隸至江南大道。

二月丁丑，命出征官兵行糧外仍給坐糧。以尹繼善爲河道總督。戊寅，以多索禮爲奉天將軍。甲申，上謁陵。庚寅，還京。設直隸巡農御史。己亥，命怡親王等查八旗世職有以絕嗣除爵者，許以族人紹封。乙未，上御經筵。以李杕爲漢軍都統。蠲浙江本年額賦六十萬兩。

三月乙巳朔，以孔毓珂爲江南河道總督，郝玉麟爲廣東總督。岳鍾琪奏勦平雷波叛苗一百餘寨。戊申，鄂爾泰奏勦平丹江、九股等處生苗。蠲河南本年額賦四十萬兩。辛亥，以嵇曾筠爲河南山東總督。丙申，上以準噶爾噶爾丹策零稔惡藏奸，終爲邊患，命傅爾丹爲靖邊大將軍，北路出師，岳鍾琪爲寧遠大將軍，西路出師，征討準噶爾。甲子，以鄂善、莽鵠立俱爲蒙古都統。辛酉，詔公巴賽爲副將軍，順承郡王錫保爲振武將軍，陳泰、袞泰、石禮哈、岱豪、達福、海蘭爲參贊，旗兵六千，三省兵八千，蒙古兵八百，歸北路，駐紮阿爾泰；總兵官魏麟、閔文繡領車騎營兵八千，赴西路布爾庫。

夏四月甲午，以查郎阿署川陝總督，史貽直署福建總督。敕建雲、雨、風、雷壇廟。四川天全土司改流設州。高其倬劾海澄公黃應纘行賄承襲，應革職銜。詔寬免之。

五月戊午，湖南保靖、桑植、永順三土司改流設府縣。甲子，令漕船順帶商貨，於舊例六十石外，許至百石。乙丑，先是，岳鍾琪疏言有湖南人張熙投遞逆書，訊由其師曾靜所使。命提曾靜、張熙至京。九卿會訊，曾靜供因讀已故呂留良所著書，陷溺狂悖。至是，明詔斥責呂留良，並令中外臣工議罪。

六月己卯，以唐執玉署直隸總督。乙酉，以甘肅、四川、雲南、貴州、廣西轉輸勞費，免庚戌全年額賦，陝西免十分之三。

秋七月丙午，貴州都勻生苗及儂、仲生苗內附。甲寅，以果親王胤禮管工部，莊親王胤祿管滿洲都統。己巳，減暹羅國貢賦。

閏七月乙酉，以阿里衮爲杭州將軍。

八月癸卯，以王釴爲京口將軍。己酉，上御經筵。

九月戊子，改廣西鎭安爲流。

冬十月庚戌，賜漢大臣子蔣溥等十三人舉人。甲子，詔曰：「江南清查逋賦一案，歷降諭旨甚明，重在分別官侵民欠。乃派往之員辦理不善，有以紳衿帶徵之項指爲官侵者，有吏書侵蝕之項議令富戶攤賠者。又有將帶徵錢糧加增火耗者，甚且以停徵之項概令徵收者。惠民之政，轉而擾民，豈非司其事者之咎乎？其恪遵前旨妥辦。倘再犯諸弊，從重治罪。」戊辰，以內外諸臣勤愼奉職，加怡親王儀仗一倍，張廷玉少保，蔣廷錫太子太傅，勵廷儀太子少傅，傅爾丹、岳鍾琪、鄂爾泰俱少保，田文鏡太子太保，李衞、查郎阿、席伯俱太子少保。

十一月甲戌，發帑金百萬兩修高家堰石工。以馬會伯爲兵部尚書，仍留軍前。戊寅，免功臣子孫施世驃等贓銀五十餘萬，以內庫銀撥補，其應得遣戍、監追、籍沒及妻子入官等罪，咸赦除之。戊子，停本年決囚。

十二月戊申，設廣東觀風整俗使及肇高學政。戊辰，祫祭太廟。

是歲，免江南、江西、浙江、福建、湖南、雲南、甘肅等省二十四州縣災賦有差。朝鮮、琉球入貢。

八年庚戌春正月丁丑，以總理陵寢事務領侍衞內大臣尚崇廙爲盛京五部尚書。以那蘇圖爲奉天將軍，常德爲寧古塔將軍，卓爾海爲黑龍江將軍。以慶復爲漢軍都統。甲午，景陵瑞芝生。丁酉，唐執玉奏正月二十日鳳凰見於房山。得旨：「此事已據府尹孫家淦奏報。又據尚崇廙報稱天台山中見一神鳥，高五六尺，毛羽如錦，羣鳥環繞，向北飛去。朕躬德薄，未足致此上瑞。」發國子監膏火銀六千兩，歲以爲常。

二月庚子朔，定外戚錫爵曰承恩公。甲辰，上御經筵。己酉，復賴士公爵。丁巳，復誠郡王胤祉爲誠親王，貝勒胤禑爲愉郡王，貝子胤禕爲貝勒，皇二十一弟胤禧、皇二十二弟胤祜爲貝子，皇二十三弟胤祁爲鎭國公。戊辰，南掌國遣使來貢，請定貢期。上優詔答之，命五年一貢。

三月丁亥，命張廷玉、蔣廷錫管理三庫事務。甲午，以史貽直署兩江總督，頒行聖祖御纂書經傳說，上製序文。

夏四月，淳親王胤祐薨，諡曰度，以子弘暻襲郡王。癸卯，賜周澍等三百九十九人進士及第出身有差。丁未，定大學士爲正一品，左都御史爲從一品。癸亥，以嵇曾筠署江南河道總督，田文鏡兼理東河總督。

五月辛未，怡親王胤祥薨，上痛悼之，親臨其喪，諡曰賢，配享太廟。丁丑，噶爾丹策零遣使通問。命暫緩師期，召傅爾丹、岳鍾琪來京。移高其倬爲兩江總督，劉世明爲福建總督。壬午，上再臨怡賢親王喪。詔曰：「朕諸兄弟之名，皆皇考所賜。卽位之初，胤祉援例陳請更改上一字，奏明母后，勉强行之。今怡親王薨逝，王名仍書原字，誌朕思念。」辛卯，先是，誠親王胤祉會怡賢親王之喪，遲到早散，面無戚容，交宗人府議處。至是，議上，請削爵正法。得旨，削爵拘禁。癸巳，以岳超龍爲湖廣提督。乙未，晉封貝子胤禧爲貝勒，理郡王弘晳爲親王，公弘景爲貝子。復胤裪郡王。

六月戊戌朔，日有食之。壬寅，賜怡賢親王「忠敬誠直勤愼廉明」八字加於謚上。戊申，鄂爾泰奏黎平、都匀生苗內附。癸亥，馬會伯免，以唐執玉爲兵部尚書，史貽直爲左都御史。

秋七月戊寅，命建賢良祠。壬辰，遣官賑江南、湖南、直隸、山東等處被水災民。癸巳，命巡撫班次在副都統之上。

八月丙午，以山東被水較重，特免通省漕糧。辛亥，命怡賢親王子弘曉襲封親王，弘晈別封郡王，均世襲。乙卯，京師地震。康親王崇安停管宗人府事，以裕親王廣祿管宗人府。

九月丁卯，以京師地震，賜百官半俸，賜八旗銀各三萬兩。乙酉，以高其倬相視太平峪吉地，予世職。辛卯，鄂爾泰奏猛弄白氏、孟連、怒子內附。

冬十月庚子，再定百官帽頂，一品官珊瑚頂，二品官起花珊瑚頂，三品官藍色明玻璃頂，四品官青金石頂，五品官水晶頂，六品官硨磲頂，七品官素金頂，八品官起花金頂，九品、未入流起花銀頂。辛亥，命查弼納爲副將軍，往北路軍營。壬子，鄂爾泰奏恢復烏蒙府城，苗黨平。甲寅，以馬爾賽、張廷玉、蔣廷錫久參機務，各予伯爵世襲。闕里文廟成，命皇五子弘晝、淳郡王弘暻前往告祭。

十一月己巳，設孔廟執事官。乙亥，命各省落地稅、契稅勿苛索求盈。丙子，明詔申飭漢軍勳裔獲咎大員范時繹、尙崇廙、李永陞等。戊子，敕各省解部銀兩，留其半以充公用。十二月丁酉，命傅爾丹、岳鍾琪各回本軍。乙卯，紀成斌奏準噶爾賊衆犯闊舍圖卡倫，總兵樊廷擊敗之。予樊廷世職，銀一萬兩。其張朝佐等並予世職，賞銀有差。

是歲，免直隸、江南、山西、湖南、貴州等省十八州縣衞災賦。又免直隸、江南、山東、河南漕糧各有差。朝鮮、安南、南掌入貢。

九年辛亥春正月庚寅，詔撥揚州鹽義倉積穀二十萬石，加賑上年邳、宿被水災民。

二月乙未，愉郡王胤禑薨，謚曰恪，子弘慶襲郡王。撥通倉米十五萬石，奉天米二十萬石，採買米五萬石，運往山東備賑。戊戌，命常賚爲鎭安將軍，率甘、涼兵駐安西。戊午，以田文鏡年老多病，命侍郎王國棟前往河南賑濟被水災民。壬戌，專設四川總督，以黃廷桂補授。

三月乙酉，以三泰爲禮部尙書，鄂爾奇爲左都御史。戊子，命揀選八旗家人二千，以伊禮布統之，爲西路副將軍。

夏四月庚子，命史貽直、杭奕祿前往陝西宣諭化導。丙辰，鄂彌達奏瓊山、儋州生黎內附。

五月甲子，以石雲倬爲西路副將軍。命趙之垣、馬龍督運西路糧餉。

六月丙午，傅爾丹奏準噶爾入寇扎克賽河，率兵迎擊。辛亥，岳鍾琪奏準噶爾犯吐魯番，率兵赴援，賊遁，留兵屯戍。甲寅，上祈雨，是日，雨。

秋七月丁卯，召鄂爾泰來京。以高其倬爲雲貴總督，尹繼善爲兩江總督。己巳，黃廷桂奏瞻對番賊作亂，遣兵勦平之。癸酉，傅爾丹奏官兵進擊準噶爾不利，退至科布多。是役也，輕進中伏，傅爾丹棄大軍先退，至於大敗。副將軍查弼納、公巴賽、參贊公達福等均死之。甲戌，命馬爾賽爲撫遠大將軍，敕錫保固守察罕瘦爾。岳鍾琪奏督兵進烏魯木齊。

八月己亥，以鄂彌達爲青州將軍。丙午，移科布多兵駐察罕瘦爾。己酉，晉封錫保爲順承親王。甲寅，岳鍾琪奏兵至納隣河，距烏魯木齊二日程，探知賊遁，大兵卽旋。命從優議敍。

九月乙亥，命康親王崇安前往軍營，給備裝銀萬兩。戊子，以劉於義爲直隸總督，沈廷玉爲直隸河道總督，朱藻爲河東河道總督。己巳，皇后那拉氏崩，册謚曰孝敬皇后。

冬十月丙午，錢以塏乞休，以魏廷珍爲禮部尚書。準噶爾入寇克魯倫，侵掠游牧，親王丹津多爾濟、額駙郡王策淩合兵擊之，擒斬無算。上嘉之，各賜銀萬兩，晉策凌爲親王。

十一月癸亥，命順承親王錫保爲靖邊大將軍，降傅爾丹爲振武將軍，降馬爾賽爲綏遠將軍。命康親王崇安攝撫遠大將軍。乙丑，以史貽直爲兵部尚書，彭維新爲左都御史。

十二月庚寅朔，日有食之。己酉，聖祖實錄、聖訓告成。甲寅，以馬士傑署廣州將軍，準泰署福州將軍。丁巳，祫祭太廟。

是歲，免直隸、江南、河南、福建、陝西、湖南、廣西、甘肅等省九十三州縣衞災賦有差。朝鮮、琉球入貢。

十年壬寅春正月癸亥，孟春享太廟，皇四子弘曆行禮。壬午，命鄂爾泰爲大學士。甲申，以軍前統領達爾濟爲建勳將軍，駐兵白格爾。

二月，以王朝恩爲直隸河道總督，魏廷珍爲漕運總督。己亥，封鄂爾泰一等伯，世襲。庚子，岳鍾琪奏準噶爾犯哈密，遣總兵曹勷往援，敗之，賊由無克克嶺遁。副將軍石雲倬坐不遮擊，逮問。癸丑，以張廣泗爲西路副將軍，劉世明參軍事。

三月丁丑，大學士等疏劾岳鍾琪奏報不實，情詞互異。下部嚴議。

夏四月辛卯，置貴州古州鎭、淸江鎭總兵各一員。乙巳，以海壽爲戶部尙書，性桂爲刑部尙書。降三等公岳鍾琪爲三等侯，仍護大將軍。丙午，以張大有爲禮部尙書，范時繹爲工部尙書。乙卯，詔修雲南嵩明州、尋甸州水利。

五月戊辰，以武格爲揚武將軍，劉世明副之。

閏五月甲辰，恆親王胤祺薨，諡曰溫，子弘晊襲恆親王。原誠親王胤祉卒於景山禁所，賜銀五千兩，照郡王例殯葬。吏部尙書勵廷儀卒。庚戌，臺灣北路西番滋事，官兵討平之。癸丑，以李衞署刑部尙書。

六月丙辰，以莽鵠立爲漢軍都統。壬申，高其倬奏雲南思茅土夷勾結元江夷人寇普洱郡城，遣總兵董芳率兵勦之。辛巳，辦理軍機大臣議奏卹贈戰歿喀爾喀台吉策勒克輔國公，其子密什克襲。軍機大臣之設始於此。

秋七月丙戌，馬喇免，以武格爲工部尙書。丁亥，山東鉅野牛產瑞麟。己丑，賜顧八代子孫銀一萬兩。丁酉，命鄂爾泰經略軍務。召岳鍾琪來京。以劉於義爲陝西總督，李衞爲直隸總督。辛丑，準噶爾入犯烏孫珠爾，傅爾丹迎擊失利，下大將軍錫保覈敗狀以聞。乙巳，大學士蔣廷錫卒。己酉，以福敏協理大學士，唐執玉兼理刑部尙書。

八月丙辰，復恭親王之子海善貝勒原銜。庚午，西藏邊外巴爾布國雅木布、葉楞、庫庫穆三汗遣使進貢，優敕答之。壬申，北路副將軍親王丹津多爾濟、額駙親王策淩奏追擊準夷至額爾得尼招，殺賊萬餘，賊向推河遁去。甲申，撥帑銀二百萬兩解赴北路軍前備賞。

九月乙酉朔，論擊準夷功，加丹津多爾濟智勇名號，加策淩超勇名號，封其子車布登扎布爲輔國公，餘升授有差。以馬爾賽縱賊失機，褫爵職處斬。己酉，削傅爾丹爵職。

冬十月壬戌，停本年決囚。削岳鍾琪爵職，逮京交兵部拘禁。

十一月丙戌，以常德爲靖邊左副將軍。乙未，封吐魯番額敏和卓爲輔國公。賜七世同居湖南沅江縣生員譙衿御書匾額。

十二月乙卯，賜卹北路陣亡諸臣查弼納、馬爾薩、海蘭、達福等有差。侍郎孫嘉淦有罪論死，命在銀庫處行走。乙丑，治呂留良罪，與呂葆中、嚴鴻逵俱戮屍，斬呂毅中、沈在寬，其孫發邊遠爲奴，朱羽采等釋放。丙寅，武格以造言撤兵，逮問。辛巳，祫祭太廟。

是歲，免直隸、江南、山東、湖南等省七十五州縣災賦有差。丁戶二千五百四十一萬二千二百八十九，永不加賦後滋生人丁九十三萬六千四百八十六。田地八十九萬四百十六頃四十畝，徵銀二千九百八十七萬二千三百三十二兩六錢。茶三十四萬二千三百五十一引。鹽課銀三百九十八萬八千八百五十一兩。鑄錢六萬八千四百三十六萬二千有奇。朝鮮、巴爾布國入貢。

十一年癸丑春正月戊子，命海望、李衛察勘浙江海塘。修范公隄。壬辰，頒直省書院竈火銀各千兩。以高其倬爲兩江總督，尹繼善爲雲貴總督。庚子，命鄂爾泰巡閱北路軍務。丁未，上謁陵。

二月壬子，上見沿道安設水缸，蓄水灑道。上諭之曰：「蹕路所經，雖有微塵何礙。地方官當以牧養生民爲重。若移奉上之心以撫百姓，豈不善乎？」癸丑，上還京。丙辰，以保明、查爾泰、伊勒愼俱爲滿洲都統。己未，上御經筵。封皇二十四弟胤祕爲諴親王，皇四子弘曆爲寶親王，皇五子弘晝爲和親王。貝勒弘春晉封泰郡王。壬戌，命彭維新協辦內閣。以吳士玉爲禮部尚書，涂天相爲左都御史。

夏四月壬子，特賜任啓運翰林，在阿哥書房行走。癸丑，賜陳倓等三百二十八人進士及第出身有差。乙卯，以嵇曾筠爲大學士，仍管河督。以劉於義爲吏部尚書，涂天相爲刑部尚書，張照爲左都御史。己未，徵舉博學鴻詞。

五月甲申，高其倬奏普思苗人刁興國叛，討平之。命編修張若靄、庶吉士鄂容安、鄂倫俱在辦理軍機處行走。乙未，命額駙策凌爲靖邊左副將軍，常德副之，塔爾岱爲靖邊右副將軍，永福副之，同戍科布多。續修會典成。壬寅，黑龍江將軍杜賚奏海島特門、奇圖山等處綽敏六姓內附，歲貢貂皮。己酉，誅前提督紀成斌。

六月戊午，蘇祿國王臣毋漢未毋拉律林奏伊遠祖東王於明永樂年間來朝，歸至山東德州病歿。長子歸國嗣王，次子安都祿，三子溫哈喇留守墳墓。其子孫分爲安、溫二姓，歲領額設祭祀銀八兩，請以其後裔爲奉祀生。從之。戊寅，哈元生奏討平九股逆苗。

秋七月乙酉，大學士陳元龍以年逾八旬乞休，加太子太傅致仕。李徽以越職言事褫職。裁湖南觀風整俗使。戊子，順承親王錫保削爵，子熙良仍襲郡王。以平郡王福彭爲定邊大將軍。降親王丹津多爾濟爲郡王，撤去勇號。

八月丁卯，以顧琮爲直隸河道總督，趙弘恩爲兩江總督，高其倬爲江蘇巡撫。己巳，置順天府四路捕盜同知。

九月辛丑，鄂爾奇革職查訊。以慶復爲戶部尙書，鄂長署步軍統領。

冬十月辛酉，以扣婁爲蒙古都統，忠達公馬禮善爲刑部尙書。

十一月甲辰，命果毅公訥親在辦理軍機處行走。

十二月戊午，詔曰：「前鄂彌達條奏臺灣建城。郝玉麟奏稱臺灣莿竹，栽植可以成城。臺灣變亂，率自內生。賊匪無城可踞，乃易盪平。惟鹿耳門爲臺郡門戶，於此建築砲臺，足資備禦。栽植莿竹，相爲藩籬。其淡水等處砲臺，並應建造，以時增修。」己未，以史貽直爲戶部尙書，張照爲刑部尙書，徐本爲左都御史。壬戌，以高斌爲江南河道總督。丙子，祫祭太廟。

是歲，免直隸、江蘇、安徽、江西、山東等省二十九州縣衞災賦，又免江蘇鹽場二十五引鹽課各有差。朝鮮、安南、蘇祿入貢。

十二年甲寅春正月辛丑，平郡王福彭進馬五百匹，解軍備用。壬寅，侍郎查克旦辦理車臣汗部落諸務得宜，加尚書銜，賜銀五千兩，入官房地人口給還。

二月癸丑，上御經筵。己未，晉封貝子胤祜爲貝勒。乙丑，命侍讀春山、給事中李學裕册封安南國王。壬申，命額駙策淩總理前敵軍務。癸酉，元展成奏坡東、坡西苗寨一百六十内附。旌廣東興寧縣老民幸登運年一百二歲，其子五人，各七八十歲，一門眉壽，加賜上用緞一匹。

三月丁丑，工部尚書范時繹免。戊戌，河南學政俞鴻圖以婪贓處斬，其父侍郎俞兆晟褫職。尹繼善奏勦平普思叛苗，招撫投誠人衆。得旨：「凡事懈於垂成，忽於既定。勉之。」

夏四月丁未，湖廣容美土司田民如有罪革退，改土歸流。康親王崇安薨，以伊叔巴爾圖襲爵，封其子永恩爲貝勒。庚午，禁廣東象牙席，並禁民間購用。

五月己卯，施南宣撫司改設流官。癸巳，以李禧爲漢軍都統。乙未，以準噶爾使來，停止進兵。己亥，命内務府總管來保前赴車臣汗部，協同查克旦辦事。

六月丁未，湖廣忠峝等十五土司改設流官。

秋七月癸巳，命果親王胤禮經理達賴喇嘛駐藏，並至直隸、山西、陝西、四川閱兵。詔西北二路用兵年久，或乘此兵力直進賊境，或遣使往彼諭以利害，廷臣集議以聞。康親王巴爾圖等一議進兵，大學士張廷玉等一議遣使。上乃宣示用兵始末，從後議遣使。

八月丙午，遣傅鼐、阿克敦往準噶爾宣諭。壬戌，降貝子胤禕爲公，泰郡王弘春降爲貝子。

九月甲申，命侍郎呂耀曾、卿德福往貴州宣諭苗蠻。命雲南開爐鼓鑄。

冬十月丙午，果親王胤禮疏言：「臣工條奏，宜據實敷陳，不當摭拾塞責。」得旨：「所言甚是，曉諭輪班條奏官知之。」丁未，以鄂彌達署天津都統，阿里衮爲青州將軍，傅森爲杭州將軍。戊午，以郝玉麟爲浙閩總督。以三泰、徐本俱協辦內閣事。己巳，景陵瑞芝生。

十一月壬申朔，前直郡王胤禔卒，命照貝子治喪，封其子弘昉爲鎭國公。丙寅，敕續修皇清文穎。壬午，特詔福建漳、泉二府，化其强悍，勿再聚族械鬭。戊子，封理密親王子弘晀爲輔國公。

十二月癸丑朔，敕廣西仍歸廣東總督兼轄。丁巳，以魏廷珍爲兵部尙書，顧琮爲漕運總督，朱藻爲直隸河道總督，白鍾山爲河東河道總督，高斌爲江南河道總督。庚午，祫祭太廟。

是歲，免直隸、安徽等省十四州縣災賦，又直隸鹽場十四引鹽課各有差。朝鮮、琉球入貢。

十三年乙卯春正月己丑，以覺羅柏修爲盛京將軍，那蘇圖爲黑龍江將軍，赫星爲寧夏將軍。

二月己酉，上御經筵。庚戌，以魏廷珍爲禮部尙書。癸丑，上謁陵。己未，還京。甲子，以巴泰協辦大學士。

三月丁巳，上親耕耤田。戊子，詔曰：「地方編立保甲，必須俯順輿情，徐爲勸導。若過於嚴急，則善良受累矣。爲政以得人爲要，不得其人，雖良法美意，徒美觀聽，於民無濟也。」

夏四月乙巳，聖祖文集刊成，頒賜廷臣。丁巳，停止廣東開採。

閏四月丁酉，準噶爾遣使臣納木喀賫表進貢。敕令定界。己亥，建先蠶壇於北郊。

五月戊申，給三姓八旗兵丁餉銀。丁巳，以貴州古州、台拱逆苗滋事，命哈元生爲揚威將軍，統領四省官兵討之。甲子，命果親王、皇四子、皇五子，大學士鄂爾泰、張廷玉等辦苗疆事務。工部尚書巴泰褫職。命刑部尚書張照、副都御史德希壽稽勘苗疆事務。丁卯，哈元生奏勦辦逆苗，黃平、施秉悉平。

六月乙亥，敕戶部清查各省耗羨。癸未，以查克旦爲工部尚書。甲申，准土司由生員出身者一體應試。辛卯，減各省進獻方物。呂宋國饑，請糴。許之。丙申，命董芳爲副將軍，協勦苗匪。

秋七月乙卯，鄂爾泰請辭伯爵、大學士。許之，給假養病，仍食俸。署甘州提督劉世明以失察兵丁搶劫論斬。丙辰，命朱軾往勘浙江海塘。辛酉，以邁柱、查郎阿爲大學士，張廣泗爲湖廣總督。

八月己巳，詔曰：「從前經理苗疆，本爲乂安民生。乃經理不善，以致逆苗肆出，勾結熟苗，搶劫居民。是以安民之心，成虐民之政。返之初心，能勿愧乎？所有貴州本年錢糧，通行蠲免。其被賊州縣，蠲免三年，以示撫綏拯卹之意。」

丁亥，上不豫。戊子，上大漸，宣旨傳位皇四子寶親王弘曆。己丑，上崩，年五十八。是歲十一月丁未，恭上尊謚曰敬天昌運建中表正文武英明寬仁信毅睿聖大孝至誠憲皇帝，廟號世宗。乾隆二年三月，葬泰陵。

論曰：聖祖政尚寬仁，世宗以嚴明繼之。論者比於漢之文、景。獨孔懷之誼，疑於未篤。然淮南暴伉，有自取之咎，不盡出於文帝之寡恩也。帝研求治道，尤患下吏之疲困。有近臣言州縣所入多，宜釐剔。斥之曰：「爾未爲州縣，惡知州縣之難？」至哉言乎，可謂知政要矣！

清史稿卷十

本紀十

高宗本紀一

高宗法天隆運至誠先覺體元立極敷文奮武欽明孝慈神聖純皇帝，諱弘曆，世宗第四子，母孝聖憲皇后，康熙五十年八月十三日生於雍親王府邸。隆準頎身，聖祖見而鍾愛，令讀書宮中，受學於庶吉士福敏，過目成誦。復學射於貝勒允禧，學火器於莊親王允祿。木蘭從獮，命侍衞引射熊。甫上馬，熊突起。上控轡自若。聖祖御鎗殪熊。入武帳，顧語溫惠皇太妃曰：「是命貴重，福將過予。」

雍正元年八月，世宗御乾清宮，密書上名，緘藏世祖所書正大光明扁額上。五年，娶孝賢皇后富察氏。十一年，封和碩寶親王。時準噶爾役未竟，又有黔苗兵事，命上綜理軍機，諮決大計。

十三年八月丁亥，世宗不豫。時駐蹕圓明園，上與和親王弘晝朝夕謹侍。戊子，世宗疾大漸，召莊親王允祿，果親王允禮，大學士鄂爾泰、張廷玉，領侍衞內大臣豐盛額、訥親，內大臣戶部侍郎海望入受顧命。己丑，崩。王大臣請奉大行皇帝還宮。莊親王允祿等啓雍正元年立皇太子密封，宣詔卽皇帝位。尋諭奉大行皇帝遺命，莊親王允祿、果親王允禮、鄂爾泰、張廷玉輔政，並令鄂爾泰復任，以鄂爾泰因病請假也。以遺命尊奉妃母爲皇太后，復奉懿旨以上元妃爲皇后。召大學士朱軾回京。命大學士嵇曾筠總理浙江海塘工，趙弘恩署江南河道總督。大行皇帝大殮，命以乾清宮南廡爲倚廬。庚寅，命總理事務王大臣議行三年喪。命履郡王允祹暫管禮部事務。召張照回京，以張廣泗總理苗疆事務，大學士邁柱署湖廣總督。諭大將軍查郎阿駐肅州，與劉於義同掌軍務，北路大將軍平郡王福彭堅守。飭揚威將軍哈元生等勦撫苗疆。癸巳，頒大行皇帝遺詔。

九月丁酉朔，日食。高起、憲德俱罷，仍帶尙書銜。以鄂爾泰總理兵部事，果親王允禮總理刑部事，莊親王允祿總理工部事，甘汝來爲漢兵部尙書，傅鼐署滿兵部尙書。己亥，上卽位於太和殿，以明年爲乾隆元年。庚子，定三年喪制，却羣臣以日易月之請。命大學士朱軾協同總理事務王大臣辦事。辛酉，召史貽直來京。壬寅，止進獻方物。禁內廷行走僧人招搖。頒乾隆元年時憲書。鑄乾隆通寶。遣官頒詔朝鮮。丙辰，賑甘肅蘭州、平涼等處旱災。丙午，命慶復往北路軍營，代回福彭。手敕額駙策淩勿離軍營。丁未，大行皇帝梓宮安奉雍和宮。戊申，上詣雍和宮行禮。自是日至乙卯以爲常。己酉，賞莊親王允祿、果親王允禮雙俸，鄂爾泰、張廷玉世襲一等輕車都尉，朱軾世襲騎都尉。庚戌，召楊名時來京。辛亥，命海望署戶部尚書，傅鼐署刑部尚書。乙卯，上詣雍和宮行大祭禮。奉皇太后居永仁宮。是日，上移居養心殿。命廷臣輪班條奏，各舉所知。戊午，賞李紱侍郎銜，命管戶部三庫事。己未，上詣雍和宮梓宮前行月祭禮。自是迄奉移，每月如之。再免民欠丁賦，並諭官吏侵蝕者亦免之。逮傅爾丹下獄。庚申，開鄉會試恩科。免貴州被擾州縣之額賦，未擾者停征。辛酉，上詣田村孝敬皇后梓宮前致祭。以本年鄉試弊多，逮治考官顧祖鎮、戴瀚。大學士馬齊乞休，允之。癸亥，召署河東鹽政孫家淦來京，以侍郎用。

冬十月丙寅朔，饗太廟，遣裕親王廣保代行。命副將軍常德赴北路軍營。丁卯，申禁各省貢獻。以張廣泗爲征苗經略，揚威將軍哈元生、副將軍董芳以下俱聽節制。庚午，命履郡王允祹管禮部，召原任尚書涂天相來京。辛未，以任蘭枝爲禮部尚書。壬申，免江南等省漕糧蘆課及學租雜稅。命治曾靜、張熙罪。加左都御史福敏太子太保。以王大臣辦事遲延疏縱，申諭嚴明振作，毋與用寬之意相左。調徐本爲刑部尚書，涂天相爲工部尚書。丙子，以劉勷爲直隸河道總督。丁丑，起彭維新爲左都御史。命徐本軍機處行走。癸未，停諸王兼管部院事。甲申，授海望戶部尚書。己丑，命來保署工部尚書，兼管內務府。癸巳，傅爾丹、岳鍾琪、石雲倬、馬蘭泰論斬。甲午，改訥親、海望、徐本為協辦總理事務，納延泰行走，如班第等例。豐盛額、莽鵠立罷。庚子，張照下獄鞫治。壬寅，湖北忠峝等十五土司改土歸流，分置一府五縣，於恩施縣建府治，名曰施南府，分設縣治，名曰宣恩、來鳳、咸豐、利川。乙巳，申諭薦舉博學鴻詞。丁未，上大行皇帝尊謚曰敬天昌運建中表正文武英明寬仁信毅大孝至誠憲皇帝，廟號世宗，次日頒詔覃恩有差。免四川巴縣等旱災額賦。戊申，召邁柱來京，以史貽直署湖廣總督。庚戌，以孫嘉淦為左都御史。癸丑，命慶復為定邊大將軍，赴北路軍營。命孫嘉淦仍兼管吏部。諭赦降苗罪。免貴州三年內耗羨。丙辰，上詣田村上孝敬憲皇后尊謚曰孝敬恭和懿順昭惠佑天翊聖憲皇后，次日頒詔覃恩有差。改河東總督仍為河南巡撫，以傅德為之。丁巳，授鍾保湖南巡撫，俞兆岳江西巡撫。命岱林布為右衞將軍。己未，以平郡王福彭協辦總理事務。董芳、元展成、德希壽褫職逮問，奪哈元生揚威將軍，命經略張廣泗兼貴州巡撫。癸亥，賞阿其那、塞思黑子孫紅帶，收入玉牒。甲子，以王大臣會刑部夾訊李禧、耿韜，命審訊大臣宜存大體。

十二月丙寅朔，以博第為吉林將軍，吳禮布為黑龍江將軍。復設川陝總督，裁四川總督。戊辰，賑安徽泗州、湖北潛江水災。癸酉，免浙江、山東、福建、廣東鹽場欠課。戊寅，上皇太后徽號曰崇慶皇太后，次日頒詔覃恩有差。己卯，以準噶爾遣使請和，命喀爾喀扎薩克等詳議定界事宜。庚辰，調傅鼐爲刑部尚書，仍兼管兵部。甲申，磔曾靜、張熙於市。都統李禧以贓，尚書高起以欺罔，俱論斬。丙戌，命嵇曾筠兼管浙江巡撫。以高斌爲江南河道總督。設歸化城將軍及副都統。辛卯，晉封訥親一等公，世襲。

乾隆元年春正月丙申朔，上詣堂子行禮。至觀德殿更素服，詣雍和門行禮畢，率諸王大臣詣慈寧宮行禮。御太和殿受朝，不作樂，不宣表。戊戌，命北路參贊大臣薩木哈回京。辛丑，祈穀於上帝，親詣行禮。自是每年如之。癸卯，建京師先蠶壇。準噶爾台吉噶爾丹策零遣使貢方物。丁未，準噶爾貢使吹納木喀入覲。召大將軍慶復回京。命伊勒慎、阿成阿、哈岱爲參贊大臣，協同額駙策淩辦事，駐鄂爾坤。命都統王常、侍郎柏修往鄂爾坤勘屯田。丙辰，以顧琮署江蘇巡撫。己未，署湖南永州鎮總兵崔起潛妄劾鄂爾泰、張廣泗，褫職逮治。南掌入貢。庚辰，上啓蹕謁陵。癸亥，上謁昭西陵、孝陵、孝東陵、景陵。賑臺灣諸羅縣地震災民。賑甘肅固原、四川忠州等州縣旱災。

二月丙寅，上還京師。戊辰，祭大社、大稷，上親詣行禮。自是每年如之。以補熙署漕運總督。甲戌，遣準噶爾來使歸，詔以遵皇考諭旨，酌定疆界，齎示噶爾丹策零。乙卯，賜準噶爾台吉噶爾丹策零敕書，斥所請以哲爾格西喇呼魯蘇爲界，及專令喀爾喀內徙。庚辰，命邁柱兼管工部。申飭陳奏謬妄之謝濟世、李徽、陳世倌等。加楊名時禮部尚書銜，管國子監祭酒事。辛酉，朝鮮國王李昑遣使進香，賞賚如例。甲申，命改嵇曾筠爲浙江總督，兼管兩浙鹽政。郝玉麟以閩浙總督專管福建事。戊子，定世宗山陵名曰泰陵。己丑，達賴喇嘛及貝勒頗羅鼐遣使貢方物。辛卯，以程元章爲漕運總督。癸巳，尹繼善奏克空稗、台雄等寨。張廣泗奏克大小丹江等處。

三月庚子，釋汪景琪、查嗣庭親族回籍。乙巳，加上太祖尊謚曰太祖承天廣運聖德神功肇紀立極仁孝睿武端毅欽安弘文定業高皇帝，孝慈皇后尊謚曰孝慈昭憲敬順仁徽懿德慶顯承天輔聖高皇后；太宗尊謚曰太宗應天興國弘德彰武寬溫仁聖睿孝敬敏昭定隆道顯功文皇帝，孝端皇后尊謚曰孝端正敬仁懿哲順慈僖莊敏輔天協聖文皇后，孝莊皇后尊謚曰孝莊仁宣誠憲恭懿至德純徽翊天啓聖文皇后；世祖尊謚曰世祖體天隆運定統建極英睿欽文顯武大德弘功至仁純孝章皇帝，孝惠皇后尊謚曰孝惠仁憲端懿慈淑恭安純德順天翼聖章皇后，孝康皇后尊謚曰孝康慈和莊懿恭惠溫穆端靖崇天育聖章皇后；聖祖尊謚曰聖祖合天弘運文武睿哲恭儉寬裕孝敬誠信中和功德大成仁皇帝，孝誠皇后尊謚曰孝誠恭肅正惠安和淑懿儷天襄聖仁皇后，孝昭皇后尊謚曰孝昭靜淑明惠正和安裕欽天順聖仁皇后，孝恭皇后尊謚曰孝恭宣惠溫肅定裕慈純贊天承聖仁皇后。丁未，免四川涼山等處番民額賦。己酉，免肅州威魯堡回民舊欠。庚戌，以固原提督樊廷爲駐哈密總督。乙卯，免廣東歸善等四縣加增漁稅及通省逋賦。

夏四月丙寅，免江南阜寧等州縣緩征漕糧。壬申，命王常、海瀾爲參贊大臣，協同額駙策淩辦事。以高其倬爲湖北巡撫，暫署湖南巡撫。戊寅，以王士俊爲四川巡撫。辛巳，貴州提督哈元生褫職逮問。裁直隸副總河，以總督兼管河務。戊子，賜金德瑛等三百三十四名進士及第出身有差。壬辰，布魯克巴部諾顏林沁齊壘喇布濟至西藏請上安，並貢方物。

五月丁未，賑河南永城縣水災。壬子，命江南副總河移駐徐州。甲寅，免四川南溪等州縣被風雹額賦。乙卯，朝鮮國王李昑表賀登極及尊崇皇太后，並進方物。乙巳，暹羅國王參立拍照廣拍馬嘑六坤司尤提雅菩挨表謝賜扁，並貢方物。庚辰，免甘肅伏羌等州縣地震傷亡缺額丁銀。

六月戊辰，賑江蘇蕭縣等州縣水災。己巳，以慶復署吏部尚書，仍兼署戶部事。癸酉，授張廣泗貴州總督，兼管巡撫事。以尹繼善爲雲南總督。

秋七月癸巳朔，以貴州流民多就食沅州，免沅州額賦。甲午，召總理事務王大臣九卿等，宣諭密書建儲諭旨，收藏於乾清宮正大光明扁額上。己亥，免貴州通省本年額賦。辛丑，除古州等處苗賦。甲辰，免崔起潛罪。丙午，賑江西安福水災。辛亥，追謚明建文皇帝爲恭閔惠皇帝。賑江南蕭、碭等州縣衞水災。丁巳，賑甘肅隴西等州縣水雹災。戊午，調鍾保爲湖北巡撫，高其倬爲湖南巡撫。賑湖北漢川等五州縣衞水災。癸酉，逮問王士俊，尋論斬。賑廣東南海、潮陽等縣水災。

八月戊辰，祭大稷、大社，上親詣行禮。自是每歲如之。準噶爾部人孟克來降。庚午，尚書傅鼐有罪免。乙卯，賑河南南陽等五縣水災。乙酉，賑喀喇沁飢。丁亥，兵部尚書通智免，以奉天將軍那蘇圖代之。調博第爲奉天將軍。以吉爾黨阿爲寧古塔將軍。賑陝西神木、府谷雹災。辛卯，賑浙江蘭溪等六縣、江南溧水等二十四州縣、湖北潛江等九州縣衞水災。

九月丙申，免張照、哈元生、董芳、元展成、德希壽貽誤苗疆罪。丁酉，禮部尚書楊名時卒。戊戌，以慶復爲刑部尚書，兼管吏部。命傅鼐暫署兵部尚書。庚子，停本年秋決。癸卯，賑浙江安吉等四縣水災。丙午，上臨大學士朱軾第視疾。免江西安福水災額賦。庚戌，大學士朱軾卒，上親臨賜奠。壬子，賑安徽宿州等二十州縣衞水災。致仕大學士陳元龍卒。乙卯，賑江蘇蕭縣等三州縣水災。己未，御試博學鴻詞一百七十六人於保和殿，授劉綸等官。賑江蘇無錫等十三州衞水災。準噶爾台吉車林等來降。

冬十月壬戌，以邵基爲江蘇巡撫。乙丑，除浙江仁和等州縣水災額賦。庚午，調岳濬爲江西巡撫，以法敏爲山東巡撫。辛未，上奉皇太后送世宗梓宮至泰陵。庚辰，上奉皇太后還京師。

十一月甲午，上始御乾清門聽政。加嵇曾筠太子太傅。命徐本爲東閣大學士，仍兼管刑部。以孫家淦爲刑部尚書，楊汝穀爲左都御史。以額爾圖爲黑龍江將軍。丙申，免雲南楚雄等四府州縣額賦。丁酉，賑安徽霍丘等三縣衞、湖北漢川等十三縣衞水災。己酉，冬至，祀天於圜丘，上親詣行禮。自是每年如之。己未，賑陝西定邊雹災，江南長洲等十二州縣衞水災。

十二月辛酉，賑巴林郡王等四旗旱災。甲子，賑江蘇婁、溧水等十三州縣水災。乙丑，改江南壽春協爲鎭，設總兵。己巳，免陝西府谷、神木本年雹災額賦。移南河副總河駐徐州。丁丑，免安徽泗州衞屯田、長蘆、廣雲竈地水災額賦。丁亥，岱林布改江寧將軍。以王常爲建威將軍，雅爾圖爲參贊大臣。免兩淮莞瀆等三場水災額賦。

是歲，朝鮮、南掌、暹羅、安南來貢。

二年春正月庚寅朔，免朝賀。庚子，召趙弘恩來京。以慶復爲兩江總督。調那蘇圖爲刑部尚書。以訥親爲兵部尚書。乙巳，以楊超曾爲廣西巡撫。丙午，釋王士俊。戊子，李衞劾治誠親王府護衞囑託。上嘉之，賞四團龍褂。

二月丙寅，安南國王黎維祜卒，嗣子黎維禕遣使告哀，並貢方物。癸酉，賑江蘇高郵水災。戊寅，遣翰林院侍讀嵩壽、修撰陳倓册封黎維禕爲安南國王。庚辰，孝敬憲皇后發引，上奉皇太后送至泰陵。

三月庚寅，葬世宗於泰陵，孝敬憲皇后祔。壬辰，上還京師。癸巳，世宗憲皇帝、孝敬憲皇后升祔太廟，頒詔覃恩有差。辛丑，命保德等頒升祔詔於朝鮮。甲辰，涂天相罷。以趙弘恩爲工部尚書。以顧琮協辦吏部尚書。戊申，命翰林、科道輪進經史奏議。庚戌，移右衞將軍駐歸化新城，增副都統二。辛亥，調碩色爲四川巡撫。壬子，調楊永斌爲湖北巡撫。

四月甲子，以旱命刑部清理庶獄。乙卯，訓飭建言諸臣。己巳，疏濬淸口並江南運河。賑江蘇江寧、常州二府旱災。甲戌，祀天於圜丘，奉世宗配饗，次日頒詔覃恩有差。是日，雨。釋傅爾丹、陳泰、岳鍾琪。丙子，免順天直隸額賦。己卯，召尹繼善來京。以張允隨署雲南總督。甲申，免湖北漢川等五州縣衞水災額賦。南掌入貢。丁亥，免江蘇蕭、碭二縣水災額賦。

五月壬辰，賜于敏中等三百二十四人進士及第出身有差。癸巳，免湖北荊州、安陸二府水災額賦。乙未，賑河南南陽等十二州縣水災。戊戌，御試翰林、詹事等官，擢陳大受等三員爲一等，餘各陞黜有差。准本年新進士條奏地方利弊。戊申，免山東正項錢糧一百萬兩。辛亥，祭地於方澤，奉世宗配饗。除廣東開建、恩平二縣米稅。乙卯，除湖南永州等處額外稅。免安徽宿州水災額賦。免浙江仁和等四州縣水災額賦。賑陝西商南、膚施等縣雹災。甲戌，以御門聽政，澍雨優渥，賜執事諸臣紗疋有差。辛酉，命直隸試行區田法。戊戌，賑安徽石埭等六州縣水災。

秋七月戊子，以永定河決，遣侍衞策楞等分赴盧溝橋、良鄉撫恤災民。癸卯，命侍衞松福等往文安、霸州等處撫恤災民。乙未，命顧琮勘永定河衝決各工。丙申，賑山東德平、陽穀等州縣旱雹各災。壬寅，賑順直宛平、淸苑等八十一州縣衞旱災。御試續到博學鴻詞於體仁閣，授萬松齡等官。丙辰，命各省蠲免額賦，已輸者抵作次年正賦，著爲令。賑安徽黟縣等十四州縣水災。

八月丁巳朔，賑陝西安塞等三縣雹災。湖南城步縣瑤匪平。賑撫甘肅平番等四縣旱災。命巡漕御史四員分駐淮安、濟寧、天津、通州。甲戌，命鄂爾泰詳勘直隸河道水利。丙子，以顧琮署直隸河道總督。丁丑，免江蘇碭山水災未完額賦十分之七。壬午，復設貴州威寧鎮總兵官。築浙江魚鱗大石海塘。免山東歷城等二十八州縣衞本年旱災額賦。甲申，賑甘肅會寧旱災，福建霞浦等州縣水災。

九月辛卯，調北路參贊大臣哈岱回京，以瑪尼代之。乙未，準噶爾回民米爾哈書爾來降。乙未，以楊永斌爲江蘇巡撫。己亥，賑福建閩縣等沿海風災。甲辰，訓飭科道毋挾私言事。召史貽直入都。以德沛爲湖廣總督，元展成爲甘肅巡撫。賑山西興縣等十二州縣旱災。辛亥，賑甘肅寧夏縣水災。癸丑，免雲南寧州上年夏稅。乙卯，以那蘇圖署兵部尙書。

閏九月癸亥，免河南西華等四縣本年水災額賦。丁卯，以尹繼善爲刑部尙書，兼辦兵部事。調慶復爲雲南總督。以那蘇圖爲兩江總督。甲戌，賑長蘆、蘆台等場水災竈戶。除江西袁州、饒州二府雜稅。丙子，馬蘭峪陵工竣。辛巳，賑福建霞浦等二縣風災。壬午，賑奉天小淸河驛水災。以雲南布政使陳宏謀瀆奏本省墾務，下部嚴議。賑江蘇上元等二十五州縣水災，並加賑有差。賑貴州安順等府廳縣雹災。

冬十月乙酉朔，賑山西永濟等三縣霜災。丁亥，修盛京三陵。戊子，上詣東陵。辛卯，上謁昭西陵、孝陵、孝東陵。乙未，上還京師。丙申，安西鎭總兵張嘉翰坐剋削軍需論斬。以崔紀爲陝西巡撫，尹會一爲河南巡撫，張楷爲湖北巡撫。己亥，大學士尹泰乞休，溫諭留之。癸卯，賑山東齊河等二十八州衞水災。免江南淳縣本年蟲災額賦，桃源等三縣未完銀米。丁未，賑黑龍江水災。戊申，修奉先殿。辛亥，免甘肅平番旱災額賦。

十一月乙卯，賑安徽壽州、霍丘旱災。免陝西靖邊等八州縣本年水災額賦。丁巳，朝鮮國王李昑請封世子李愃，禮部言年未及歲，上特允之。癸亥，賑貴州郎岱等三廳縣雹災。乙丑，除山西河津被水額賦。丙寅，賑安徽太平等十一州縣衞水災。辛未，上詣泰陵，改總管爲副都統。免江南銅山、碭山二縣逋賦。壬寅，祭告泰陵，上釋服。乙亥，賑甘肅環縣、蘭州，廣東三水等十縣旱災。上還京師。戊寅，皇太后聖壽節，御慈寧宮，上率諸王大臣行慶賀禮。自是每年如之。己卯，免山西興縣等四州縣旱災丁銀。庚辰，命仍設軍機處，以大學士鄂爾泰、張廷玉，尚書訥親、海望，侍郎納延泰、班第爲軍機大臣。

十二月甲申朔，漕運總督補熙免，以查克丹代之。以來保爲工部尚書。免江南阜寧上年水災額賦。丁亥，上御太和殿，册立嫡妃富察氏爲皇后。戊子，奉皇太后御慈寧宮，上率諸王大臣行慶賀禮畢，上御太和殿，羣臣慶賀，頒詔覃恩有差。辛卯，免江蘇溧水等十二州縣水災額賦。壬辰，賑陝西府谷等三縣雹災。甲午，以册立皇后禮成，加上皇太后徽號曰崇慶慈宣皇太后。奉皇太后御慈寧宮，上率諸王大臣行慶賀禮，次日頒詔覃恩有差。己亥，免直隸本年旱災竈課。免甘肅寧夏水災額賦。壬寅，鄂爾泰封三等伯。賑福建閩縣等六縣、廣東海康等七縣風潮災。大學士邁柱乞病，許之。琉球貢方物。癸卯，張廷玉封三等伯。辛亥，賑涿州水災。

三年春正月甲寅朔，上初舉元正朝賀，率王以下文武大臣詣壽康宮慶賀皇太后，禮成，御太和殿受賀。自是每年元正如之。乙卯，以福敏爲武英殿大學士，馬爾泰爲左都御史。辛酉，祈穀於上帝，奉世宗配享。癸亥，命舉行經筵。甲子，上初幸圓明園，奉皇太后居暢春園。戊辰，御正大光明殿，賜朝正外藩及內大臣、大學士宴。癸酉，以朱藻爲直隸河道總督，顧琮協理河道事。丁丑，準噶爾噶爾丹策零遣使奉表至京，並進貂皮。遣侍郎阿克敦充正使，御前侍衞旺扎爾、乾清門台吉額默根充副使，齎敕往準噶爾議定界。己卯，上自圓明園還宮。辛巳，以謁泰陵，命鄂爾泰在京總理事務。

二月丁亥，釋奠先師孔子。戊子，幸圓明園。癸巳，準噶爾使入覲，賞銀幣有差。戊戌，上謁泰陵。己亥，上祭泰陵。辛丑，上幸南苑行圍。壬寅，上還京師。丙午，舉行經筵。自是每季仲月舉行一次，歲以爲常。丁未，免山東齊河等三十二州縣衞水災額賦。辛亥，上親耕耤田，加一推。自是每年如之。壬子，趙弘恩以納賄奪職，以高其倬爲工部尚書，張渠爲湖南巡撫。

三月癸丑朔，賑福建閩縣等八縣颶風災。甲寅，上詣太學釋奠，御彝倫堂，命講中庸、尚書。乙卯，調崔紀爲湖北巡撫，張楷爲西安巡撫。己未，免江蘇六合等十二州縣水災額賦，廣東三水等十州縣旱災額賦。辛酉，賑江蘇上元等二十五州縣衞水災，並免額賦。丁卯，上詣黑龍潭祈雨。辛未，免甘肅蘭州等處旱災額賦。壬申，以旱命刑部清理庶獄。癸酉，免安徽太平等十一州縣衞水災額賦。丁丑，免湖北沔陽州逋賦。

夏四月甲申，以旱申命求言。停督撫貢獻。理藩院尚書僧格休致，以納延泰代之。己丑，調孫嘉淦爲吏部尚書，以趙國麟爲刑部尚書，孫國璽爲安徽巡撫。壬辰，命顧琮往直隸會同朱藻辦理河工。免長蘆蘆臺等場、衡水等州縣水災額賦。

五月癸丑，賑陝西蒲城等十州縣雹災。己未，賑山東章丘等州縣衞雹災。庚申，賑陝西雒南等八州縣雹災。壬戌，貴州定番州苗阿沙等作亂，張廣泗討平之。辛未，調額爾圖爲奉天將軍，博第爲黑龍江將軍。乙亥，免江南松江府額賦。辛巳，賑陝西靖邊等八州縣旱災。

六月庚寅，賑山東東平等四州縣雹災。丙午，左都御史楊汝穀乞休，允之。

秋七月壬子，起前左都御史彭維新爲原官。丁巳，免福建詔安縣旱災額賦。癸亥，免浙江溫州等衞漕欠。乙丑，調史貽直爲工部尚書，高其倬爲戶部尚書。丁卯，命查郎阿入閣辦事。調鄂彌達爲川陝總督。以馬爾泰爲兩廣總督，查克丹爲左都御史，託時爲漕運總督。大學士尹泰乞休，允之。

八月丙戌，江蘇海州、山東郯城等州縣蝗。賑湖南石門縣、甘肅武威等三縣水災。己丑，海望丁憂，以訥親暫署戶部尚書。己亥，奉皇太后謁泰陵。癸卯，上詣泰陵行三周年祭禮。丙午，上奉皇太后駐蹕南苑，上行圍。戊申，賑安徽望江等四十八州衞旱災。

九月庚戌朔，上奉皇太后還宮。免陝西長安等十五州縣雹災額賦。賑山東招遠縣雹災。戊午，免福建漳浦上年旱災額賦。辛酉，命嵇曾筠入閣辦事，兼理永定河務。裁浙江總督，復設巡撫，以郝玉麟仍爲閩浙總督，盧焯爲浙江巡撫。甲子，朱藻解任，遣訥親、孫嘉淦往鞫之。以顧琮管總河印務。安南入貢。己巳，大學士尹泰卒。編修彭樹葵進十思箴，上嘉賚之。賑甘肅碾伯等處旱災。丁丑，免江蘇江寧等五十二州縣衞水災額賦，並賑之。戊寅，賑臺灣旱災。

冬十月庚辰朔，賑陝西安定等六州縣雹災。辛巳，免山東鄒平等八州縣本年雹災額賦。壬午，免直隸被水州縣逋賦。免江蘇、安徽被災各州縣逋賦。辛卯，皇次子永璉薨，輟朝五日，以御極後，親書永璉爲皇太子密旨，一切典禮如皇太子儀。賑安徽懷寧等五十州縣衞旱災。壬辰，戶部尚書高其倬卒。丙申，調任蘭枝爲戶部尚書，趙國麟爲禮部尚書，史貽直爲刑部尙書，以趙殿最爲工部尙書。丁酉，諡皇太子永璉爲端慧皇太子。直隸總督李衞以病免，命孫嘉淦署之。己亥，賑浙江吉安等州縣旱災。庚子，朝鮮國王李昑表賀上皇太后徽號並册封皇后，又表謝恩封世子，附進方物。壬寅，上幸田村，奠端慧皇太子。癸卯，免江南、江西、河南漕欠。乙巳，授孫嘉淦直隸總督，以甘汝來爲吏部尙書兼兵部，楊超曾爲兵部尙書。丙午，授顧琮直隸河道總督。

十一月己酉朔，復廣東海南道爲雷瓊道，改高雷道爲高廉道。庚戌，以孫嘉淦劾貝勒允祜，上嘉之，予議敍。允祜下宗人府嚴議。壬子，賑江蘇華亭等六縣衞旱災。賑湖南石門縣旱災。癸丑，免奉天寧遠等四州縣蟲災額賦。賑浙江歸安、烏程，陝西綏德等四州縣雹災，湖北孝感等六州縣旱災。癸丑，免河南信陽等八州縣旱災額賦。賑湖北應山、四川忠州等三州縣旱災。乙丑，免江南淮安、徐州二府湖灘額租。免山東招遠縣雹災額賦。庚午，大學士嵇曾筠以病乞休，允之。壬申，甘肅寧夏地震，水涌新渠，寶豐縣治沈沒，發蘭州庫銀二十萬兩，命兵部侍郎班第往賑之。乙亥，吏部尙書性桂乞休，允之。丁丑，免直隸宣化各府州逋賦。

十二月乙卯朔，調訥親爲吏部尙書。庚辰，賑四川射洪等六縣水災。賑兩淮鹽場本年旱災。丙戌，彭維新褫職，以魏廷珍爲左都御史。丁亥，甘肅寧夏地震。甲午，賑甘肅平番蟲災。命大理寺卿汪漋往江南總辦河工。琉球國王尚敬遣使表賀登極，入貢。戊戌，準噶爾台吉噶爾丹策零遣哈柳等從侍郎阿克敦等至京師，進表。乙巳，準噶爾使哈柳等入覲，諭曰：「所奏游牧不越阿爾台，朕甚嘉之。托爾和、布延圖卡倫內移，不可行。」

四年春正月己酉，上御乾清宮西暖閣，召王、大臣、翰林、科道及督、撫、學政在京者九十九人賜宴，賦柏梁體詩。丁卯，免甘肅寧夏等五縣地震被災額賦。壬申，大學士嵇曾筠卒。趙國麟爲大學士，調任蘭枝爲禮部尚書，以陳悳華爲戶部尚書。

二月己卯，調張渠爲江蘇巡撫，以馮光裕爲湖南巡撫。丙戌，免直隸滄州等四州縣、興國等四場水災竈地額賦。免貴州郎岱等四廳州縣雹災額賦。乙未，免甘肅靖遠風災額賦。丙申，準噶爾部人孟克特穆爾等來降。免陝西咸寧、鎭安水災，甘肅柳溝衞蟲災額賦。戊戌，免湖南永順、永綏新闢苗疆鹽課。免浙江上虞等縣逋賦。庚子，準噶爾台吉噶爾丹策零請以阿爾泰山爲界，許之。免湖北鍾祥等五縣衞旱災額賦。

三月丁未朔，己酉，召雅爾圖來京，以阿蘭泰爲北路參贊大臣。免安徽宿州等四州縣逋賦。吏部奏行取屆期，上命尚書、都御史、侍郎保舉如陸隴其、彭鵬者。免湖北應山上年旱災額賦。甲子，設熱河兵備道，駐承德州。命訥親協辦大學士。戊辰，以旱災特免直隸、江蘇、安徽三省額賦。壬申，以魏廷珍爲工部尙書。賑直隸文安等六縣水災。

夏四月丁卯，免安徽壽州上年旱災額賦。戊寅，免江蘇丹陽等七縣旱災額賦。辛巳，賜莊有恭等三百二十八人進士及第出身有差。壬午，免長蘆上年旱災逋賦。丙戌，以旱申命求言。命刑部清理庶獄，減徒以下罪。甲午，免四川忠州等三州縣旱災額賦。乙未，以陳世倌爲左都御史。癸卯，西藏巴勒布部庫庫木、顏布、葉楞三汗入貢。

五月甲子，朝鮮國王李昑謝賜本國列傳，進方物。戊辰，改築浙江海寧石塘。辛未，致仕大學士馬齊卒。癸酉，加鄂爾泰、張廷玉、福敏太保，徐本、訥親太子太保，甘汝來、海望、鄂善、尹繼昌、徐元夢、孫嘉淦、慶復太子少保。

六月庚辰，調碩色爲山東巡撫，方顯爲四川巡撫。甲辰，免甘肅赤金所上年被災額賦。山東濟南等七府蝗。曹縣河決，仍賑被水六州縣災民。甘肅秦安等六州縣雹災。

秋七月戊申，額駙策淩奏率兵駐鄂爾海西拉烏蘇，並分兵駐鄂爾坤河、齊齊爾里克、額爾德尼招、塔密爾、烏里雅蘇臺附近，防範準噶爾。庚戌，以甘肅秦安等十五州縣雹災，命無論已未成災，悉免本年額賦。辛酉，賑河南祥符等四十七州縣水災。壬戌，賑山東海豐等縣場竈戶。甲子，賑江蘇睢寧等十三州縣衛水雹各災，湖北房縣旱災。丙寅，吏部尙書甘汝來卒。以郝玉麟爲吏部尙書，宗室德沛爲閩浙總督，以班第爲湖廣總督。己巳，賑安徽宿州雹災。庚申，安南馬郎叛人矣長等來降。賑山東利津等二縣雹災。壬申，賑直隸開州等州縣、江蘇海州等州縣水災。江蘇淮安、安徽鳳陽等府州蝗。

八月丙子，御史張湄劾諸大臣阻塞言路。上斥爲漸染方苞惡習，召見滿、漢奏事大臣諭之。辛巳，賑河南商丘等州縣水災。壬午，敍張廣泗經理苗疆功，授三等輕車都尉，黃廷桂等加銜、加級有差。戊子，賑山東歷城等六十六州縣衞所水災，停征新舊額賦。庚寅，江蘇金壇縣貢生蔣振生進手鈔十三經，賜國子監學正銜。

九月乙巳朔，署廣西提督譚行義以安南鄭氏專柄，清化鎮邵郡公及黎鸞起兵與鄭氏內鬨，奏聞。丙午，免江蘇海州、贛楡二州被水漕糧。戊申，賑河南祥符等三十七州縣水災有差。丁巳，上奉皇太后謁陵。庚申，上謁昭西陵、孝陵、孝東陵、景陵。賑山東臨邑等縣水災。癸亥，賑甘肅張掖東樂堡水災。賑河南鄧州等四州縣水災，山西楡次等三縣旱災。命停征江蘇、安徽漕糧。上奉皇太后還宮。庚午，上以疾命和親王弘晝代行孟冬時饗禮。免甘肅秦安等十五州縣糧草三分之一，及靈州、碾伯等州縣本年水雹各災額賦。

冬十月丁丑，準噶爾回人伊斯拉木定來降。庚辰，以江蘇海州等四州縣水災，免逋賦。甲申，端慧皇太子周年，上幸田村奠酒。乙酉，賑山東歷城等六十六州縣水災，給葺屋銀。丁亥，免陝西興平等十六州縣雹災額賦。己丑，莊親王允祿、理親王弘晳等緣事，宗人府議削爵圈禁。上曰：「莊親王寬免。理親王弘皙、貝勒弘昌、貝子弘普俱削爵。弘昇永遠圈禁。弘晈王爵，係奉皇考特旨，從寬留王號，停俸。」丙申，釋馬蘭泰。己亥，額魯特札薩克多羅郡王、和碩額駙阿寶之妻和碩格格進顧實汗所傳玉璽，諭還之。壬寅，召定邊左副將軍額駙策淩來京。封弘鳴郡王，襲理親王爵。癸卯，上幸南苑行圍。

十一月丙午，上行大閱禮，連發五矢皆中的，賜在事王大臣銀幣有差。戊申，以郝玉麟署兩江總督。庚戌，召尹會一來京，以雅爾圖爲河南巡撫。賑江蘇安東等十五州縣水災有差。壬申，免寧夏次年額賦。

十二月癸酉朔，免山東金鄉等六州衞水災額賦。丙子，免浙江安吉等州縣漕糧，河南羅山旱災額賦。戊寅，弘皙坐問安泰「準噶爾能否到京，上壽算如何」，擬立絞。諭免死，永遠圈禁，安泰論絞。免陝西榆林等十一州縣逋賦。癸未，免河南祥符等四十四州縣水災額賦。乙酉，晉封貝勒頗羅鼐爲郡王。庚寅，免河南商丘等十州縣水災額賦。壬辰，哈柳等入覲。甲午，召車臣汗達瑪林等賜茶。

五年春正月丁未，賑安徽宿州等八州縣，廬江等十州縣衞旱災有差。丁卯，朝鮮入貢。辛未，命烏赫圖、巴靈阿護準噶爾人赴藏熬茶。湖南綏寧苗作亂，命馮光裕等勦之。

二月，琉球入貢。乙亥，命額駙策淩等定各部落接準噶爾游牧邊界。哈柳歸，召入賜茶，以和議成，嘉奬之。辛巳，以伊勒愼爲綏遠城將軍。癸未，工部尚書魏廷珍罷。申諭九卿，毋蹈模棱覆轍。免山東章丘等六十州縣衞水災額賦。戊子，免湖北襄陽縣衞上年額賦。壬辰，免上年安徽宿州雹災、山東滕縣等五縣水災額賦。戊戌，以韓光基爲工部尚書。辛丑，免湖北漢陽等四縣上年旱災額賦。

三月庚戌，以尹繼善爲川陝總督，鄂善署刑部尚書。壬子，免直隸雄縣上年水災額賦。甲子，免山東霑化等縣場水災額賦。庚午，湖南栗林、鬼冲各寨苗匪平。

夏四月丙戌，賑兩淮板浦等場災。戊子，御史褚泰坐受賄論斬。免陝西葭州、懷遠旱災額賦。己丑，以那蘇圖爲刑部尚書。甲午，以旱召九卿面諭，直陳政事闕失。改山東河道爲運河道，兗沂曹道爲分巡兗、沂、曹三府，管河工。戊戌，任蘭枝及太常寺卿陶正靖坐朋比，下部嚴議。

五月甲寅，上詣黑龍潭祈雨。丙辰，命刑部清理庶獄。甲子，以楊超曾署兩江總督。丁卯，諭馮光裕及湖廣提督杜愷勦捕城步、綏寧瑤匪。

六月癸酉，命阿里衮、朱必堦查勘山東沂州等處水旱災。戊寅，命山東、江蘇、安徽捕除蝻子。召張廣泗來京。壬辰，賑甘肅秦州水災。戊戌，福州將軍隆昇坐收餽遺，褫職鞫治。

閏六月甲辰，廣西義寧苗作亂，諭馬爾泰赴桂林調度兵事。辛亥，以喀爾吉善爲山西巡撫。命杜愷統率湖南兵至軍前。乙卯，命張廣泗赴湖南會辦軍務。甲子，準噶爾台吉噶爾丹策零遣使進表。

秋七月癸酉，調張渠爲湖北巡撫。以徐士林爲江蘇巡撫。調方顯爲廣西巡撫，碩色爲四川巡撫，朱定元爲山東巡撫。乙亥，賜噶爾丹策零敕書，諭準噶爾使以阿爾泰山爲界，山南游牧之人，仍居舊地。設甘肅安西提督，駐哈密。丁丑，以補熙爲綏遠城將軍。辛巳，詔停今年秋決。甲申，張廣泗留辦湖南善後。賑安徽宣城衞饑。己丑，免安徽鳳陽等十九州縣衞水災、無爲等四州縣旱災額賦。甲午，賑山西徐溝饑。丁酉，賑甘肅武威等三縣饑。戊戌，班第奏總兵劉策名等連克長坪各苗寨，獲首倡妖言黎阿蘭等。

八月己亥朔，廣西宜山縣蠻匪平。庚子，諭曰：「朕閱江省歲額錢糧雜辦款目，沿自前明，賦役全書亦未編定，官民交受其累，其悉予豁免。」庚戌，班第奏剿平鹽井口苗匪各寨。壬戌，上奉皇太后駐南苑。賑福建永定饑。免河南中牟等十四州縣水災額賦。戊辰，譚行義奏安南人立龍彪爲王，僭元景興。癸酉，調楊超曾爲吏部尚書，仍署兩江總督，史貽直爲兵部尚書，韓光基爲刑部尚書，陳世倌爲工部尚書。辛巳，協辦大學士禮部尚書三泰乞休，慰留之。賑福建上杭饑。賑浙江餘杭等十六州縣廳衞所水災。丙戌，江蘇宿遷縣朱家閘河決，命築挑水壩。丁亥，築江蘇寶山縣吳家濱海塘石壩。賑陝西葭州等州縣饑。以王安國爲左都御史。永定河復歸故道。

冬十月戊戌朔，以常安爲漕運總督。壬寅，上謁泰陵。乙巳，上還京師。賑四川綿竹等三縣水災。甲寅，免甘肅平羅本年水災額賦，仍免寧夏、寧朔半賦。丙辰，僉都御史劉藻奏請停減圓明園營造，上嘉納之。賑福建臺灣、諸羅風災。丁卯，張廣泗奏獲苗匪栗賢宇等，及附瑤匪之戴名揚等，克平溪等寨。

十一月己巳，以那蘇圖署湖廣總督。庚午，調來保爲刑部尚書，哈達哈爲工部尚書。丙子，楊超曾劾江西巡撫岳濬，命高斌往會鞫之。己卯，召王蕃來京。命王安國以左都御史管廣東巡撫事。命阿里袞同高斌勘鞫岳濬。以劉吳龍爲左都御史。乙酉，命廷臣各舉所知，如湯斌、陸隴其、陳璸、彭鵬諸人。賑陝西葭州等六州縣饑。

十二月壬寅，張廣泗進剿湖南城步、綏寧，廣西義寧苗、瑤，悉平之。免安徽宣城、宣州二縣衞雹災額賦。免托克托城等處雹災額賦。壬子，免山東蒲臺逋賦。

六年春正月甲戌，裁安西總兵，設提督。丙子，免福建閩縣等五縣逋賦。甲申，命鄂爾泰、訥親會同孫嘉淦、顧琮勘視永定河工。命參贊大臣阿岱駐烏里雅蘇臺。以慶泰爲北路軍營參贊大臣。戊子，免霸州、雄縣額賦。甲午，命班第仍在軍機處行走。

二月，御史叢洞請暫息行圍，上以飭兵懷遠之意訓之。丙午，以完顏偉爲南河副總河。免湖北鍾祥等四縣衞水災額賦。甲寅，免陝西葭州等三州縣雹災額賦。庚申，增設山西歸化城分巡道。

三月壬申，命侍郎楊嗣璟往山西會鞫山西學政喀爾欽賄賣生員之獄。甲申，以御史仲永檀劾鄂善受賄，命怡親王等鞫之。鄂善褫職逮問。辛卯，擢仲永檀爲僉都御史。

夏四月乙未朔，大學士趙國麟乞休，不允。免江蘇豐縣等十州縣衞水災、蟲災、民屯蘆課。甲辰，免順天直隸霸州等十州縣上年水災額賦。以慶復署兩廣總督，張允隨署雲貴總督。己酉，賜鄂善自盡。

五月戊寅，免福建臺灣逋賦。賑江西興國等縣水災，貴州仁懷、平越水災。

六月甲午朔，免陝西葭州等六州縣上年水災額賦。丙申，江蘇巡撫徐士林給假省親，調陳大受署之。改張楷爲安徽巡撫。庚子，命王安國勘廣東徵糧積弊。乙巳，以御史李慓劾甘肅匿災，命會同尹繼善勘之。己酉，浙江巡撫盧焯解任，命德沛及副都統汪扎勒鞫之。賑安徽宿州等十二州縣水災，江蘇山陽等州縣水災。趙國麟以薦舉非人，降調。

秋七月，免江蘇蘇州等府屬逋賦。甲子，喀爾欽處斬。丙子，薩哈諒論斬。戊寅，甘肅巡撫元展成以御史胡定劾，解任，命副都統新柱往會尹繼善鞫之。癸未，詔停今年秋決。戊子，上初舉秋獮。奉皇太后幸避暑山莊，免經過額賦十分之三。自是每年皆如之，減行圍所過州縣額賦。辛卯，賑江西武寧等二縣水災。壬辰，上至古北口閱兵。賑廣東永安、歸善二縣饑。

八月癸巳，賑安徽宿州等十九州縣衞水災。庚子，上駐蹕張三營。辛丑，上行圍。賑江蘇山陽等十八州縣、莞瀆等場水災。己酉，召楊超曾回京。調那蘇圖爲兩江總督，孫嘉淦爲湖廣總督。以高斌爲直隸總督，完顏偉爲江南河道總督。裁直隸河道總督，命高斌兼理直隸河務。辛亥，召寧古塔將軍吉黨阿來京，以鄂爾達代之。

九月癸亥朔，以陳宏謀爲甘肅巡撫。乙丑，上奉皇太后回駐避暑山莊。賑廣東南海等二十六州縣廳饑。上奉皇太后回蹕。壬申，授王恕福建巡撫，楊錫紱廣西巡撫。甲戌，調陳宏謀爲江西巡撫，黃廷桂爲甘肅巡撫。免江蘇、安徽乾隆三四年被災漕糧。己卯，調韓光基爲工部尙書。以劉吳龍爲刑部尙書。辛巳，原任江蘇巡撫徐士林卒。授陳大受江蘇巡撫，張楷安徽巡撫。賑福建福清等八縣及長福等鎭營饑。丁亥，以劉統勳爲左都御史。

冬十月庚子，賑廣東瓊山等二十四州縣颶災。丁未，賑安徽宿州等三十一州縣衞水災，並免宿州等三州縣額賦漕糧。己酉，賑甘肅靈州等處饑。丙辰，賑熱河四旗丁水災。

十一月甲子，賑兩淮竈戶饑。乙丑，南掌國王島孫遣使入貢。丙寅，賑甘肅平番等十四州縣雹水災。己巳，御史李慎陳奏甘肅饑饉情形不實，部議革職。上曰：「與其懲言官而開諱災之端，寧從寬假以廣耳目。」命革職留任。戊寅，免江蘇山陽等十五州縣衞水災額賦。賑句容等三十四州縣衞饑。丙戌，皇太后五旬聖壽節，御慈寧宮，上率諸王大臣等行慶賀禮。

十二月乙未，劉統勳請停張廷玉近屬陞轉，減訥親所管事務，上嘉之。丙申，大學士張廷玉請解部務，不許。辛丑，免甘肅武威等二縣五年被水額賦。賑江蘇江浦等州縣旱災。免湖南湘鄉等二縣被水額賦。乙巳，免浙江仁和等十九州縣本年額賦。丁未，免山東歷城等十六州縣衞旱災額賦。庚戌，免甘肅永昌等三縣旱災額賦。琉球入貢。調常安為浙江巡撫，顧琮為漕運總督。命劉統勳往浙江會勘海塘。賑浙江嵊縣等十七州縣、仁和等場水旱災。

七年春正月壬戌，調史貽直為吏部尚書，任蘭枝為兵部尚書。以趙國麟為禮部尚書。庚午，定綏遠城、右衞、歸化城土默特、察哈爾共挑兵四千名，內札薩克首隊兵四千五百名、二隊兵六千五百名，援應北路軍營，並於額爾德尼昭沿途置駝馬備用。戊寅，以那克素三十九部番民備辦準噶爾進藏官兵駝馬，免本年額賦。甲申，賑安徽鳳陽、潁州二府，泗州一州屬饑民。庚寅，準噶爾入貢。

二月辛卯朔，上詣泰陵。乙未，上謁泰陵。是日，回蹕。丙申，朝鮮入貢。戊戌，上幸南苑行圍。己亥，琉球入貢。己酉，禮部尚書趙國麟乞休，不允。乙卯，以吉黨阿爲歸化城都統。

三月庚申朔，上憂旱，申命求言，並飭九卿大臣體國盡職。丁卯，命大學士、九卿、督、撫舉如馬周、陽城者爲言官。乙亥，以旱命刑部清理庶獄，各省如之。以晏斯盛爲山東巡撫。辛巳，準噶爾台吉噶爾丹策零遣使吹納木喀等奉表貢方物，乞勿限年貿易。壬午，以噶爾丹策零表奏狡詐，諭西北兩路軍營大臣加意防之。戊子，上詣黑龍潭祈雨。以兩江總督那蘇圖辦賑遺漏，切責之。

夏四月庚寅朔，準噶爾貢使吹納木喀等入覲。裁八溝、獨石口副都統各一，增天津副都統一。以古北口提督管獨石口外臺站。免河南永城等三縣上年被水額賦。甲午，賜金甡等三百二十三人進士及第出身有差。調德沛爲兩江總督，那蘇圖爲閩浙總督。乙未，撥安徽賑銀三十萬兩有奇，並准採買湖廣米備糶。辛丑，賑安徽宿州等州縣衛水災。甲辰，賜準噶爾台吉噶爾丹策零敕書，申誡以追論舊事，屢違定約，並諭將此次奏請留易、改道噶斯等事停止，仍賞賚如例。甲寅，除河南洧川等十一縣水衝地賦。免福建福清等七縣颶災額賦。丙辰，刑部尚書劉吳龍卒，以張照爲刑部尚書。

五月己未朔，以順天、保定等八府，易州等五州缺雨，命停征新舊錢糧。定移駐滿兵屯墾拉林、阿勒楚喀事宜，設副都統，以巴靈阿爲之。戊辰，以御史胡定劾，寢趙弘恩補刑部侍郎之命。癸酉，定雩祭典禮，御製樂章。免江蘇沛縣昭陽湖水沈田畝額賦。丙戌，禁奏章稱蒙古爲「夷人」。以琉球國王資送江南遭風難民，嘉奬之。張允隨奏猛遮界外孟艮酋長召賀罕被逐，遁入緬甸。

六月甲寅，諭督撫董率州縣經畫地利。戊申，訓飭地方官實心經理平糶。

秋七月己未，命資送日本遭風難民歸國。免廣西梧州等三府屬逋賦。辛酉，除山西繁峙、廣西武緣荒地額賦。乙丑，禮部尚書趙國麟乞休，上責其矯飾，褫職。調任蘭枝爲禮部尚書，陳悳華爲兵部尚書，徐本兼管戶部尚書。丙寅，命大學士鄂爾泰兼領侍衞內大臣。命賑江蘇山陽等州縣水災。命撫恤江蘇阜寧等州縣水災。癸未，命高斌、周學健往江南查辦災賑、水利。甲申，賑湖北漢川、襄陽等州縣衞水雹災，並停徵額賦。丙戌，賑江蘇江浦等十八州縣衞、安徽臨淮等州縣衞。撫恤江西興國等州縣、浙江淳安等州縣、湖南醴陵等八州縣、山東嶧縣等十州縣衞、甘肅狄道等四州縣廳災民。八月戊子，江南黃、淮交漲，命疆吏拯救災黎，毋拘常例。訓飭慎重軍政。撥江蘇、安徽賑銀二百五十萬兩有奇。庚寅，免江蘇、安徽被水地方本年額賦。辛卯，定皇后親蠶典禮。戊戌，免直隸、江蘇、安徽、福建、甘肅、廣東等省雍正十三年逋賦，並免江南、浙江未完雍正十三年漕項。庚子，諭河南等省撫恤江南流民。壬寅，上奉皇太后幸南苑，上行圍。癸卯，賑江西興國水災。乙巳，上奉皇太后幸晾鷹臺閱圍。

九月丁巳朔，撥江蘇運山東截留漕米十萬石，備淮、徐、鳳、潁各屬賑糶。賑湖北潛江等十州縣水災。辛酉，免廣東崖州等二州縣風災額賦。免安徽鳳、潁、泗三府州本年水災地方漕賦，不成災者折徵之。賑湖南湘陰等九縣水災。丁卯，上詣東陵。庚午，上謁昭西陵、孝陵、孝東陵、景陵。免江蘇山陽等二十一州縣本年被水漕賦。壬申，上幸盤山。賑恤江蘇、安徽災銀二百九十萬兩、米穀二百二十萬石各有奇。命再撥隣省銀一百萬兩備明春接濟。乙亥，上幸髫髻山。戊寅，上回蹕。

冬十月丙戌，撥山東、河南明年運漕米各五萬石備江南賑，仍由直隸赴古北口外如數採買補運。己丑，免山東歷城等十九州縣旱災額賦。庚寅，命江南截留癸亥年漕糧二十萬石，仍撥山東漕糧二十萬石，河南倉米二十萬石，運江南備賑。癸巳，浙江提督裴鉽等以侵欺褫職鞫治。壬辰，賑江蘇山陽等二十八州縣衞饑。甲午，命淸理滯獄。乙未，命撥山東沿河倉穀十萬石運江南備賑。丁酉，賑安徽鳳陽二十四州縣衞水災。甲辰，朝鮮國王李昑表謝國人金時宗等越境犯法，屢荷寬典。上曰：「此朕柔遠之恩。若恃有寬典，犯法滋多，非朕保全外藩之本意。王其嚴加約束，毋俾干紀。」以塞楞額爲陝西巡撫。己酉，賑河南永城等十三州縣饑。辛亥，上詣順懿密太妃宮問疾。壬子，賑江蘇山陽等七州縣衞水災。

十一月丙辰朔，大學士等奏纂輯明史體例。上曰：「諸卿所見與朕意同。繼春秋之翼道，昭來茲之鑒觀，我君臣其共勉之。」賑湖北漢川等十二州縣水災饑。戊午，賑浙江瑞安等縣廳場、湖南湘陰等九縣水災。庚申，福建漳浦縣會匪戕殺知縣，命嚴治之。壬戌，賑山東膠州十州縣衞水災。癸亥，賑甘肅狄道等州縣水雹災。乙亥，命持法寬嚴，務歸平允。命陳世倌會同高斌查勘江南水利。戊寅，諭明春奉皇太后詣盛京謁陵。庚辰，以初定齋宮禮，是日詣齋宮。

十二月丙戌朔，賑山東濟寧等七州縣衞饑。丁亥，命考試薦舉科道人才。周學健舉三人皆同鄉，諭飭之。命左副都御史仲永檀會同周學健查賑。壬辰，上奉皇太后幸瀛臺。丙子，仲永檀、鄂容安以漏洩機密，逮交內務府愼刑司，命莊親王等鞫治。免福建尤溪等四縣荒田溢額銀。己亥，召安徽巡撫張楷來京，調喀爾吉善代之。命寬鄂爾泰黨庇仲永檀罪。

免直隸薊州等三州縣水災額賦。丁未，撥運吉林烏拉倉糧接濟齊齊哈爾等處旱災。庚戌，賑奉天承德等五州縣饑。免山東膠州等十州縣衞水災額賦。辛亥，調完顏偉爲河東河道總督，白鍾山爲江南河道總督。乙卯，諭曰：「江南水災地畝涸出，耕種刻不容緩。疆吏其勸災民愛護田牛，或給貲飼養，毋得以細事置之。」

八年春正月丁巳，免鄂容安發軍台，命仍在上書房行走。仲永檀死于獄。召孫嘉淦來京。以阿爾賽爲湖廣總督。甲子，陳世倌等奏修江蘇淮、徐、揚、海，安徽鳳、潁、泗各屬河道水利，下大學士鄂爾泰等大臣議行之。己卯，命軍機大臣徐本、班第、那彥泰隨往盛京。辛巳，召參贊大臣阿岱、塔爾瑪回京，以拉布敦、烏爾登代之。壬辰，內閣學士李紱致仕陛辭，以愼終如始對，賜詩嘉之。辛卯，以考選御史，杭世駿策言內滿外漢，忤旨褫職。調劉於義爲山西巡撫。命孫嘉淦署福建巡撫。丙申，命尹繼善署兩江總督，協同白鍾山料理河務。癸卯，命侍講鄧時敏、給事中倪國璉爲鳳、潁、泗宣諭化導使，編修涂逢震、御史徐以升爲淮、徐、揚、海宣諭化導使。乙巳，免湖北漢川等十一州縣衞水災額賦。准趙國麟回籍。癸丑，遣和親王弘晝代祀先農壇，用中和韶樂，與上親祭同，著爲例。賑山東滕縣等六州縣饑。庚午，調喀爾吉善爲山東巡撫，晏斯盛爲湖北巡撫，范璨爲安徽巡撫。丙子，上詣壽祺皇太妃宮問疾。

夏四月甲申朔，壽祺皇太妃薨，輟朝十日。上欲持服，莊親王等祈免。訓飭九卿勤事。申命各督撫陳奏屬員賢否。乙酉，上詣壽祺皇貴太妃宮致奠。辛卯，命奉宸苑試行區田法。丁酉，賑安徽鳳陽六府州屬水災饑。免湖北襄陽等三縣水災額賦。庚子，裁江蘇海防道，設淮徐海道，駐徐州府。以蘇松巡道兼管塘工。揚州府隸常鎮道。原設淮徐、淮揚二道專管河工。

閏四月甲寅朔，琉球入貢。丁巳，御試翰林、詹事等官，擢王會汾等三員爲一等，餘各陞黜有差。辛酉，免河南鄭州等十三州縣本年水災額賦。甲戌，除江蘇吳江等二縣坍沒田蕩額賦。

五月癸未朔，諭鑾輿巡幸，令扈從護軍等加意約束，不得踐踏田禾。乙酉，御史沈懋華以進呈經史講義召見，已去，下部嚴議。丁亥，命河南停徵上年被水地方錢糧。己亥，免江蘇山陽等十三州縣牙稅。免臨清商民運徵米船料及銅補商補。辛丑，賑山東歷城等十八州縣衞饑。丙午，以碩色爲河南巡撫，紀山爲四川巡撫。戊申，調慶復爲川陜總督。以馬爾泰爲兩廣總督。授張允隨爲雲南總督，兼管巡撫事。辛酉，蘇祿國王麻喊末阿𥨊勝寧表請三年一修職貢。命仍遵五年舊例。

六月壬子朔，御史陳仁請以經史考試翰詹，不宜用詩賦，上嘉之。甲寅，改南掌爲十年一貢。乙卯，除江蘇沛縣水沈地賦。丙辰，以旱求言。戊午，命阿里衮暫署河南巡撫。丁卯，以御史胡定劾湖南巡撫許容一案，究出督撫誣陷扶同，予敍。壬申，諭督撫率屬重農。

秋七月乙酉，上詣順懿密太妃宮問疾。丙戌，以安南不靖，擾及雲南開化都竜廠，命張允隨等嚴防之。開化鎭總兵賽都請討安南，不許。戊子，上奉皇太后由熱河詣盛京謁陵，免經過之直隸、奉天地方錢糧。撥通倉米四十萬石賑直隸旱災。壬辰，免山東歷城等十六州縣衞旱災額賦。乙未，停今年勾決。上奉皇太后駐避暑山莊。丙申，除福建連江等二縣水衝地賦。己亥，上奉皇太后詣盛京。癸卯，上行圍於永安莽喀。乙巳，上行圍於愛里。丙午，上行圍於錫拉諾海。命嚴除州縣徵漕坐倉之弊。戊申，免直隸滄州被雹竈戶額賦。上奉皇太后駐蹕嗎嗎塔喇。己酉，上行圍，至己卯皆如之。嚴督撫等漏洩密奏之禁。賑湖北興國等三州縣水災，並免額賦。癸亥，萬壽節，上詣皇太后行幄行禮。御行幄，扈從諸王以下大臣官員暨蒙古王以下各官慶賀。賜諸王、大臣、蒙古王等宴。甲子，上駐蹕巴雅爾圖塔剌。乙丑，上行圍。戊辰，上行圍。壬申，上駐蹕伊克淖爾，上行圍，至丙子如之。甲戌，賑四川西昌水災。定直隸被旱州縣賑恤事宜。賑廣東始興等十六州縣水災。己卯，上行圍於巴彥，親射殪虎。

九月庚辰朔，上行圍於伍什杭阿，親射殪虎。辛巳，上行圍威準。壬午，上行圍黃科。癸未，上行圍阿蘭。以哲布尊丹巴呼圖克圖未奏往額爾德尼招禮拜，土謝圖汗敦丹多爾濟均下理藩院議處。甲申，賑陝西商州水災饑。乙酉，上行圍舍里。丙戌，上行圍善顏倭赫。丁亥，上行圍巴彥。鄂彌達改荊州將軍。調博第爲吉林將軍，富森爲黑龍江將軍。戊子，上行圍尼雅滿珠。己丑，上行圍珠敦。庚寅，上行圍英額邊門外。是日，駐蹕烏蘇河。甲午，許容以劾謝濟世貪縱各款皆虛，孫嘉淦以扶同定案，均褫職。署糧道倉德以通揭鞫實，予敍。上駐蹕穆奇村。乙未，上奉皇太后謁永陵。丙申，行大饗禮。命停顧琮議限民田。賑河南祥符等二十一州縣、山東齊東等十八州縣衞旱災，並免額賦有差。辛丑，謁福陵。壬寅，行大饗禮。謁昭陵。癸卯，行大饗禮。上奉皇太后駐蹕盛京。朝鮮國王李昑遣陪臣至盛京貢方物。甲辰，上率羣臣詣皇太后宮行慶賀禮。御崇政殿受賀。賜羣臣及朝鮮使臣宴。御大政殿賜酺。頒詔覃恩有差。乙巳，上詣文廟釋奠。幸講武臺大閱。諭王公宗室大臣等潔蠲禮典，訓導兵民，毋忘淳樸舊俗。丙午，上親奠克勤郡王岳託及武勳王揚古利墓。遣官望祭長白山、北鎭醫巫閭山及遼太祖陵。戊申，上親奠弘毅公額宜都、直義公費英東墓。免河南帶征乾隆七年以前民欠。

冬十月庚戌朔，上御大政殿，賜扈從王大臣宴於鳳凰樓前。諭王公宗室等革除陋習，恪守舊章。免盛京、興京等十五處旗地本年額賦及乾隆七年逋賦。御製盛京賦。辛亥，上奉皇太后回蹕。乙丑，賑廣東南海等七縣水災。是日，上登望海樓，駐文殊菴。丁卯，命直隸被災各屬減價平糶。己巳，命部院大臣京察各舉賢自代。以劉於義爲戶部尚書，阿里袞爲山西巡撫。命徐本仍兼管戶部。調陳宏謀爲陝西巡撫，塞楞額爲江西巡撫。庚午，賑河南祥符等十四州縣旱災。甲戌，上奉皇太后還京師。丁丑，上以謁陵禮成，率羣臣詣皇太后宮行慶賀禮。御太和殿，王大臣各官進表朝賀。

十一月，賑安徽無爲水災，並免額賦。壬午，賑甘肅狄道等二十四州縣水蟲風雹災。庚寅，安南國王黎維禕表謝賜祭及襲封恩，進貢方物。辛丑，賑廣東萬州等十四州縣水災，福建臺灣等三縣旱災。壬寅，貸黑龍江被旱被霜兵丁等倉糧。賑山西曲沃等十一州旱災。癸卯，賑直隸天津等二縣旱災。丁未，賑安徽壽州等九州縣衞旱災。己酉，免謁陵經過額賦十分之三。

十二月庚戌朔，賑廣東吳川縣旱災。辛亥，命史貽直協辦大學士。乙卯，賑山東陵縣等十二州縣衞旱災。葬端慧皇太子於朱華山寢園。辛酉，大學士福敏乞退。溫諭慰留。甲子，準噶爾遣貢使圖爾都等至京，謝進藏人由噶斯路行走，賜助牲畜恩，並貢方物。乙丑，以陳惪華隱匿其弟陝西按察使陳惪正申辦參案密奏，下部嚴議。惪正褫職鞫治。丁卯，以星變示儆，詔修省。

九年春正月辛巳，以徐本病，命史貽直爲大學士。以劉於義爲吏部尚書、協辦大學士，張楷爲戶部尚書。陳惪華罷，以王安國爲兵部尚書。壬午，幸瀛臺。御大幄次，賜準噶爾使圖爾都宴，命立首班大臣末。以噶爾丹策零恭順，圖爾都誠敬可嘉，召圖爾都近前，賜飲三爵，錫賚有加。訓飭各省州縣教養兼施。丁亥，賑直隸天津等十一州縣災。庚子，王安國憂免，以彭維新爲兵部尚書。以許容署湖北巡撫。授史貽直文淵閣大學士。朝鮮入貢。給訥親欽差大臣關防。癸卯，上奉皇太后詣泰陵。丙午，上詣泰陵。是日，奉皇太后回蹕。

二月，上奉皇太后幸南苑。丙辰，以給事中陳大玠等奏，寢許容署湖北巡撫之命，留晏斯盛任，仍申誡言官扶同糾論。免安徽桐城等九州縣上年水災額賦。免福建臺灣等三縣旱災額賦，並賑之。甲子，陳惪華降調。丁卯，賑雲南霑、益二州縣水災。丁丑，戶部尚書張楷卒，以阿爾賽代之，鄂彌達爲湖廣總督。

三月癸未，以汪由敦爲工部尚書。丁亥，免江蘇沛縣、河南中牟等六縣旱災額賦。丁酉，調博第爲西安將軍。以巴靈阿爲寧古塔將軍。乙巳，賑山東德州等五州縣衞旱災。以訥親奏查閱河南、江南營伍廢弛，上曰：「可見外省大吏無一不欺朕者，不可不懲一儆百。」

四月戊申朔，始建先蠶壇成。乙卯，上詣圜丘行大雩禮，特詔貶損儀節，以示虔禱。以旱命省刑寬禁。辛未，賑山東德平等八州縣旱災。己卯，諭曰：「一春以來，雨澤稀少。皇太后以天時久旱，憂形於色，今日從寢宮步行至園內龍神廟虔禱。朕惶恐戰慄，卽刻前往請安，諄懇謝罪，特諭內外臣工知之。」戊子，祭地於方澤，不乘輦，不設鹵簿。庚寅，雨。壬寅，大學士、九卿議覆御史柴潮生請修直隸水利，命協辦大學士劉於義往保定會同高斌籌畫。

六月己酉，大學士徐本以病乞休，允之。癸丑，賑山東歷城等三十二州縣旱災，蘭山等六州縣雹災。

秋七月丙子朔，諭直隸災重之天津等十六州縣，本年停征新舊錢糧。丙戌，免江蘇、安徽雍正十三年逋賦。壬辰，額爾圖以不職免，以達勒黨阿爲奉天將軍。

八月己酉，撫恤安徽歙縣等二十州縣水災。戊申，免江蘇淮安、安徽鳳陽二府雍正十三年逋賦。癸丑，賑四川成都等州縣水災。乙丑，予告大學士徐本回籍，上賜詩寵行，賞賚有加，並諭行幸南苑之日，親臨慰問。丙寅，免直隸天津等三十一州縣上年逋賦。己巳，上奉皇太后幸南苑，上行圍。

九月己亥朔，以翰林院編修黃體明進呈講章，牽及搜檢太嚴，隱含諷刺，下部嚴議褫職。乙未，免山西清水河本年雹災額賦。癸卯，賑山東博興等縣旱災。丁未，改明年會試於三月舉行。己酉，以陳世倌假滿，命入閣辦事。賑山西文水等縣水災。庚戌，以四川學政蔣蔚實心教士，命留任。乙卯，上奉皇太后幸湯山。江南、河南、山東蝗。癸亥，上幸盤山。丁卯，上奉皇太后還宮。庚午，重修翰林院工竣。上幸翰林院賜宴，分韻賦詩，復御製柏梁體詩首句，羣臣以次賡續。賜掌院大學士鄂爾泰、張廷玉御書扁額，及翰林、詹事諸臣書幣有差。是日，幸貢院，賜御書聯額。復幸紫微殿、觀象臺。賑直隸保定等十八州縣水蟲雹等災。賑江蘇靖江等十二州縣衞潮災，安徽歙縣二十一州縣衞水災。庚辰，起孫嘉淦爲宗人府府丞。辛巳，除直隸涿州等三州縣水衝地賦。丙戌，山東登州鎮總兵馬世龍以科派兵丁，鞫實論絞。賑甘肅河州等三十五州縣衞雹水各災。辛卯，以江西學政金德瑛取士公明，命留任。己亥，以貴州學政佟保守潔士服，命留任。丙午，鄂爾泰議覆劉於義奏勘直隸水利，命撥銀五十萬兩興修。丁未，免浙江仁和等三十一州縣所旱災額賦，並賑之。辛亥，賑成都等三十州縣水災。壬子，允準噶爾貢使哈柳等隨帶牛羊等物在肅州貿易。甲子，免山東歷城等三十二州縣衞本年旱雹等災額賦。乙丑，免直隸保定等十一州縣廳本年水旱蟲雹災額賦。丙寅，賞雷鋐額外諭德，食俸。戊辰，張照丁憂，調汪由敦爲刑部尚書，以趙弘恩爲工部尚書。免安徽歙縣等二十一州縣衞水災額賦。辛未，以福建閩縣等縣火災，諭責疆吏不嚴火備。羅卜藏丹怎就獲。

十年春正月丙子，召大學士、內廷翰林於重華宮聯句。改會試於三月，著爲令。乙未，大學士鄂爾泰以病乞解任，溫諭慰留。己亥，準噶爾遣使哈柳貢方物。庚子，召高斌來京，以劉於義署直隸總督。己酉，賑浙江淳安等四縣上年水災。朝鮮入貢。辛亥，上幸內右門直廬視鄂爾泰疾。己未，上謁昭西陵、孝陵、孝東陵、景陵。庚申，免廣東海陽等二縣上年水災額賦。甲子，免江蘇丹徒等十州縣衞上年水災額賦。丁卯，上還京師。己巳，免山東博興等二縣乾隆九年旱災額賦。庚午，高斌回直隸總督。

三月癸酉朔，日食。乙亥，改殿試於四月，著爲令。賑雲南白鹽井水災。庚辰，上幸鄂爾泰第視疾。辛巳，加鄂爾泰太傅。己丑，協辦大學士、禮部尚書三泰乞休，允之。庚寅，命訥親協辦大學士，調來保爲禮部尚書，以盛安爲刑部尚書。癸巳，免浙江仁和等三十州縣上年旱災額賦。甲午，以安南莫康武作亂，攻陷太原、高平等處，命那蘇圖等嚴防邊隘。乙未，加史貽直、陳世倌、來保、高斌太子太保，劉於義、張允隨、張廣泗太子少保。

夏四月癸卯朔，發江南帑銀五十六萬兩濬河道。己巳，免山東海豐等二縣被旱額徵竈課。乙卯，大學士鄂爾泰卒，上臨奠，輟朝二日，命遵世宗遺詔，配饗太廟。召那蘇圖來京，以策楞爲兩廣總督。調準泰爲廣東巡撫。以魏定國爲安徽巡撫。庚申，召蔣溥來京，以楊錫紱爲湖南巡撫。壬戌，飭沿海各省訓練水師。癸亥，以旱命刑部清理庶獄。戊辰，策試貢士，詔能深悉時政直言極諫者聽。己巳，慶復、紀山奏進勦瞻對番。

五月壬申朔，賜錢維城等三百三十三人進士及第出身有差。丁亥，除江蘇蘇州等九府坍沒蘆課。頒御製太學訓飭士子文於各省學宮，同世祖卧碑文、聖祖聖諭廣訓、世宗朋黨論朔望宣講。命訥親爲保和殿大學士。辛卯，戶部尚書阿爾賽爲家奴所害，磔家奴於市。以高斌爲吏部尚書，那蘇圖爲直隸總督。命高斌、劉於義仍辦直隸水利河道。以梁詩正爲戶部尚書。己亥，命劉於義兼管戶部事務。

六月丁未，普免全國錢糧。諭曰：「朕臨御天下，十年於茲。撫育蒸黎，躬行儉約，薄賦輕徭，孜孜保治，不敢稍有暇逸。今寰宇敉寧，左藏有餘，持盈保泰，莫先足民。天下之財，止有此數，不聚于上，卽散于下。我皇祖在位六十一年，蠲租賜復之詔，史不絕書，普免天下錢糧一次。我皇考無日不下減賦寬徵之令，如甘肅一省，正賦全行豁免者十有餘年。朕以繼志述事之心，際重熙累洽之後，欲使海澨山陬，俱沾大澤，爲是特頒諭旨，丙寅年直省應徵錢糧，其通蠲之。」庚戌，免安徽鳳陽等州府連年被災地方耗羨。命戶部侍郎傅恆在軍機處行走。辛酉，御史赫泰請收回普免錢糧成命。上斥其悖謬，褫職。癸亥，上詣黑龍潭祈雨。

秋七月辛未朔，免甘肅寧夏等三縣逋賦。癸酉，以順直宛平等六十四廳州縣缺雨，命停征錢糧。乙酉，命高斌仍兼直隸河道總督。戊子，賑安徽壽州等十八州縣衞水災雹災。壬辰，上奉皇太后幸多倫諾爾，免經過州縣額賦十分之四。戊戌，上奉皇太后駐避暑山莊。賑安徽宿州等州縣衞水災。

八月癸卯，賑兩淮莞瀆等三場水災。停征湖北漢川等十七州縣水災、光化等二縣雹災額賦，並賑之。上奉皇太后幸木蘭行圍。甲辰，上駐波羅河屯。賜青海蒙古王公宴，並賚之。丁未，上行圍永安莽喀。戊申，上行圍畢雅喀拉。己酉，上行圍溫都里華。辛亥，上行圍額爾衮郭。賜蒙古王、額駙、台吉等宴。癸丑，上行圍布爾噶蘇台。甲寅，上行圍巴彥溝。乙卯，上行圍烏里雅蘇台。賜王、大臣、蒙古王、額駙、台吉等宴。丙辰，上行圍畢圖舍爾。賑直隸宣化府屬旱災。丁巳，上行圍阿濟格鳩和洛。戊午，上行圍僧機圖。己未，上行圍永安湃。庚申，上行圍英圖和洛。辛酉，上行圍薩達克圖口。壬戌，賑湖北宜城等三州縣衞水災。癸亥，上行圍老圖博勒齊爾。乙丑，上行圍庫爾奇勒。丙寅，賑甘肅安定等三縣、廣東電白等二縣旱災，海豐蟲災，南澳風災。上駐多倫諾爾。丁卯，賜王、大臣、蒙古王、額駙、台吉等宴。賑山西曲沃等十二州縣水災。

九月庚午朔，上行圍額爾托昂色欽。辛未，上行圍多倫鄂博圖。壬申，遣祭明陵。上行圍古哲諾爾。癸酉，張允隨以猛緬土司奉廷徵等通緬莽，請改土歸流，命詳議。上行圍塔奔陀羅海。乙亥，賑河南永城等五縣水災。上行圍札瑪克圖。丙子，上行圍唵爾呼。丁丑，賑直隸故城等十五州縣衞旱災。癸未，上駐宣化府。甲申，上閱宣化鎭兵。丁亥，賑山東濟寧等六州縣衞水災，海豐旱災。癸巳，上奉皇太后還京師。甲午，授鄂彌達湖廣總督。賑兩淮廟灣場水災。丁酉，以普免錢糧，命查各省歷年存餘銀，以抵歲需。戊戌，授尹繼善兩江總督。命修明愍帝陵。賑江蘇淮、徐、海被災州縣。慶復奏收撫上瞻對，進剿下瞻對班滾，克加社丫等卡及南路各寨。賑陝西長安等六縣水災。

冬十月丁未，以甘肅甘山道歸併肅州道。戊申，賑河南商丘等五縣水災。辛亥，裁通政使司漢右通政一。丙辰，命塞陳家浦決口。戊午，命四川嚴查嘓匪。禮部尚書任蘭枝乞休，允之。癸亥，免江蘇海州等七州縣漕糧。甲子，給江南災民葺屋銀。賑江蘇江浦等二十一州縣衞水災。乙丑，賑湖南湘陰等三縣、湖北漢川等二十一州縣衞旱災。丙寅，除湖北當陽等二縣衞水衝地賦。

十一月庚午，賑順直香河等四十八州廳縣旱災，陝西興平等六縣水災。辛未，賑山東滕縣等七州縣衞水災。壬申，以王安國爲禮部尚書。甲戌，賑兩淮廟灣等場水災。乙亥，傅

災。乙丑，賑甘肅皋蘭等十一州縣旱災。壬申，

淸奏準噶爾台吉噶爾丹策零與阿卜都爾噶里木汗搆兵。丁丑，賑山西大同等十八州縣旱霜雹災。湖北巡撫晏斯盛乞養，以開泰代之。辛巳，賑廣西思恩等縣旱災。壬午，準噶爾台吉噶爾丹策零卒。命西北兩路籌備邊防。乙酉，賑廣東海豐等四場風災。戊子，免安徽宿州等五州縣水災地方漕糧。庚寅，陳家浦決口合龍。癸巳，賑直隸宣化府屬及慶雲縣旱災。

十二月辛亥，大學士福敏乞休，優詔允之，加太傅。壬子，命慶復爲文華殿大學士，留川陝總督任。命高斌協辦大學士。賑陝西隴西等州縣旱災。賑淮北板浦等場水災。乙卯，命協辦大學士高斌、侍郎蔣溥均在軍機處行走。

清史稿卷十一

本紀十一

高宗本紀二

十一年春正月庚午，以紀年開袠，命減刑。癸未，命慶復進勦瞻對，爲李質粹聲援。辛卯，賑江蘇銅山、安徽宿州等州縣飢。甲午，朝鮮入貢。李質粹進攻靈達，班滾之母赴營乞命，仍縱歸。上飭其失機。諭慶復督兵前進。

二月戊戌，賑山西大同等十二州縣饑。辛丑，召北路軍營參贊大臣拉布敦、烏勒來京，以塔爾瑪善、努登代之。癸卯，上幸南苑行圍。丁未，免廣東新寧等州縣、雲南鶴慶府水災額賦。辛亥，以三月朔日食，詔修省以實。定皇后不行親蠶禮之年遣妃代行。丙辰，免河南永城等五縣水災額賦。庚申，西藏台吉冷宗鼐以攻瞻對擅徹兵，論斬。諭宥其死。

三月己巳，免直隸鹽山等八州縣水災額賦。甲戌，賑雲南白鹽井水災。乙亥，準噶爾台吉策旺多爾濟那木札勒以新立，遣使哈柳貢方物，請派人往藏熬茶。戊寅，慶復至打箭鑪，劾李質粹等老師翫寇，請續調官兵進勦，允之。辛巳，遣內大臣班第等赴瞻對軍營。壬午，賜哈柳等宴。召見，允其往藏熬茶，頒如意賚之。甲申，賜準噶爾台吉策旺多爾濟那木札勒敕。予故台吉噶爾丹策零布施。丙申，免湖北潛江等州縣上年水災額賦。慶復奏進駐靈雀。

閏三月丁酉朔，飭陝西修列代陵墓。庚子，召白鍾山來京，命顧琮署江南河道總督，高斌暫管之，以劉統勳署漕運總督。賑直隸宣化府饑。賑甘肅隴西等十二州縣水旱雹霜災。丙午，命汪由敦署左都御史。癸丑，左都御史杭奕祿休致，以阿克敦代之。

夏四月丁丑，白鍾山褫職，發南河効力。戒軍機處漏洩機密。以鄂昌署廣西巡撫。丁亥，免湖南湘陰等五縣水災額賦。己丑，免廣東新寧等四州縣水災額賦。

五月丙申朔，以盛安爲左都御史，阿克敦爲刑部尚書。丁酉，諭顧琮查明南河虛縻之款，令白鍾山賠補。壬寅，免山西大同等十八州縣上年旱霜各災額賦。丙午，慶復奏進攻瞻對，番酋班滾計日授首。加慶復太子太保。戊申，免甘肅靖遠等三縣上年旱災額賦。己酉，永除直隸慶雲縣每年額賦十分之三。乙卯，達賴喇嘛等請宥班滾，不許。以傅清代奏，嚴飭之。

六月丙寅，慶復、班第等會攻丫魯尼日寨，克之。班滾自焚死。丁卯，以打箭鑪口內外番從征効力，再免貢賦二年。丙子，京城地震。壬辰，命送還俄羅斯逃人于恰克圖。

秋七月丙申，加那蘇圖、策楞太子少傅銜，周學健太子少保銜。丁酉，命高斌赴江蘇察看黃、運工程，劉於義署直隸河道總督。壬寅，四川大乘教首劉奇以造作逆書，磔於市。庚戌，周學健奏捕天主教二千餘人。上以失綏遠之意，宥之。壬戌，賑湖北漢川等七縣水災。癸亥，以雲南張保太傳邪教，蔓延數省，諭限被誘之人自首，其仍立教堂者捕治之。丁卯，召吉林將軍巴靈阿來京，命阿蘭泰代之。賑直隸慶雲等七縣場旱災。己巳，以四川提督李質粹進勦瞻對欺飾，罷之。免廣寧等處旗地水災賦。辛未，賑湖南益陽等四州縣水災。癸酉，加賞江蘇、安徽被水災民修葺房屋銀。乙酉，賑山東金鄉等十一州縣衞水災。庚寅，上御瀛臺，賜宗室王公等宴。改崇雅殿爲敦敍殿。辛卯，上御瀛臺，賜大學士、九卿、翰林、科道等宴，宣示七言律詩四章。壬辰，福建上杭縣民羅日光等糾衆請均佃租滋事，捕治之。癸巳，允朝鮮國王請，停奉天設牤牛哨汛兵。

九月甲午朔，除浙江歸安等三縣沙積坍卸地賦。戊戌，訓督撫實心行政。賑山東滕縣等三州縣、兩淮板浦等六場水災。己亥，命高斌往奉天疏濬河道。辛丑，停今年秋決。以周學健爲江南河道總督。調陳大受爲福建巡撫，以安寧署江蘇巡撫。定欽差大臣巡閱各省營伍例。賑河南鄭州等三州縣水災。壬寅，命訥親兼管戶部。免甘肅隴西等九州縣水災額賦。癸卯，上奉皇太后啟蹕詣泰陵，並巡幸五臺山。丁未，上謁泰陵。己酉，阿里衮患病，以班第署山西巡撫。庚戌，賚經過直隸州縣耆民。甲寅，賑江蘇豐縣等三州縣雹災。乙卯，上駐蹕五臺山射虎。以山西風俗醇樸，諭疆吏敎養兼施，小民崇習禮讓。丙辰，免山西五臺縣明年額賦十分之三。丁巳，召馬爾泰來京，以喀爾吉善爲閩浙總督。調塞楞額爲山東巡撫，陳宏謀爲江西巡撫，以徐杞爲陝西巡撫。庚申，上奉皇太后回蹕。壬戌，召鄂彌達來京，以塞楞額爲湖廣總督。調阿里衮爲山東巡撫，愛必達爲山西巡撫。賑河南鄢陵等二十六州縣水災。

冬十月甲子，賑山西陽曲等二十二州縣水雹各災。丁卯，上閱滹沱河隄。賑湖北漢川等九州縣衞水災。庚午，上奉皇太后駐蹕保定府。壬申，上閱兵，賜銀幣有差。甲戌，以張廣泗發摘逆犯魏王氏、劉奇等，予敍。定加山西歸綏道兵備銜，稽查靖遠營。戊寅，上奉皇太后還京師。調開泰爲江西巡撫，陳宏謀爲湖北巡撫。庚辰，免張廷玉帶領引見，並諭不必向早入朝及勉强進內。壬午，命汪由敦軍機處行走。癸未，御史萬年茂以劾學士陳邦彥等獻媚傳恆不實，褫職。戊子，免安徽壽州等二十三州縣水災額賦。辛卯，撥賑江蘇淮、揚、徐、海各屬災民銀糧二百二十萬兩石有奇。

十一月癸巳，寢甄別科道之命。御史李兆鈺下部議處。乙未，以河南學政汪士鍠考試瞻徇，褫職。免江蘇山陽等二十四州縣衞水災額賦，並分別蠲緩漕糧有差。乙巳，除奉天錦縣等二縣衞壓地賦。己酉，予故內閣學士張若靄治喪銀，並諭張廷玉節哀自愛。辛亥，李質粹發軍前効力。戊午，慶復奏大金川土司莎羅奔擾小金川，倘不遵剖斷，惟有用番力以收功。上是之。

十二月癸亥，召班第來京，以陶正中護山西巡撫。甲子，賑湖北潛江等七州縣衞水災。乙丑，以傅淸奏達賴喇嘛看茶之綏綳喇嘛鎭壓郡王頗羅鼐，賜手敕慰解之，並諭以與達賴喇嘛同心協力，保安地方。戊辰，以瑚寶爲駐防哈密總兵。甲戌，免直隸靜海蟲災額賦，並賑之。丁丑，以張廷玉年老，命其子庶吉士張若澄在南書房行走，俾資扶掖。戊寅，賑甘肅安定等州縣旱災。免山東金鄉等八州縣水災額賦。庚辰，除廣西永福水衝地賦。癸未，準噶爾台吉策旺多爾濟那木札勒遣使瑪木特等入覲，召見於太和齋。己丑，賑蘇尼特、阿巴噶等旗災。陳大受奏，蘇祿國遣番官齎謝恩表番字、漢字二道，與例不符，卻之，仍優給番官令回國。上嘉爲得體。

十二年春正月壬辰，命玉保辦理準噶爾使赴藏事務。甲午，免山西太原等六府八州及歸化城額征本色十分之三，大同、朔平二府全蠲之。乙未，賜瑪木特宴於豐澤園。戊戌，免江蘇海州等三州縣及板浦等六場民竈舊欠。丁未，賑山東壽光等十三州縣饑。乙卯，賜準噶爾台吉策旺多爾濟那木札勒敕，允所遣西藏念經人在哈集爾得卜特爾過冬及貿易。

二月辛酉朔，免吉林上年旱災應交租穀。壬申，上謁昭西陵、孝陵、孝東陵、景陵。紀山奏大金川土司侵革布什咱土司，誘奪小金川土司澤旺印信。諭飭修守禦，毋輕舉動。甲戌，上幸盤山。庚辰，賑山東蘭山饑。壬午，除河南孟縣衝坍衞地額賦。癸未，上還京師。戊子，原任內務府大臣丁皂保年屆百齡，賜御書扁額朝服綵幣。免湖北棗陽上年水災額賦。

三月，免山西陽曲等二縣上年水災額賦。辛丑，召慶復入閣辦事，調張廣泗爲川陝總督。復設雲貴總督，以張允隨爲之。命圖爾炳阿爲雲南巡撫，孫紹武爲貴州巡撫。賑河南水災。以大金川土司掠革布什咱、明正各土司，擾及汛地，命慶復留四川，同張廣泗商進勦，並飭張廣泗撫馭郭羅克、曲曲烏、瞻對、巴塘諸番。免江蘇淮安等四府州屬上年水災額賦。大學士查郎阿乞休，允之。乙巳，西藏郡王頗羅鼐卒，以珠爾默特那木札勒襲封郡王。丙午，以高斌爲文淵閣大學士，來保爲吏部尚書。調海望爲禮部尚書，傅恆爲戶部尚書。命索拜駐藏，協同傅淸辦事。免安徽壽州等二十三州縣衞上年水災額賦。丁未，命副都統羅山以原銜管阿爾泰軍臺，並商都達布遜諾爾馬廠事務。己酉，命張廣泗進勦大金川土司莎羅奔。西路軍營參贊大臣保德期滿，以那蘭泰代之。庚戌，免直隸薊州等十四州縣廳上年水災額賦。戊辰，命高斌往江南會同周學健查勘河工，並淸理錢糧積弊。己巳，以那蘇圖署直隸河道總督。壬午，給訥親欽差大臣關防，命往山西會同愛必達讞安邑等二縣聚衆之獄。甲申，召雅爾圖回京。

五月辛卯，召準泰來京，以策楞兼管廣東巡撫。丙申，賑山東安丘等二縣饑。甲辰，祭地於方澤，以旱屛鹵簿。乙巳，命刑部淸理庶獄，減徒以下罪。己酉，上詣黑龍潭祈雨。辛亥，愛必達免，調準泰爲山西巡撫。壬子，以福建、山東、江南、廣東、山西迭出挾制官長之獄，諭：「頑民聚衆，干犯刑章，不得不引爲己過。各督撫其諄切化導，使愚民知敬畏官長，服從敎令。」

六月庚申朔，諭來春奉慈輿東巡，親奠孔林，命各衙門豫備事宜。辛未，命貴州巡撫節制通省軍務。霍備以不查劾州縣虧空褫職，發軍臺効力。壬申，賑山東益都等七州縣饑。丙子，小金川土司澤旺率衆降，並歸沃日三寨。官兵進勦大金川，攻毛牛及馬桑等寨，克之。召慶復回京。

秋七月己丑朔，撫恤山東歷城等二十州縣衞水雹各災。命高斌等疏濬江蘇六塘等河。

丙申，命納延泰賑蘇尼特等六旗旱災。癸卯，停劉於義兼管戶部，以訥親代之。丙午，賑順直固安等七十五廳州縣水旱雹災。戊申，上奉皇太后幸避暑山莊。癸丑，張廣泗進駐小金川美諾寨，分路攻勦，受小金川降。乙卯，上奉皇太后駐避暑山莊。戊午，賑長蘆永利等三場旱災竈戶。

八月辛酉，上奉皇太后幸木蘭行圍。丙寅，賑長蘆、海豐等二縣竈戶。戊辰，上行圍溫都爾華。賜蒙古王、公、台吉等宴。辛未，採買熱河八溝等處米，賑蘇尼特六旗旱災。癸酉，賑江蘇蘇、松等屬潮災。丙子，命賑蘇尼特六旗銀，均用庫帑，免扣王貝勒等俸。辛巳，慶復奏進攻剳耳厓，連戰克捷。諭：「小小破碉克寨，何以慰朕。」壬午，賑浙江壽昌等三縣水災。乙酉，賑順直霸州等十五州縣廳水災。賑湖南耒陽等九縣、陝西朝邑、廣東順德等三縣水災。

九月戊子朔，免經過地方額賦十分之三。賑甘肅伏羌等十縣、雲南安寧等三州縣旱災。上奉皇太后回駐避暑山莊。癸巳，以江蘇崇明潮災，淹斃人民一萬二千餘口，免明年額賦，仍賑之。乙巳，賑安徽歙縣等八州縣衞、河南通許等二十七州縣、山東齊河等八十七州縣水災。丁酉，上奉皇太后回蹕。乙巳，撥奉天糧十萬石賑山東。丁未，致仕大學士查郎阿卒。戊申，諭江蘇清查積欠，以陳維新與侍郎陳悳華規避，均褫職。壬子，賑河南許州水災。甲寅，以顧琮爲浙江巡撫，藴著爲漕運總督。乙卯，賑兩淮呂田等二十場水災。丁巳，以陳大受爲兵部尚書，調潘思榘爲福建巡撫，以納敏爲安徽巡撫。

冬十月辛酉，以蘇祿復遣番人至福建申理呂宋番目劫奪貢使事，諭：「島夷互爭，可聽其自辨，不必有所袒護。」乙丑，上以皇太后疾，詣慈寧宮問安視藥。是日，宿慈寧宮。每日視藥三次，至辛未皆如之。庚午，賑江蘇阜寧等二十州縣衞水災。丁丑，免吉林被水地方額賦。戊寅，賑浙江海寧等十一縣水災。己卯，以準噶爾赴藏熬茶，宰桑巴雅斯瑚朗等至得卜特爾交易，召慶復回京。壬午，賑江蘇常熟等十九州縣衞潮災，上元等十五州縣衞旱災，命江蘇復截明歲漕糧四十萬石備賑。癸未，諭張廣泗勿受莎羅奔降。

十一月丁亥朔，上詣皇太后視藥，日三次，至己丑皆如之。召阿里袞來京，以赫赫護山東巡撫。癸巳，賑浙江壽昌等三縣饑，補豁被災額賦。己酉，額駙策凌陛見，以塔爾瑪善暫署定邊副將軍。庚戌，賑江蘇崇明等縣災民有差。癸丑，賑山東東平等州縣衞災民。辛酉，賑安徽歙縣等州縣衞水災。己巳，召徐杞來京，調陳宏謀爲陜西巡撫，以彭樹葵署湖北巡撫。賑山東齊河等八十五州縣水災。辛未，予告大學士徐本卒。乙亥，以張廣泗進勦大金川，命黃廷桂署陜甘總督。賑直隸天津等六州縣水災。張廣泗奏莎羅奔請降，告以此次用兵，不滅不已。上以「用卿得人」勉之。己卯，以大學士慶復進勦瞻對，奏報班滾自焚不實，命褫職待罪。以班第、努三均奏班滾自焚，罷御前行走。庚辰，以來保爲武英殿大學士。

十三年春正月壬辰，賑江蘇阜寧等縣、安徽宿州等五州縣水災。庚子，命傅恆兼管兵部尚書事。辛丑，命訥親赴浙江同高斌會鞫巡撫常安。乙巳，命阿克敦協辦大學士，傅恆協辦巡幸內閣事務。戊申，上至曹八屯。甲寅，大學士張廷玉乞休，溫諭慰留之，停兼理吏部，以來保代之。

二月戊午，上東巡，奉皇太后率皇后啓鑾。癸亥，上駐蹕趙北口，奉皇太后閱水圍。朝鮮、琉球入貢。甲子，賑直隸天津等十五州縣水災。丙寅，常安坐婪收褫職。壬申，福建甌寧會匪作亂，總兵劉啓宗捕勦之。癸酉，加經過山東被災州縣賑一月。罷奇通阿領侍衞內大臣，以阿里袞代之。乙亥，免直隸、山東經過州縣額賦十分之三。戊寅，上駐蹕曲阜縣，免駐蹕之山東曲阜、泰安、歷城三縣己巳年額賦。己卯，上釋奠禮成，謁孔林。詣少昊陵、周公廟致祭。命留曲柄黃繖供大成殿，賜衍聖公孔昭煥及博士等宴。壬午，上駐蹕泰安府。癸未，上祭岱嶽廟，奉皇太后登岱。

三月乙酉，減直隸、山東監候、緩決及軍流以下罪。丁亥，命班第赴金川軍營協商軍務。諭張廣泗、班第調岳鍾琪赴軍營，以總兵用。戊子，上至濟南府，幸趵突泉。己丑，上奉皇太后閲兵，謁帝舜廟。庚寅，上閲城，幸歷下亭。免浙江餘姚等五縣潮災本年漕糧。壬辰，上奉皇太后率皇后回蹕。癸巳，免安徽歙縣等七州縣衞上年被水額賦。乙未，上至德州登舟，皇后崩，命莊親王允祿、和親王弘晝奉皇太后回京，上駐蹕德州。召完顔偉回京，以顧琮爲河東河道總督，愛必達爲浙江巡撫。協辦大學士、吏部尚書劉於義卒。辛丑，還京師。大行皇后梓宮至京，奉安於長春宮。上輟朝九日。壬寅，四川成都等二十三州縣廳地震。甲辰，皇太后至京師，上迎還壽康宮。乙巳，上至長春宮大行皇后梓宮前致奠。丙午，上親定大行皇后謚曰孝賢皇后。以皇長子屆喪未能盡禮，罰師傅、諳達等俸有差。丁未，上至長春宮大行皇后梓宮前行殷奠禮。命高斌、劉統勳查辦山東賑務。己酉，大行皇后梓宮移觀德殿。頒大行皇后敕諭於各省。遣官賫敕諭於朝鮮及內札薩克、喀爾喀、哈密、青海等處。辛亥，調愛必達爲貴州巡撫，以方觀承爲浙江巡撫。丁巳，加傅恆、那蘇圖、張廣泗、班第太子太保，喀爾吉善太子少保。庚申，召駐藏副都統傅清來京，以拉布敦代之。正白旗領侍衞內大臣伊勒愼卒，以那蘇圖、旺札勒署。來保免兼領侍衞內大臣，以豐安代之。壬戌，上至觀德殿祭大行皇后。甲子，命訥親經略四川軍務。協辦大學士阿克敦免，以傅恆代之，並兼管吏部尚書。哈達哈署兵部尚書。免上年江蘇常熟等十六州縣衞潮災、上元等十四州縣衞旱災額賦。乙丑，調梁詩正爲兵部尚書，以蔣溥爲戶部尚書。免江蘇山陽等十八州縣衞上年被災額賦。丁卯，軍機大臣蔣溥免，以陳大受代之。癸酉，以陳大受協辦大學士，達勒當阿爲刑部尚書。乙亥，起原任川陝總督岳鍾琪赴金川軍營，賞提督銜。調阿蘭泰爲盛京將軍，以索拜爲寧古塔將軍。丙子，起傅爾丹爲內大臣，赴金川軍營。加賑福建臺灣等二縣旱災。戊寅，晉一等侯富文爲一等公。庚辰，裁都察院僉都御史、通政司右通政、大理寺少卿、詹事府少詹事、太僕寺少卿、國子監司業漢缺各一。改通政司滿參議一缺爲右，滿、漢左通政爲通政副使。

五月甲申朔，賜梁國治等二百六十四人進士及第出身有差。乙酉，免直隸文安等三十二州縣廳上年被水額賦。丙戌，命傅恆署戶部三庫事。庚寅，阿克敦論斬。辛卯，張廣泗奏克戎布寨之捷。丁酉，免河南通許等二十八州縣水災額賦。壬寅，免安徽旌德等七州縣衞上年旱災額賦。甲辰，上至觀德殿册諡大行皇后曰孝賢皇后，頒詔。丙午，釋阿克敦於獄，命署工部侍郎。戊申，免山東永利等八場上年水災額賦。壬子，免山西永濟等十二州縣上年水雹災額賦。

六月丙辰，李坦以祭祀久不到班，奪伯爵。申誡旗員。庚申，御試翰林、詹事等官，擢齊召南等三員爲一等，餘陞黜有差。御試由部院入翰林、詹事等官，擢少詹事世貴記名陞用。癸亥，賑陝西耀州等二十二州縣旱災。戊辰，四川汶川縣典史謝應龍駐沃日土司，阻鎮將移營。上嘉之，予州同銜。己巳，命兆惠兼管戶部事。庚午，裁歸化城土默特左右翼副都統。甲戌，諭禁廷臣請立皇太子，並責皇長子於皇后大事無哀慕之誠。上至觀德殿孝賢皇后梓宮前奠酒，行百日致祭禮。

秋七月癸未朔，皇太后懿旨：「嫻貴妃那拉氏繼體坤寧，先册立爲皇貴妃，攝行六宮事。」丁亥，免福建長樂等二縣上年旱災額賦。戊子，諭訥親等速奏進兵方略。壬辰，貸山東農民籽種銀。免江蘇宿遷上年水災額賦。甲午，命高斌會周學健勘河、湖疏洩事宜。乙未，以山西永濟等五縣歉收，撫恤之。戊戌，德沛免，調達勒黨阿爲吏部尚書，以盛安爲刑部尚書。辛丑，賑直隸青縣等二十九州縣旱災。癸卯，阿里袞請減飢民掠奪罪，諭斥爲寬縱養奸，不許。賑山東歷城等二十九州縣水雹等災。丙午，常安論絞。

閏七月癸丑朔，以阿克敦署刑部尚書，德通爲左都御史。丙辰，免直隸霸州、固安水災額賦。賑湖南益陽等八州縣水災。戊午，以彭樹葵爲湖北巡撫。戊辰，周學健以違制薙髮，逮下獄。命高斌管南河總督。尹繼善以瞻徇，褫職留任。己巳，上幸盤山，以新柱署湖廣總督。召安寧來京，以尹繼善兼理江蘇巡撫。寧古塔將軍索拜遷古北口提督，以永興代之。辛未，以訥親奏金川進勦持兩議，諭斥之，並申飭傅爾丹、岳鍾琪、班第等。壬申，上駐蹕盤山。癸酉，調準泰爲山西巡撫，阿里袞爲山東巡撫，鄂昌爲江蘇巡撫，舒輅爲廣西巡撫。塞楞額以違制薙髮，逮下獄。丁丑，賑雲南昆陽等州縣水災。戊寅，召阿里衮來京，以唐綏祖護山東巡撫。己卯，免江蘇元和等十縣本年雹災額賦。庚辰，上還宮。

八月甲申，以班第署四川巡撫。乙酉，以謁泰陵，命莊親王允祿等總理在京事務。癸巳，追議征瞻對誑奏罪，下慶復於獄，許應虎論斬。庚子，諭撫恤四川打箭爐地震災民。命來保兼管工部尚書。辛丑，上詣泰陵。甲辰，召安寧來京。乙巳，上謁泰陵。丙午，免直隸慶雲等二縣九年逋賦。丁未，命戶部侍郎兆惠赴四川軍營督運。訥親請調兵三萬進勦，不許。戊申，命倉場侍郎張師載往江南隨高斌學習河務。己酉，上還京師。

九月壬子朔，調鄂昌爲四川巡撫。命策楞、高斌會鞫周學健。戊午，賜塞楞額自裁。己未，召北路參贊大臣塔爾瑪善、努三來京，以穆克登額、薩布哈善代之。訥親等奏克申札、申達諸城。調策楞爲兩江總督，尹繼善爲兩廣總督。辛酉，召訥親、張廣泗來京。命傅爾丹護四川總督，與岳鍾琪相機進討。甲子，起董邦達在內廷行走。命尚書班第赴軍營，同傅爾丹、岳鍾琪辦理軍務。命軍營內大臣以下聽傅爾丹節制。丁卯，召黃廷桂來京，以瑚寶署甘肅巡撫，兼辦陝甘總督事。己巳，上幸靜宜園閱兵。壬申，簡親王神保住以淩虐兄女，奪爵。癸酉，命德沛襲簡親王。丁丑，諭責訥親、張廣泗老師糜餉，飭訥親繳經略印。己卯，命傅恆暫管川陝總督事，赴軍營。命侍郎舒赫德軍機處行走。庚辰，訥親、張廣泗以貽誤軍機，褫職逮問。召張廣泗來京，發訥親北路軍營効力。以傅恆爲經略，統金川軍務。辛巳，命來保暫管戶部。

冬十月壬午朔，調滿洲兵五千名赴金川軍營。諸王大臣請治訥親罪。諭責訥親負國負恩，俟回奏再行降旨。乙酉，召尹繼善來京，以碩色爲兩廣總督，鄂容安署河南巡撫。賑湖南新寧縣水災。丙戌，班第以不劾訥親罪，降調。以舒赫德爲兵部尚書。丁亥，命傅恆爲保和殿大學士，兼管戶部。戊子，移孝賢皇后梓宮於靜安莊，上如靜安莊奠酒。乙丑，賑山東鄒平等三十州縣衛水災。以尹繼善爲戶部尚書。辛卯，上幸豐澤園，賜經略傅恆並從征將士宴。岳鍾琪奏克跟雜之捷。壬辰，調開泰爲湖南巡撫，以唐綏祖爲江西巡撫。甲午，賑山西陽曲等十五州縣旱災。戊戌，上幸寶諦寺，閱八旗演習雲梯兵。丁未，賑安徽阜陽等州縣衛災。己酉，命尹繼善協辦大學士。壬子，幸重華宮，賜經略傅恆宴。癸丑，上詣堂子行祭告禮，及祭吉爾丹纛。甲寅，賑江蘇銅山縣、湖北漢川等八州縣衛水災。丙辰，命各省巡撫皆兼右副都御史銜。丁巳，上幸南苑行圍。戊午，上閱兵。戊辰，賜周學健自裁。平郡王福彭卒，輟朝二日。己巳，命尹繼善在軍機處行走。賑福建晉江等十四縣旱潮等災。庚午，免直隸文安等三縣水災地租。癸酉，上幸豐澤園，賜東三省兵隊宴，幷賞賚有差。以策楞爲川陝總督，雅爾哈善署兩江總督。以傅恆日馳二百餘里，嘉勞之。甲戌，給尹繼善欽差大臣關防，署川陝總督。丁丑，以訥親請命張廣泗、岳鍾琪分路進兵，責以前後矛盾，逮治之。己卯，以用兵金川勞費，密諭傅恆息事寧人。庚辰，分設四川、陝甘總督，以尹繼善爲陝甘總督，策楞爲四川總督，管巡撫事，鄂昌爲甘肅巡撫。調舒赫德爲戶部尙書，瑚寶爲兵部尙書。

十二月甲申，定內閣大學士滿、漢各二員，協辦大學士滿、漢一員或二員，改所兼四殿二閣爲三殿三閣。乙酉，加傅恆太保。命阿克敦協辦大學士。丁亥，以黃廷桂爲兩江總督。上御瀛臺，親鞫張廣泗。戊子，遣舒赫德逮訥親赴軍營，會傅恆嚴鞫之。以海望署戶部尙書，哈達哈署兵部尙書、步軍統領。辛卯，慶復、李質粹論斬。大學士陳世倌罷。壬辰，張廣泗處斬。丙寅，密諭傅恆，明年三月不能奏功，應受降撤兵。丁酉，命川、陝督撫皆聽傅恆節制，班第專辦巡撫事務，兆惠專辦糧運。免高斌大學士，仍留南河總督任。癸卯，命傅恆等訊明訥親，以其祖遏必隆刀於軍前斬之。甲辰，賑陝西耀州等二十五州縣旱災。

十四年春正月辛亥，諭傅恆、岳鍾琪由黨壩進勦，傅爾丹辦理卡撒一路。癸丑，以大學士張廷玉年老，命五日一進內備顧問。諭傅恆以四月爲期，納降班師。乙卯，賑山東金鄉等州縣災。丁巳，命傅爾丹、達勒黨阿、舒赫德、尹繼善、策楞參贊大金川軍務。戊午，命瑚寶署陝甘總督，侍郎班第褫職，仍署四川巡撫。甲子，召傅恆還京。命尚書達勒黨阿、舒赫德、尹繼善均回任，策楞、岳鍾琪辦理大金川軍務。丙寅，以傅爾丹請深入，嚴飭之。丁卯，以大金川莎羅奔、郎卡乞降，命傅恆班師，特封忠勇公。丙子，諭傅恆受莎羅奔等降。丁丑，南掌國王島孫進牙象。

二月乙酉，唐綏祖請率屬捐廉助餉。上以不知政體，嚴飭之。丙戌，加來保太子太傅，陳大受、舒赫德、策楞、尹繼善太子太保，汪由敦、梁詩正太子太師，達勒黨阿、納延泰、阿克敦、哈達哈太子少師。壬辰，傅恆奏，於二月初五日設壇除道，宣詔受大金川土司莎羅奔、土舍郎卡降。賜傅恆四團龍補服，加賜豹尾槍二、親軍二，岳鍾琪加太子少保。癸巳，以岳鍾琪親至勒烏圍招莎羅奔等來降，諭特嘉之。丙申，召拉布敦、衆佛保來京。庚子，命舒赫德查閱雲南等省營伍，會同新柱勘金沙江工程，以瑚寶署湖廣總督。乙巳，上幸豐澤園演耕。莎羅奔進番童番女各十人，詔却之。

三月癸丑，命皇長子及裕親王等郊迎傅恆。乙卯，上奉皇太后至靜安莊孝賢皇后梓宮前臨奠。丁巳，上率經略、大學士、公傅恆詣皇太后宮問安。封岳鍾琪爲三等公，加兵部尚書銜。己未，命傅恆兼管理藩院，來保兼管兵部。命那木札勒、德保仍爲總管內務府大臣。辛酉，上詣東陵。甲子，上謁昭西陵、孝陵、孝東陵、景陵。丁卯，上至南苑行圍。癸酉，上謁泰陵。甲戌，賑湖北漢川等六州縣水災。乙亥，免直隸保安等十州縣廳旱災額賦。丁丑，裁直隸河道總督，兼理加入關防敕書。富森改西安將軍。以傅爾丹爲黑龍江將軍。

四月壬午，上御太和殿，奉皇太后命，册封嫻貴妃那拉氏爲皇貴妃，攝六宮事。甲申，改來保兼管刑部。召蘊著來京，以顧琮署漕運總督。命納延泰等勘察哈爾災。乙酉，加上皇太后徽號曰崇慶慈宣康惠皇太后，次日頒詔覃恩有差。辛卯，免山東鄒平等二十州縣水災、甘肅臯蘭等十二廳州縣雹災額賦。召彭樹葵來京，調唐綏祖爲湖北巡撫，以阿思哈爲江西巡撫。命倉場侍郎張師載以原銜協辦江南河務。戊戌，以瑚寶爲漕運總督，命唐綏祖署湖廣總督。調哈達哈爲兵部尚書，以三和爲工部尚書。免山東王家岡等四場額賦。己亥，命江西巡撫兼提督銜。庚子，召納敏來京，以衞哲治爲安徽巡撫。乙巳，賑福建臺灣等三縣災。免湖南新寧上年水災額賦。

五月乙卯，免甘肅臯蘭等十三廳州縣旱災額賦。丙辰，免安徽阜陽等十三州縣衞上年旱災額賦。辛酉，上至黑龍潭祈雨。

六月丙申，賑甘肅渭源等州縣旱災。己亥，廣西學政胡中藻以裁缺怨望，命來京候補，仍下部嚴議。

秋七月戊申，賑福建光澤等二縣水災。庚戌，免湖北漢川等六州縣上年水災額賦。辛亥，直隸總督那蘇圖卒。免福建晉江等九縣潮災額賦。壬子，以方觀承爲直隸總督，陳大受署之，永貴署山東巡撫。命來保兼管吏戶二部，阿克敦兼署步軍統領。庚申，上奉皇太后駐避暑山莊。辛酉，命傅恆、陳大受譯西洋等國番書。丁卯，上奉皇太后木蘭行圍。乙亥，補蠲山西永濟等六州縣被災額賦。

八月庚辰，上行圍巴顏溝，蒙古諸王等進筵宴。壬午，賑湖北羅田等二縣水災。癸卯，賑河南延津等七縣水災。甲辰，賑湖北潛江等十三州縣水災。

九月乙卯，上奉皇太后回蹕。乙丑，授鄂容安河南巡撫。丙寅，瞻對番目班滾降。賜慶復自裁。

冬十月甲午，賑浙江錢塘等二十二州縣廳、鮑郎等十八場水災。賞傅清都統銜，同紀山駐藏，掌欽差大臣關防。丁酉，召八十五來京，以卓鼐爲歸化城都統。戊戌，飭四川嚴緝嘓匪。以珠爾默特那木札勒縱恣，諭策楞、岳鍾琪、傅清、紀山防之。喀爾喀台吉額林沁之子旺布多爾濟獲額魯特逃人，上嘉賚之。免江蘇阜寧等二十三州縣漕糧有差。己亥，免直隸薊州等十八州縣廳水災額賦，並賑之。甲辰，召原任左副都御史孫嘉淦來京。

十一月丁未，命梁詩正兼管吏部尚書。癸亥，命刑部尚書汪由敦署協辦大學士。戊辰，大學士張廷玉乞休，允之。庚辰，以劉統勳爲工部尚書。辛巳，起彭維新爲左都御史。

癸未，賜張廷玉詩，申配饗之命。丁亥，汪由敦以漏洩諭旨，免協辦大學士，留尚書任。以梁詩正協辦大學士。辛卯，削致仕大學士張廷玉宣勤伯爵，以大學士原銜休致，仍准配享太廟。調哈達哈爲工部尚書，舒赫德爲兵部尚書，海望爲戶部尚書。以木和蘭爲禮部尚書，新柱爲吉林將軍，永興爲湖廣總督。乙未，召衞哲治來京，調圖爾炳阿爲安徽巡撫，岳濬爲雲南巡撫。以蘇昌爲廣東巡撫。

十五年春正月丙午，免直隸、山西、河南、浙江未完耗羨。免江蘇、安徽、山東耗羨十分之六。丁未，命張允隨爲東閣大學士，碩色爲雲貴總督，陳大受爲兩廣總督，梁詩正爲吏部尚書，李元亮爲兵部尚書。甲寅，上幸瀛臺紫光閣，賜準噶爾使尼瑪宴。乙卯，召紀山回京，命拉布敦同傅清駐藏辦事。壬戌，命工部侍郎劉綸在軍機處行走。李質粹處斬，王世泰、羅于朝論斬。

二月乙亥，上奉皇太后西巡五臺，免經過地方額賦三分之一。庚辰，朝鮮入貢。丙戌，上奉皇太后駐蹕五臺山菩薩頂。己丑，定邊左副將軍喀爾喀超勇親王策凌卒，命貝勒羅布藏署定邊左副將軍。丁酉，再免山西蒲縣等二縣上年被災額賦十分之三。戊戌，上駐趙北口行圍。辛丑，採訪經學遺書。癸卯，上閱永定河隄工。

三月丙午，加張允隨太子太保，蔣溥、方觀承、黃廷桂太子少保。再免直隸薊州等十七州縣額賦十分之三。己酉，上奉皇太后還京師。甲寅，孝賢皇后二周年，上詣靜安莊致奠。乙卯，致仕大學士張廷玉回籍，優賚有加，令散秩大臣領侍衞十員護送之。戊午，免安徽貴池等三十州縣十四年水災額賦，並賑之。乙丑，免湖北潛江等四州縣十四年水災額賦。庚午，免山東鄒平等二十七州縣衞十四年水災額賦。

夏四月丙子，雲南省城火藥局災。壬辰，起阿桂在吏部員外郎上行走。乙未，罷致仕大學士張廷玉配享。免安徽貴池等三十州縣衞十四年水災額賦。戊戌，召拉布敦來京，命班第駐西藏，紀山駐青海。

五月庚戌，上詣黑龍潭祈雨。辛亥，命刑部清理庶獄，減徒杖以下罪，直隸亦如之。癸丑，諭九卿科道直陳闕失。甲寅，召新柱來京，以卓鼐爲吉林將軍，衆佛保爲歸化城都統。庚午，上詣黑龍潭祈雨。

六月丙子，以喀爾喀親王成衮札布爲定邊左副將軍。丙申，賑直隸樂亭水災。以保德爲北路軍營參贊大臣。

秋七月丙午，廣東巡撫岳濬褫職。命圖爾炳阿、衞哲治仍留雲南、安徽巡撫任。己酉，命劉統勳赴廣東查折米收倉積弊。庚申，汪由敦降兵部侍郎。以劉統勳爲兵部尚書，孫嘉淦爲工部尚書。乙丑，緬甸入貢。

八月壬申，上御太和殿，奉皇太后懿旨，册立皇貴妃那拉氏爲皇后。癸酉，以册立皇后，上率王大臣奉皇太后御慈寧宮行慶賀禮，加上皇太后徽號曰崇慶慈宣康惠敦和皇太后。丁亥，上奉皇太后率皇后謁陵，並巡幸嵩、洛。戊子，命紀山赴西寧辦事，班第赴藏辦事，代拉布敦回京。庚寅，上奉皇太后謁昭西陵、孝陵、孝東陵、景陵。甲午，左都御史德通、彭維新，左副都御史馬靈阿以瞻徇傅恆議處，降革有差。丁酉，賑山東嶧縣等七州縣水災。

九月庚子朔，以梅瑴成爲左都御史。壬寅，上奉皇太后率皇后謁泰陵。癸卯，御史索祿等以劾蔣炳矯飾，諭斥其有心亂政，褫職。丙午，吏部奏原任大學士張廷玉黨援門生，又與朱荃聯姻，應革職治罪。上特免之。己酉，上駐正定府閱兵。辛亥，以拉布敦爲左都御史。丙辰，免河南經過地方額賦十分之三。丁巳，上駐蹕彰德府，幸精忠廟。辛酉，上駐蹕百泉，奉皇太后幸白露園。準噶爾台吉策旺多爾濟那木札勒爲部人所弑，立其兄喇嘛達爾札。癸卯，再免河南歉收地方額賦十分之五。乙丑，賑福建閩縣等九縣水災。己巳，免河南祥符等縣明年額賦。雲南河陽地震。

冬十月辛未，幸嵩山。丙子，上奉皇太后駐蹕開封府。戊寅，上幸古吹臺。加鄂容安爲內大臣。賑浙江淳安水災。甲申，調愛必達爲雲南巡撫、開泰爲貴州巡撫，以楊錫紱爲湖南巡撫。乙酉，免江蘇清河等九州縣水災額賦。戊子，免山西應州等三州縣水災額賦。甲午，免順直固安等四十六廳州縣水雹各災額賦，仍賑貸有差。戊戌，賑江蘇溧陽等州縣水災。

十一月辛丑，上奉皇太后率皇后還京師。己酉，賑甘肅平涼二十八廳州雹旱災。壬子，免山東蘭山等縣旱災額賦，並賑之。癸丑，珠爾默特那木扎勒謀作亂，駐藏都統傅清、左都御史拉布敦誘誅之。其黨卓呢羅卜藏扎什等率衆叛，傅清、拉布敦遇害。甲寅，命策楞、岳鍾琪率兵赴藏，調尹繼善赴四川經理糧餉，命侍郎那木扎勒同班第駐藏。逮紀山來京，命舒明駐青海，衆佛保署之。乙卯，宣諭珠爾默特那木扎勒戕其兄車布登及悖逆諸狀。追贈傅清、拉布敦爲一等伯，封傅清子明仁、拉布敦子根敦爲一等子，世襲。命侍郎兆惠赴藏，同策楞辦善後事宜。丙辰，命舒赫德仍在軍機處行走。調穆和藺爲左都御史，以伍齡安爲禮部尚書。召雅爾哈善來京，以王師爲江蘇巡撫。丁巳，命策楞擇藏番目與班第協辦噶布倫事務。乙丑，以阿里袞爲湖廣總督，調阿思哈爲山西巡撫，衞哲治爲廣西巡撫，以定長爲安徽巡撫。戊辰，以捕獲卓呢羅布藏扎什等，亂已定，止岳鍾琪進藏，命駐打箭鑪。

十二月庚午朔，賑盛京高麗堡等六站水災。壬申，始命漢大臣梁詩正等恩廕分部學習。戊寅，賑兩淮莞瀆等三場水災。庚辰，命舒赫德勘浙江海塘。壬午，烏里雅蘇台參贊大臣薩布哈沙褫職，以寶德代之。戊子，賑盛京遼陽等七城、承德等六州縣水災，並蠲緩額賦有差。癸巳，唐綏祖被劾免，以嚴瑞龍護湖北巡撫。

十六年春正月庚子，以初次南巡，免江蘇、安徽元年至十三年逋賦，浙江本年額賦，減直省緩決三次以上人犯罪。以上年巡幸嵩、洛，免河南十四年以前逋賦。辛丑，賑安徽宿州等州縣上年水災。癸卯，以江蘇逋賦積至二百二十餘萬，諭釐革催徵積弊。丙午，免甘肅元年至十年逋賦。以嚴瑞龍署湖北巡撫。辛亥，上奉皇太后南巡。癸丑，免經過直隸、山東地方本年額賦十分之三。自是南巡皆如之。壬戌，卓呢羅布藏札什等伏誅。癸亥，賑安徽歙縣等十五州縣旱災。甲子，免山東鄒平等縣逋賦及倉穀。

二月辛未，賑山東蘭山等七州縣旱災。癸酉，免兩淮竈戶逋賦。乙亥，命喀爾喀親王德沁扎布爲喀爾喀副將軍，公車布登扎布爲參贊大臣。丙子，上奉皇太后渡河，閱天妃閘。丁丑，閱高家堰。辛巳，免山東嶧縣等七州縣水災額賦有差。乙酉，上幸焦山。丙戌，調定長爲廣西巡撫。己丑，上駐蹕蘇州，諭三吳士庶，各敦本業，力屏浮華。辛卯，宣布珠爾默特那木札勒叛逆罪狀，懲辦如律。嚴瑞龍褫職，命阿里袞兼湖北巡撫。壬辰，免江蘇武進等縣新舊田租，免興化縣元年至八年逋賦。癸巳，準噶爾使額爾欽等覲於蘇州行宮。

三月戊戌朔，上奉皇太后幸杭州府。貸黑龍江呼蘭地方水災旗民，免官莊本年額賦。

免浙江淳安縣水災本年漕糧。己亥，以張師載爲安徽巡撫。庚子，上幸敷文書院，幸觀潮樓閱兵。甲辰，裁杭州漢軍副都統。乙巳，上祭禹陵。丙午，上奉皇太后還駐杭州府。丁未，閱兵。戊申，命高斌仍以大學士銜管河道總督事。庚戌，諭浙江士庶崇實敦讓，子弟力田。命班第掌駐藏欽差大臣關防。辛亥，東閣大學士張允隨卒。癸丑，上奉皇太后駐蹕蘇州府。甲寅，賑廣東海康等縣水災。乙卯，幸宋臣范仲淹祠，賜園名曰高義，賞後裔范宏興等貂幣。辛酉，上奉皇太后幸江寧府。壬戌，上祭明太祖陵。乙丑，賜紀山自裁。丁卯，起陳世倌爲文淵閣大學士。免江蘇江浦等十五州縣被災額賦有差。

夏四月辛未，吉林將軍卓鼐改杭州將軍，以永興代之。免甘肅皋蘭等九廳州縣十三年被災額賦。癸酉，上閱蔣家壩。免江南沛縣九年以前逋賦。甲戌，賑浙江永嘉等十州縣場衞水災。賑廣東龍川等十二州縣十五年水災。丙子，賑江蘇山陽等二十四州縣衞十五年水災。己卯，免甘肅狄道等二十廳州縣十四年被水旱雹霜災額賦有差。以恆文爲湖北巡撫。癸未，免河南鄢陵等十六州縣十四年水災額賦。乙酉，永興褫職逮問，吉林將軍卓鼐降調，以傅森代之。丙戌，上駐蹕泰安府，祀東嶽。戊子，詔以五月朔日食，行在徹懸、齋戒。己丑，遣履親王允裪代行常雩禮。

五月丁酉朔，日食。丁未，上臨奠都統傅清、左都御史拉布敦。戊申，以永興等誣劾唐綏祖，給還籍產，召來京。辛亥，賜吳鴻等二百四十三人進士及第出身有差。丁巳，免廣東海康等十一州縣十五年風災額賦。己未，嚴瑞龍以誣告唐綏祖，論斬。癸亥，賑山東掖縣等六州縣潮災。

閏五月戊寅，調黃廷桂爲陝甘總督，尹繼善爲兩江總督。戊子，以永貴爲浙江巡撫。壬辰，命保舉經學之陳祖范、吳鼎、梁錫璵、顧棟高進呈著述，願赴部引見者聽。癸巳，直隸河間等州縣蝗。是月，免山西太原等十九州縣上年水雹等災額賦有差。賑山東壽光等六縣、官臺等三場，福建寧化等二縣水災，雲南劍川等七州縣地震災。

六月己亥，起唐綏祖爲山西按察使。壬子，賑江蘇靖江縣雹災。賑廣東英德等四州縣水災。賑山西鳳臺、高平水災。甲寅，免江蘇沛縣上年水災額賦。丙辰，免浙江永嘉等七廳州衞上年旱災額賦。賑福建寧化等縣水災。庚申，緬甸入貢。辛酉，免安徽壽州等二十五州縣水災額賦。甲子，準噶爾部人布圖遜林特古斯來降。

秋七月庚午，賑福建歸化等縣水災。壬申，上奉皇太后秋獮木蘭。戊寅，上奉皇太后駐蹕避暑山莊。己卯，河南陽武十三堡河決。庚辰，上奉皇太后巡幸木蘭，行圍。乙卯，免山西淸水河廳雹災額賦。丙戌，賑陝西朝邑縣水災。己丑，賑山東平度等州縣水災。壬辰，賑山西鳳臺等九縣水災。

八月乙未，賑浙江海寧等六十五州縣衞所及大嵩等場旱災。賑江西上饒等七縣被旱災。賑湖北天門旱災。丙申，賜陳祖范、顧棟高國子監司業銜。戊戌，以碩色舉發僞撰孫嘉淦奏稿，假造硃批，諭方觀承等密緝之。己酉，上奉皇太后回駐避暑山莊。辛亥，命修房山縣金太祖陵、世宗陵。丁巳，上奉皇太后還京師。己未，賑河南商丘等十四縣水災。庚寅，準泰以徇隱僞奏，褫職逮問。調鄂容安爲山東巡撫，舒輅爲河南巡撫，鄂昌爲江西巡撫，以楊應琚爲甘肅巡撫。命高斌赴河南辦陽武河工。辛酉，以莊有恭爲江蘇巡撫。癸亥，免甘肅平涼等五州縣雹災額賦。乙丑，定明年二月各省舉行恩科鄉試。詔停本年秋決。癸酉，賑山東鄒平等五十三州縣水災。丙子，上奉皇太后詣泰陵。丁丑，賑福建福安等二縣水災。庚辰，上奉皇太后謁泰陵。是日，回蹕。甲申，命舒赫德赴江南查辦僞撰孫嘉淦奏稿事。庚寅，命陳世倌兼管禮部。兩廣總督陳大受卒，調阿里袞代，以永常爲湖廣總督。辛卯，賑河南上蔡等州縣水災。癸巳，賑福建霞浦等四縣潮災。

冬十月戊戌，以范時綬署湖南巡撫。壬寅，賑長蘆屬富國等七場、山東王家岡等三場水災。甲寅，賑安徽歙縣等十八州衞旱災。丙辰，賑江蘇銅山等八州縣水災。調陳宏謀爲河南巡撫，舒輅爲陝西巡撫。賑山東齊東等七州縣本年水災、滎成縣雹災。戊午，賑直隸武清等二十六州縣水雹災。癸亥，賑山東官臺二場竈潮災。

十一月甲戌，賑河南祥符等五縣水災。乙亥，賑直隸東明等三州縣本年水災。庚辰，陽武決口合龍。乙酉，以皇太后六旬萬壽，上徽號曰崇慶慈宣康惠敦和裕壽皇太后，頒詔覃恩有差。丙戌，命高斌、汪由敦會勘天津河工。戊子，皇太后聖壽節，上奉皇太后御慈寧宮，率王公大臣行慶賀禮。

十二月癸巳朔，以烏爾登爲北路軍營參贊大臣。丁酉，濬永定河引河。戊戌，賑吉林琿春地方本年水災。庚子，賑山東鄒平等五十五州縣水災。壬寅，以雅爾哈善爲浙江巡撫。甲辰，濬直隸南北兩運減河。命多爾濟代班第駐藏辦事。辛亥，賑浙江鄞縣等六十州縣廳衞所、大嵩等八場旱蟲災。

十七年春正月乙亥，賜準噶爾使圖卜濟爾哈朗等宴。庚戌，設盛京總管內務府大臣，以將軍兼管。甲申，以準噶爾達瓦齊、阿睦爾撒納內訌，增兵阿爾泰邊隘。命舒赫德、玉保查閱北路軍營。丙戌，以阿巴齊、達淸阿爲北路參贊大臣。丁亥，賑江蘇銅山等六州縣、安徽歙縣等九州縣被災貧民。辛卯，修直隸永定河下口及鳳隄。

二月乙未，以鍾音爲陝西巡撫。己亥，釋準泰。甲寅，上詣東陵。丙辰，布魯克巴之額爾德尼第巴貢方物。丁巳，上謁昭西陵、孝陵、孝東陵、景陵。戊午，上駐蹕盤山。己未，賑山西山陰、虞鄉被災貧民。辛酉，修房山縣金太祖、世宗陵。

三月戊辰，以浙東災重，諭雅爾哈善加賑，毋令流移。庚午，上還宮。壬申，以莫爾歡

爲歸化城都統。額賦。戊寅，福建巡撫潘思榘卒，調陳宏謀爲福建巡撫，以蔣炳爲河南巡撫。

夏四月甲午，免山東齊東等十二州縣衛上年水災額賦。乙巳，免直隸武淸等二十三廳

州縣上年水災州縣上年水災額賦。庚戌，免浙江海寧等七十三州縣衛及大嵩等十三場上年水災額賦。丁

巳，免直隸永利等四場、山西山陰等縣上年水災額賦。

五月辛未，直隸東光、武淸等四十三州縣蝗。庚辰，賑河南祥符等十四縣水災。己丑，

賑甘肅狄道等十四州縣上年水災。山東濟南等八府蝗，江南上元等十二州縣生蝻。

六月甲午，準噶爾部人呢雅斯來降。丁未，御試翰林、詹事等官，擢汪廷璵等三員爲一

等，餘陞黜有差。試滿洲由部院改入翰林、詹事等官，擢德爾泰爲一等，餘降用有差。丙

辰，以鄂樂舜爲甘肅巡撫。

秋七月丁丑，上奉皇太后秋獮木蘭。己卯，免所過州縣錢糧十分之三。癸未，上奉皇

太后駐避暑山莊。丁亥，賑江蘇銅山等縣水災。

八月丙申，順天鄉試內簾御史蔡時田、舉人曹詠祖坐交通關節，處斬。壬寅，撫賑福建

晉江等廳縣風災。甲辰，上奉皇太后巡幸木蘭，行圍。丙午，命黃廷桂查辦陝西賑恤。乙

卯，賑陝西咸寧等二十一州縣旱災。

九月辛酉，西洋波爾都噶爾亞國遣使入貢。四川雜谷土司蒼旺作亂，命岳鍾琪率兵勦之。庚午，蘇祿番目所賫入貢國書不合，飭喀爾吉善等遣回國。甲戌，四川官軍克雜谷腦，降番寨一百有六。予策楞、岳鍾琪優敍。戊寅，減甘肅張掖等五縣偏重額賦。賑河南被災飢民。己卯，上奉皇太后還京師。庚辰，協辦大學士、吏部尚書梁詩正請終養，許之。以孫嘉淦爲吏部尚書、協辦大學士，汪由敦爲工部尚書。辛巳，準噶爾喇嘛根敦林沁等來降。丁亥，召尹繼善來京，以莊有恭署兩江總督。蒼旺伏誅。

冬十月戊子朔，賜秦大士等一百四十一人進士及第出身有差。召鄂昌來京，以鄂容安署江西巡撫，楊應琚署山東巡撫。壬寅，阿思哈奏平陽紳民捐賑災銀。諭不忍令災地富民出貲，飭還之。調定長爲山西巡撫，以李錫泰爲廣西巡撫。己酉，上詣東陵，並送孝賢皇后安地宮。壬子，上謁昭西陵、孝陵、孝東陵、景陵。丁巳，賑江蘇上元等十九州縣、山西臨晉等十州縣、湖北鍾祥等二十五州縣衞旱災。四川雜谷、黑水後番上下寨來降。

十一月庚申，上還京師。甲子，命刑部尚書劉統勳在軍機處行走。戊辰，賑山西聞喜等五州縣旱災。庚辰，以鄂容安爲江西巡撫。

十二月戊子，賑甘肅臯蘭二十一廳州縣水災雹災。己丑，修陝西永壽等九縣城，以工代賑。賑河南武陟縣水災。黑龍江將軍富爾丹卒，以綽爾多代之。乙巳，御史書成請釋傳鈔僞奏稿人犯忤旨，褫職。諭陳宏謀毋究捕天主教民。

十八年春正月戊午，賑陝西耀州等三十七州縣、山西永濟等十一州縣旱災。丙寅，廣東東莞縣匪莫信豐等、福建平和縣匪蔡榮祖等作亂，捕治之。戊寅，調黃廷桂署四川總督，尹繼善署陝甘總督，以鄂容安兼署兩江總督，班第署兩廣總督。辛巳，鄂昌等褫職逮問。乙酉，免山東章丘等三十一州縣衞積年逋賦。

二月丁亥朔，以岳鍾琪請用兵郭羅克，諭黃廷桂議奏。丙申，上謁泰陵。丁酉，上祭金太祖、世宗陵。江南千總盧魯生坐僞撰孫嘉淦奏稿，磔於市。己亥，皇太后自暢春園啓蹕至涿州，上詣行宮請安。壬寅，上奉皇太后御舟至蓮花淀閱水圍。丙午，免河南夏邑等五縣十六年被水額賦。丁未，命兆惠赴藏辦事。戊申，上閱永定河工。庚戌，上幸南苑行圍。辛亥，免江蘇上元等十州縣十七年水災額賦。

三月癸亥，以雅爾哈善于查辦僞奏稿不加詳鞫，下部嚴議。戊寅，賑安徽壽州等十一州縣衞上年旱災飢民。己卯，以開泰署湖廣總督，定常署貴州巡撫。辛巳，賑湖北十九州縣衞上年旱災。

夏四月丁亥，錢陳羣諫查辦僞奏稿，上斥以沽名，並飭勿存稿，以「爾子孫將不保首領」

諭之。己丑，西洋博爾都噶里雅遣使貢方物，優詔答之。以恆文署湖廣總督。甲午，賜西洋博爾噶都里雅貢使宴。乙未，免雲南劍川州十六、七年地震水災額賦有差，並賑恤之。辛丑，賜西洋博爾都噶里雅國王敕，加賚文綺珍物。丙午，以旱命刑部清理庶獄，減徒以下罪，直隸亦如之。丁未，上詣黑龍潭祈雨。壬子，命永常、努三往安西，給欽差大臣關防。

五月癸亥，減秋審、朝審緩決三次以上罪。丁卯，山東濟寧、汶上等州縣蝻。免廣東豐順等三縣上年水災額賦。辛未，免浙江仁和等六縣、仁和場上年水災額賦，並賑恤之。辛未，準噶爾台吉喇嘛達爾札與達瓦齊相攻被執，達瓦齊自爲台吉。

六月癸巳，以策楞署兵部尚書。乙未，浙江上虞人丁文彬以衍聖公孔昭煥發其造作逆書，鞫實，磔之。丙申，天津等州縣蝗。

秋七月甲子，順天宛平等三十二州縣衞蝗。壬申，江南邵伯湖減水二閘及高郵車邏壩同時並決，命策楞、劉統勳會同高斌查辦水災。賑安徽歙、太湖等縣水災。庚辰，命莊有恭賑高郵、寶應水災。壬午，停各省分巡道兼布政使司參政、參議，按察使司副使、僉事等銜，及陞用鴻臚寺少卿。

八月戊子，命履親王允祹代祭大社、大稷。賑兩淮板浦等場水災。戊戌，上奉皇太后秋獮木蘭。庚子，高斌免，以策楞署南河河道總督，同劉統勳查辦河工侵虧諸弊。辛丑，命永常、開泰各回本任。甲辰，上奉皇太后駐蹕避暑山莊。乙巳，撥江西、湖北米各十萬石賑江南災。丁未，上奉皇太后巡幸木蘭，行圍。庚戌，高斌、張師載褫職，留河工効力，以衞哲治爲安徽巡撫。辛亥，賑江蘇銅山十二州縣水災、山東蘭山等縣水災。

九月庚申，賑湖北潛江等三縣水災。壬戌，河南陽武十三堡河決。丁卯，以扈從行圍畏葸不前，褫豐安公爵、田國恩侯爵，阿里衮罷領侍衞內大臣。以弘昇爲正白旗領侍衞內大臣。庚午，以皇后至盤山，命舒赫德爲領侍衞內大臣管理內務府大臣隨往。江蘇銅山河決。壬申，命舒赫德協辦江南河工，以阿里衮署領侍衞內大臣，隨扈盤山。以尹繼善爲江南河道總督，鄂容安爲兩江總督，調永常爲陝甘總督，開泰爲湖廣總督，黄廷桂爲四川總督，以定常爲貴州巡撫，胡寶瑔爲山西巡撫，范時綬爲江西巡撫，楊錫紱爲湖南巡撫。召班第來京，以策楞爲兩廣總督。癸酉，上奉皇太后駐避暑山莊。甲戌，左都御史梅瑴成休致。丙子，諭將貽誤河工之同知李焞、守備張賓斬於銅山工次。命策楞等縛高斌、張師載令目睹行刑訖釋放。丁丑，賑山東利津等縣水災。

冬十月庚寅，蘇祿國王遣使勞獨萬查剌請內附，下部議。辛卯，召劉統勳來京。乙未，賑山東海豐等六縣本年潮災。命鍾音署陝甘總督。辛丑，以楊錫紱爲左都御史，調胡寶瑔爲湖南巡撫，恆文爲山西巡撫，以張若震爲湖北巡撫。癸卯，免江蘇阜寧等二十六州縣衞新舊額賦有差。乙巳，賑安徽太湖等三十州縣衞水災。庚戌，免浙江錢塘等二十八州縣廳衞所旱災額賦有差。

十一月己未，召蘇昌來京，以鶴年爲廣東巡撫。癸亥，江西生員劉震宇以所著治平新策有「更易衣服制度」等語，處斬。甲子，賑甘肅皋蘭等二十九州縣衞所水雹災，並免額賦有差。甲戌，以楊應琚爲山東巡撫。準噶爾杜爾伯特台吉車淩烏巴什等率所部來降。丙子，賑浙江玉環廳旱災。庚辰，安徽池州府知府王岱因虧空褫職，潛逃拒捕，處斬。

十二月丙戌，賑兩淮富安等場旱災。命歸降杜爾伯特台吉車淩等移居呼倫貝爾。丁亥，協辦大學士、吏部尙書孫嘉淦卒。命玉保、努三、薩喇勒爲北路參贊大臣。命舒赫德赴鄂爾坤軍營。庚寅，命戶部尙書蔣溥協辦大學士，以黃廷桂爲吏部尙書，仍管四川總督，鄂爾達署之。丙申，江南張家馬路及邵伯湖二閘決口同日合龍。庚子，以準噶爾台吉達瓦齊未遣使來京，諭永常暫停貿易。

十九年春正月壬子，賑安徽宿州等十五州縣衞、江蘇阜寧等十五州縣衞上年水災。壬戌，命薩喇勒等討入卡之準噶爾烏梁海。乙亥，命楊錫紱署吏部尙書，罷鄂彌達兼管。丁丑，琉球入貢。己卯，準噶爾台吉車淩等入覲。

二月丙申，賑山東蘭山十八年水災。戊戌，蘇祿入貢，命廣東督、撫檄國王毋以內地商人充使。賑山東昌邑等四縣、永豐等五場潮災。癸卯，召策楞來京。乙巳，準噶爾烏梁海庫本來降。己酉，命策楞赴北路軍營。

三月辛亥朔，以白鍾山爲河東河道總督，楊應琚署之。準噶爾台吉阿睦爾撒納等與達瓦齊內鬨。戊午，命舒赫德、成衮札布、薩喇勒來京。喀爾喀親王額琳沁多爾濟管理喀爾喀兵事。庚申，四川提督岳鍾琪卒。賑湖北潛江等四州縣衛水災，並蠲賦有差。癸亥，免直隸大城等十廳州縣十八年水雹旱災額賦。庚午，免安徽太平等二十五州縣衛十八年水災額賦，並賑之。乙亥，賑兩淮富安等十二場竈戶。

夏四月庚辰朔，加劉統勳、汪由敦太子太傅，方觀承、喀爾吉善、黄廷桂太子太保，鄂容安、開泰太子少傅，永常、碩色太子少保。命準噶爾台吉車淩等入覲。庚寅，成衮札布降喀爾喀副將軍，以策楞爲定邊左副將軍。辛卯，召班第回京。以楊應琚署兩廣總督。丙午，命都統德寧、準噶爾台吉色布騰爲北路軍營參贊大臣。是月，免長蘆滄州等二場上年旱災竈戶、直隸滄州等二州上年水災竈戶額賦。賑甘肅皐蘭等十五州縣上年旱災。賑安徽宿州等十二州縣、江蘇阜寧等二十三州縣上年水災。

閏四月庚戌朔，賜莊培因等二百三十三人進士及第出身有差。己未，免湖北潛江等四州縣衞上年水災額賦。辛未，色布騰入覲，命大學士傅恆至張家口傳旨迎勞，封貝勒。壬申，京師雨。

五月辛巳，命清保爲黑龍江將軍。以準噶爾內亂，諭兩路進兵取伊犂。召永常、策楞來京，面授機宜。甲申，上奉皇太后巡幸盛京。戊子，免安徽太平等二十五州縣衞上年水災額賦。庚寅，上奉皇太后駐蹕避暑山莊。封準噶爾台吉車淩爲親王，車淩烏巴什爲郡王，車淩孟克爲貝勒，孟克特穆爾、班珠爾、根敦爲貝子。癸巳，免浙江廟灣等十一場十八年被水竈戶額賦，災重者賑之。丁酉，免長蘆屬永阜等三場上年水災竈戶額賦。戊戌，召陳宏謀來京。命劉統勳協同永常辦理陝甘總督事務。調陳宏謀爲陝西巡撫，鍾音爲福建巡撫。己亥，召雅爾哈善來京，調鄂樂舜爲浙江巡撫，以鄂昌爲甘肅巡撫。

六月壬子，賑福建龍溪等州縣水災。庚申，賑甘肅皋蘭等五州縣旱災。壬戌，阿睦爾撒納等爲達瓦齊所敗，奔額爾齊斯孌博和碩之地。諭策楞等接應歸附。壬申，命雅爾哈善署戶部侍郎，在軍機處行走。

秋七月辛巳，賑直隸薊州等州縣水災。壬午，上奉皇太后詣盛京。癸未，命護軍統領塔勒瑪善、副都統扎勒杭阿爲北路軍營參贊大臣。丙戌，以烏梁海人巴朗逃，降車布登爲貝子，參贊大臣安崇阿、德寧論斬。丁酉，阿睦爾撒納率部衆來降，命薩喇勒迎勞。己亥，上駐蹕彰武臺河東大營，奉皇太后御行幄。庚子，以喀爾喀台吉丹巴札布失機，命處斬。召策楞、舒赫德、色布騰、薩喇勒來京，以額琳沁多爾濟署將軍，兆惠爲參贊大臣。壬寅，命阿睦爾撒納入覲。丙午，以班第爲兵部尚書，署定邊左副將軍。以阿里袞爲步軍統領。賑江蘇興化等州縣水災。

八月辛亥，授楊應琚兩廣總督。癸丑，命達勒黨阿爲黑龍江將軍。甲寅，上駐蹕吉林。乙卯，上詣溫德亨山望祭長白山、松花江。丁巳，召鄂容安赴行在，以尹繼善署兩江總督。己未，賑齊齊哈爾等三城水災。庚申，賑甘肅臯蘭等五州縣旱災。丙寅，上閱輝發城。丁卯，命阿睦爾撒納游牧移鄂爾坤、塔密爾。癸酉，以車淩孟克及車淩烏巴什、訥默庫爲西路參贊大臣。乙亥，北路以達勒黨阿、烏勒登、努三、兆惠爲參贊大臣，西路以薩喇勒、阿蘭泰、玉保爲參贊大臣。

九月丁丑朔，賑兩淮角斜等場竈潮災。辛巳，上奉皇太后率皇后謁永陵。薩喇勒等征烏梁海。甲申，免甘肅臯蘭等十五州縣被水被雹額賦。丙戌，謁昭陵、福陵。丁亥，上奉皇太后駐蹕盛京。戊午，上率羣臣詣皇太后行慶賀禮。御崇政殿受賀。免奉天府所屬本年丁賦。自山海關外及寧古塔等處，已結、未結死罪均減等，軍流以下悉免之。朝鮮國王李旿遣使詣盛京貢獻。己丑，停本年秋決。辛卯，上謁文廟。癸巳，上御大政殿，盛京宗室、覺羅、將軍等進御膳。甲午，上奉皇太后率皇后自盛京回蹕。己亥，減直隸武淸等四縣額賦。辛丑，以班第爲定邊左副將軍，鄂容安爲參贊大臣。癸卯，命車淩烏巴什、訥默庫、車淩孟克等赴西路，在參贊大臣上行走，喀爾喀王巴雅爾什第等在北路軍營領隊上行走。

冬十月癸丑，賑山東惠民等十六州縣衞、永和等三場水災。甲寅，調衞哲治爲廣西巡撫，鄂樂舜爲安徽巡撫，以周人驥爲浙江巡撫。乙卯，賑安徽壽州等十九州縣衞本年水災、山西馬邑雹災。丙辰，上奉皇太后還宮。戊午，上御太和殿，受王以下文武百官進表朝賀。己未，以工部尚書汪由敦管刑部尚書。辛酉，賑江蘇阜寧等十六州縣衞水災，並蠲賦有差。辛未，移京城滿洲兵三千駐阿勒楚喀等處屯墾，增副都統一、協領一。庚午，以鄂彌達署吏部尚書。

十一月戊寅，賑福建諸羅等二縣風災。上幸南苑。蘇祿國王蘇老丹嘛喊味麻安柔律噒遣使貢方物。準噶爾克爾籌特台吉阿布達什來降。庚辰，賑順天直隸武淸等十五州縣被水被雹飢民，並免額賦有差。乙酉，上幸避暑山莊。丁亥，輝特台吉阿睦爾撒納、杜爾伯特台吉訥默庫等率降衆於廣仁嶺迎駕。是日，上召見阿睦爾撒納等賜宴，賞賚有差。戊子，封阿睦爾撒納爲親王，訥默庫、班珠爾爲郡王；杜爾伯特台吉剛多爾濟、巴圖博羅特，輝特台吉札木參、齊木庫爾爲貝勒；杜爾伯特台吉布圖克森、額爾德尼、羅壘雲端，輝特台吉德濟特、普爾普、克什克爲貝子；輝特台吉根敦札布等，杜爾伯特台吉布顏特古斯等爲公；杜爾伯特台吉烏巴什等，輝特台吉伊什等爲一等台吉。以輝特親王阿睦爾撒納爲北路參贊大臣，郡王訥默庫爲西路參贊大臣。命額琳沁多爾濟爲西路參贊大臣，召班第來京。命阿睦爾撒納署將軍，額駙色布騰巴勒珠爾協辦。命車淩同車淩烏巴什往西路軍營，訥默庫同阿睦爾撒納、班珠爾往北路軍營。戊戌，上還京師。

十二月戊申，以班第爲定北將軍，阿睦爾撒納爲定邊左副將軍，永常爲定西將軍，薩喇勒爲定邊右副將軍。辛亥，上幸大學士來保、予告大學士福敏第視疾。以親王固倫額駙色布騰巴勒珠爾、親王銜琳沁、郡王訥默庫、班珠爾、郡王銜青滾雜卜、尙書公達勒黨阿、總督伯鄂容安、護軍統領烏勒登爲北路參贊大臣，親王額琳沁多爾濟、車淩、郡王車淩烏巴什、貝勒車淩孟克、色布騰、貝子扎拉豐阿、公巴圖孟克、瑪什巴圖、將軍阿蘭泰爲西路參贊大臣。癸亥，安南國王黎維禕進方物。賑甘肅河州等十五廳州縣衞水災。丙寅，調鄂容安爲西路參贊大臣，命阿蘭泰、庫克新瑪木特爲北路參贊大臣。

二十年春正月丁丑，命定邊左副將軍阿睦爾撒納率參贊大臣額駙色布騰巴勒珠爾、郡王品級青滾雜卜、內大臣瑪木特、奉天將軍阿蘭泰由北路進征，定邊右副將軍薩喇勒率參贊大臣郡王班珠爾、貝勒品級札拉豐阿、內大臣鄂容安由西路進征。癸未，以阿里衮署刑部尚書。癸卯，免烏梁海、札哈沁、包沁等貢賦一年。

二月乙巳朔，日食。命兆惠留烏里雅蘇台協辦軍務，在領隊大臣上行走。丙午，朝鮮貢方物。乙卯，上謁東陵。戊午，上謁昭西陵、孝陵、孝東陵、景陵，至孝賢皇后陵奠酒。己未，召范時綬來京，調胡寶瑔爲江西巡撫，以楊錫紱署湖南巡撫，蔣溥署吏部尚書。賑山東惠民等十二州縣衞水災。庚申，準噶爾噶勒雜特部人齊倫來降。丁卯，賑雲南易門、石屏地震災民。己巳，賑江蘇高郵等州縣衞上年災民。

三月丙子，永常等奏額魯特業克明安巴雅爾來降。戊寅，免江蘇江浦等二十二州縣衞十九年水災額賦。己卯，上詣泰陵。召鄂昌來京，調陳宏謀爲甘肅巡撫，以台柱署陝西巡撫。壬午，上謁泰陵。乙酉，上駐蹕吳家莊，閱永定河隄。丙戌，上幸晾鷹台行圍，殪熊一虎二。召大學士、九卿、翰詹、科道，諭胡中藻詩悖逆，張泰開刊刻，鄂昌唱和諸罪，命嚴鞫定擬。庚寅，上還京師。鄂昌褫職逮問。壬辰，高斌卒。釋張師載回籍。乙未，扎哈沁得木齊巴哈曼集、宰桑敦多克等來降。庚子，免直隸霸州等六州縣廳本年旱災額賦。壬寅，準噶爾台吉噶勒藏多爾濟等來降。

夏四月丙午，額林哈畢爾噶宰桑阿巴噶斯等來降。壬子，致仕太保、大學士張廷玉卒，命遵世宗遺詔，配饗太廟。甲寅，胡中藻處斬。乙丑，吐魯番伯克莽噶里克來降。免長蘆永利等三場、海豐一縣水災額賦。丙寅，免山東惠民等十六州縣水災額賦。丁卯，綽羅斯台吉袞布扎布等並葉爾羌等回部和卓木來降。戊辰，琉球國世子尚穆遣使入貢請封，允之。壬申，集賽宰桑齊巴汗來降。

五月甲戌朔，免安徽壽州等十九州縣衞水災額賦。喀爾喀車臣汗副將軍公格勒巴木丕勒褫爵，留營効力，以扎薩克郡王得木楚克代之。戊寅，賑奉天承德等七州縣水災。庚辰，命翰林院侍講全魁、編修周煌往琉球册封。辛巳，和通額默根宰桑鄂哲特等來降。壬午，庫圖齊納爾宰桑薩賚來降。甲申，準噶爾宰桑烏魯木來降。戊子，阿勒闥沁鄂拓克宰桑塔爾巴來降。己丑，達瓦齊遁特克斯。庚寅，史貽直原品休致。賜鄂昌自盡。辛卯，命黃廷桂爲武英殿大學士，仍留四川總督任。調王安國爲吏部尚書，以楊錫紱爲禮部尚書，何國宗爲左都御史。調陳宏謀爲湖南巡撫，以吳達善爲甘肅巡撫，圖爾炳阿爲河南巡撫。壬辰，阿睦爾撒納奏克定伊犂，賞阿睦爾撒納親王雙俸，封其子爲世子。晉封班第、薩喇勒爲一等公，瑪木特爲三等公。賞色布騰巴勒珠爾親王雙俸。封扎拉豐阿爲郡王，車布登扎布、普爾普爲貝勒。賞車淩親王雙俸。封車淩烏巴什、班珠爾、訥默庫爲親王，策楞孟克爲郡王。再授傅恆一等公爵。軍機大臣等俱優敍有差。賑江蘇清河、銅山等州縣水災。癸巳，召達勒黨阿來京協辦大學士，以綽勒多署黑龍江將軍。大學士傅恆辭公爵，允之。封班第爲誠勇公，薩喇勒爲超勇公，瑪木特爲信勇公。

六月癸卯朔，以平定準部告祭太廟，遣官告祭天、地、社、稷、先師孔子。命四衞喇特如喀爾喀例，每部落設盟長及副將軍各一人。丙午，阿睦爾撒納奏兵至格登山，大敗達瓦齊之兵。封喀喇巴圖魯阿玉錫、巴圖濟爾噶勒、察哈什等男爵，並授散秩大臣，餘賞賚有差。己酉，加上皇太后徽號曰崇慶慈宣康惠敦和裕壽崇禧皇太后，頒詔覃恩有差。癸丑，阿克敦免，以鄂彌達爲刑部尚書，仍署吏部尚書，阿里衮署兵部尚書，降永常爲侍郎。命大學士黃廷桂爲陝甘總督，調開泰爲四川總督。召劉統勳來京，以碩色署湖廣總督，愛必達署雲貴總督。己未，羅卜藏丹津等解送京師，遣官告祭太廟，行獻俘禮。庚申，上御午門受俘，宥羅卜藏丹津罪，巴朗、孟克特穆爾伏誅。甲子，以班第等奏阿睦爾撒納與各頭目往來詭秘，擅殺達瓦齊衆宰桑，圖據伊犂。溫旨令卽行入覲。戊辰，獲達瓦齊，準部平。

秋七月戊寅，杜爾伯特台吉伯什阿噶什等來降。丁亥，烏蘭泰以獲達瓦齊封男爵。黑龍江將軍綽勒多改荆州將軍，以達色代之。

八月丙午，賑江蘇海州等七州縣水災雹災。丁未，上奉皇太后巡幸木蘭。壬子，上奉皇太后駐蹕避暑山莊。甲寅，賑山東金鄉等二十二州縣衞水災。封準噶爾台吉伯什阿噶什爲親王。丁巳，上奉皇太后至木蘭行圍。庚申，召尹繼善來熱河。

九月壬申朔，免福建臺灣等三縣上年被水額賦。甲戌，上御行殿，綽羅斯噶勒臧多爾濟等入覲，賜宴。阿睦爾撒納入覲，至烏隴古，叛，掠額爾齊斯台站。丙子，準噶爾頭目阿巴噶斯等叛。起永常爲內大臣，仍辦定西將軍事，策楞、玉保、扎拉豐阿爲參贊大臣。命哈達哈留烏里雅蘇台，會同阿蘭泰辦事。丁丑，阿睦爾撒納犯伊犁。庚辰，頒招撫阿睦爾撒納諭。壬午，上奉皇太后回駐避暑山莊。癸未，賜噶勒臧多爾濟等冠服，封噶勒臧多爾濟爲綽羅斯汗，車淩爲杜爾伯特汗，沙克都爾曼濟爲和碩特汗，巴雅爾爲輝特汗。晉封喀爾喀郡王桑齋多爾濟爲親王。命哈達哈等討阿睦爾撒納。丁亥，命策楞爲定西將軍。以喀爾喀郡王巴雅爾什第等捕誅包沁叛賊台拉克等，晉封巴雅爾什第爲親王，沙克都爾扎布爲貝勒，達爾扎諾爾布扎布爲貝子。賑浙江山陰等十五州縣、曹娥等五場、湖州一所，雲南劍川一州本年被水災民。賑湖北江陵等八州縣衞本年被水災民。庚寅，逮永常來京，降策楞爲參贊大臣，以扎拉豐阿爲定西將軍。劉統勳舍巴里坤退駐哈密，切責之。丙申，逮劉統勳來京，命方觀承往軍營辦理糧餉，以鄂彌達署直隸總督。噶勒臧多爾濟之子諾爾布琳沁討阿巴噶斯，敗之，獲得木齊班咱，加封郡王。封貝勒齊木庫爾爲郡王。以阿里衮署刑部尚書，調汪由敦爲刑部尚書。戊戌，戶部尚書海望卒。

冬十月辛丑朔，策楞褫職逮問，命副都統莽阿納、喀寧阿爲西路領隊大臣。甲辰，以衞哲治爲工部尚書，鄂寶署廣西巡撫。戊申，賑浙江會稽等州縣場所水災。命富德爲參贊大臣。壬子，宥劉統勳、策楞發軍營，以司員効力。癸丑，賑山東鄒縣等十九州縣衞、官臺等四場水災。丁巳，達瓦齊等解至京，遣官告祭太廟社稷，行獻俘禮。戊午，上御門樓受俘，釋達瓦齊等。賑安徽無爲等三十二州縣被水饑民。命李元亮署工部尚書。辛酉，起策楞爲參贊大臣，署定西將軍，命進勦阿睦爾撒納。甲子，將軍班第、尚書鄂容安敗績於烏蘭庫圖勒，死之。副將軍薩喇勒被執。丙寅，命哈達哈爲定邊左副將軍，雅爾哈善爲參贊大臣，達勒黨阿爲定邊右副將軍，阿蘭泰爲烏里雅蘇台參贊大臣。

十一月辛未，以杜爾伯特貝勒色布騰爲北路參贊大臣。癸酉，以策楞爲內大臣兼定西將軍，扎拉豐阿爲定邊右副將軍，達勒黨阿爲參贊大臣。宥青滾雜卜罪。甲戌，以鄂勒哲依、哈薩克錫喇爲參贊大臣，尼瑪爲內大臣兼參贊大臣。雲南劍川州地震。壬午，調鄂樂舜爲山東巡撫，高晉爲安徽巡撫，錫特庫爲巴里坤都統。癸未，宥達瓦齊罪，封親王，賜第京師。甲午，噶勒雜特得木齊丹畢來降。

十二月癸卯，起烏勒登爲領隊大臣。以盧焯署陝西巡撫。丙午，命侍郎劉綸往浙江查辦前巡撫鄂樂舜，並查江南、浙江賑務。戊申，免伊犁本年貢賦。以吉林將軍傅森爲兵部尚書，額勒登代之。己未，賑索倫、達呼爾水災霜災。賑湖北潛江等六州縣衞水災。賑兩淮徐瀆等十二場、山西岢嵐州本年水災各有差。

清史稿卷十二

本紀十二

高宗本紀三

二十一年春正月庚午，以額駙科爾沁親王色布騰巴勒珠爾貽悞軍機，褫爵禁錮。喀爾喀親王額琳沁多爾濟以疏縱阿睦爾撒納，處斬。己卯，以準噶爾故總台吉達什達瓦之妻率衆來降，封爲車臣默爾根哈屯。命尹繼善往浙江會審鄂樂舜。丁亥，阿巴噶斯得木齊哈丹等來降。乙未，命哈達哈由阿爾泰進兵協勦。原任副將軍薩喇勒由珠勒都斯來歸，命與鄂勒哲依同掌副將軍印。命協辦大學士達勒黨阿由珠勒都斯進兵協勦。丁酉，致仕協辦大學士阿克敦卒。

二月癸卯，授巴里坤辦事大臣和起欽差大臣關防。戊申，以楊廷璋爲浙江巡撫。辛亥，上啓蹕謁孔林。以策楞奏報獲阿睦爾撒納，命改謁泰陵。甲寅，上謁泰陵。免直隸、山東經過州縣錢糧十分之三，歉收地方免十分之五。乙卯，上幸山東，詣孔林。免山東海豐等三縣潮災額賦。壬辰，賑山東蘭山等州縣水災。癸亥，賑浙江仁和等十五州縣場水災。甲子，工部尙書衞哲治病免，以趙弘恩代之。策楞以誤傳獲阿睦爾撒納奏聞。丁卯，命薩喇勒以副將軍駐特訥格爾。戊辰，授碩色爲湖廣總督，郭一裕爲雲南巡撫。

三月己巳朔，上至曲阜，謁先師孔子廟。授淸保爲盛京將軍。庚午，釋奠禮成。謁孔林、少昊陵、元聖周公廟。免曲阜丁丑年額賦。辛未，賑山東鄒縣等十七州縣衞水災。丙戌，免江蘇宿遷被災河租，湖北潛江等五州縣上年水災額賦。丁亥，命哈達哈進兵烏梁海布延圖，以靑滾雜卜、車布登爲參贊大臣。策楞等奏復伊犂。戊子，免安徽宿州等二十一州縣衞、江蘇阜寧等七十二州縣衞上年水災額賦。壬辰，上謁昭西陵、孝陵、景陵，詣孝賢皇后陵奠酒。丙申，賜鄂樂舜自盡。丁酉，上還京師。

夏四月壬子，免山東鄒縣等十九州縣衞上年潮災額賦。命達勒黨阿由西路、哈達哈由北路進征哈薩克，以哈寧阿、鄂實爲參贊大臣。癸丑，命大學士傅恆赴額林哈畢爾噶整飭軍務。策楞、玉保逮問。以烏勒登疏縱阿睦爾撒納處斬。甲寅，命尙書阿里衮在軍機處行走。丁巳，召傅恆回京。富德奏敗哈薩克于塞伯蘇台。壬戌，免山西嵐州二十年霜災額賦。癸亥，軍機大臣雅爾哈善、劉綸罷。命裘曰修在軍機處行走。乙丑，召劉統勳回京。

五月戊辰朔，玉保降領隊大臣，以達勒黨阿爲定邊右副將軍，巴祿爲參贊大臣。乙亥，免浙江仁和等十三州縣上年被災額賦。庚辰，上詣黑龍潭祈雨。乙酉，以莽阿納、達什車凌爲參贊大臣。丁亥，免甘肅甘州等三府本年民屯額賦。賑甘肅皐蘭等二十廳州縣上年霜雹災。辛丑，噶勒雜特宰桑根敦等來降。壬子，以莽阿納爲歸化城都統。癸丑，何國宗降調，以趙弘恩爲左都御史，調汪由敦爲工部尚書，劉統勳爲刑部尚書。丙辰，伯什阿噶什屬宰桑賽音伯克來降。癸亥，杜爾伯特台吉伯什阿噶什遣使來降，命封親王。乙丑，封杜爾伯特台吉烏巴什爲貝子。

秋七月戊辰，免安徽無爲等三十二州衞上年水災額賦。壬申，特楞古特宰桑敦多克及古爾班和卓等於濟爾瑪台詐降，哈達哈等率兵殄之。授哈達哈領侍衞內大臣，車布登扎布郡王，唐喀祿、舒赫德副都統，三都布多爾濟公爵，餘議敍有差。庚辰，漕運總督瑚寶卒，以張師載代之。丁亥，上幸清河，至班第、鄂容安喪次賜奠。壬辰，以青滾雜卜叛跡已著，諭舒明、成袞扎布等捕勦之。癸巳，庫車伯克鄂對等來降。

八月壬寅，以綽爾多爲黑龍江將軍。乙巳，命喀爾喀親王成袞扎布爲定邊左副將軍，舒明、阿蘭泰、桑齋多爾濟、德沁扎布、塔勒瑪善爲參贊大臣。辛亥，命納木扎勒、德木楚克爲參贊大臣。以保德署綏遠城將軍。癸丑，上奉皇太后秋獮木蘭。磔阿巴噶斯等于市。戊午，賑車臣汗部落扎薩克輔國公成袞等六旗旱災。額魯特達瑪琳來降。庚申，上奉皇太后巡幸木蘭，行圍。授瑚圖靈阿、富昌、保德、哲庫納、阿爾賓爲參贊大臣，隨成袞扎布辦事。以保雲署綏遠城將軍。壬戌，台吉伯什阿噶什入覲，召見行殿，賜宴。癸亥，予成袞扎布等議敍。甲子，以喀爾喀貝勒品級車木楚克扎布接續台站，封爲貝勒。乙丑，哈達哈等征哈薩克，大敗之。授扎拉豐阿爲貝子，明瑞爲副都統。賑陝西長安等十三廳州縣雹災。

九月甲戌，達瓦齊近族台吉巴里率人戶來降，命附牧扎哈沁地方。丁丑，土爾扈特台吉敦多布達什遣使臣吹扎布入貢，上召見於行幄，賜宴。戊子，免甘肅乾隆元年至十五年積年欠賦，及寧夏安西等二十二州縣衞本年額賦有差。庚寅，上奉皇太后回駐避暑山莊。授杜爾伯特親王伯什阿噶什爲盟長。乙未，暹羅國王遣使貢方物。賑山東魚台等縣水災。

閏九月癸卯，封羅卜藏車楞之子塔木楚克扎布爲貝勒。戊申，上奉皇太后回蹕。庚戌，授阿桂爲北路參贊大臣。准借黑龍江被水人戶籽種口糧。甲寅，上奉皇太后還京師。賑安徽宿州等十二州縣衞水災。辛酉，免江蘇清河十二州縣衞被災漕項。

冬十月戊辰，命哈達哈以參贊大臣隨同成袞扎布辦事，阿里袞、富德回京。壬申，以富勒赫未能豫防河決，召來京。命愛必達爲河道總督，劉統勳署之。調鶴年爲山東巡撫，授尹繼善兩江總督，兼管河務。癸酉，以滿福爲巴里坤都統。丙子，兆惠以回部霍集占叛狀聞，遣阿敏道等進兵。戊寅，輝特台吉巴雅爾叛掠洪霍爾拜、扎哈沁，命寧夏將軍和起討之。己卯，賑直隸延慶等八州縣衞本年水災雹災。乙酉，致仕大學士福敏卒。

十一月丁未，賑甘肅皐蘭等二十六廳州縣水雹災。辛亥，調陳宏謀爲陝西巡撫，圖勒炳阿爲湖南巡撫。甲寅，命仍逮問策楞、玉保。降封扎拉豐阿公爵。以達勒黨阿爲定西將軍，兆惠爲定邊右副將軍，永貴爲參贊大臣。庚申，哈薩克錫喇巴瑪及回人莽噶里克率衆襲將軍和起于闢展。和起力戰死之，命如傅清、拉布敦例卹。己未，黃廷桂奏備馬三萬匹，增兵駐哈密等處。上以「明決擔當」嘉之。賞黃廷桂雙眼花翎、騎都尉世職。壬戌，王安國病免。以汪由敦署吏部尚書，趙弘恩署工部尚書，何國宗署左都御史。

十二月甲子朔，策楞、玉保逮京，途次爲額魯特人所害。庚午，賑山西汾陽等縣水災。辛未，諭哲布尊丹巴胡圖克圖加號敷教安衆喇嘛。壬申，以盧焯爲湖北巡撫。賑山東金鄉等二十一州縣衞水災。甲戌，免陝西盩厔等四縣本年水災民屯額賦、馬廠地額賦之半。戊寅，獲青滚雜卜于杭噶奬噶斯，賞成衮扎布黃帶，封子一人爲世子，封納木扎勒一等伯。己卯，召瑚圖靈阿等回京。以獲青滚雜卜功，晉貝勒車木楚克扎布郡王品級，賞貝勒旺布多爾濟等雙眼花翎。丙戌，達勒黨阿罷協辦大學士，以鄂彌達代之。

二十二年春正月甲午，以南巡免江蘇、安徽、浙江累年逋賦。以成袞扎布爲定邊將軍，由巴里坤進勦，車布登扎布署北路定邊左副將軍，舒赫德、富德、鄂實爲參贊大臣，色布騰巴勒珠爾、阿里袞、明瑞等爲領隊大臣。乙未，賑江蘇清河等十九州縣水災。戊戌，命嵩椿爲荆州將軍。以莽古賚爲參贊大臣，赴北路軍營。己亥，命哈達哈爲參贊大臣，駐科布多。庚子，以哈寧阿、永貴爲參贊大臣。癸卯，上奉皇太后南巡。甲辰，授汪由敦吏部尚書，調何國宗爲禮部尚書，秦蕙田爲工部尚書，趙弘恩仍回左副都御史，白鍾山爲江南河道總督，張師載爲河東河道總督，楊錫紱爲漕運總督，授愛必達江蘇巡撫。丙午，免直隸靜海等三州縣逋賦。丁未，免經過直隸、山東地方本年錢糧十分之三，被災地方十分之五。壬子，賑山東濟寧五州縣衞水災。癸丑，以阿思哈爲北路參贊大臣。己未，以嵇璜爲江南副總河。命阿桂留烏里雅蘇台辦事。壬戌，噶勒藏多爾濟、達什車淩等叛。

二月癸亥朔，免經過江南、浙江地方本年錢糧十分之三，被災地方十分之五。甲子，賑江蘇清河十四州縣衞、安徽宿州等四州縣衞災民。丙寅，兆惠全師至烏魯木齊，封一等伯，世襲。丁卯，上奉皇太后渡河至天妃閘，閱木龍。免江南乾隆十年以前漕項積欠。免兩淮竈戶乾隆十七年至十九年未完折價銀兩。乙亥，上奉皇太后渡江。癸未，幸宋臣范仲淹高義園。甲申，上奉皇太后幸蘇州府。乙酉，上奉皇太后臨視織造機房。調富森爲吏部尚書，以納木札勒爲工部尚書。降阿里衮爲侍郎，以兆惠爲户部尚書、領侍衞内大臣，舒赫德爲兵部尚書。命成衮扎布、兆惠分路捕勦額魯特叛衆。丙戌，上閱兵於嘉興府後教場。丁亥，上閱兵於石門鎮。己丑，上奉皇太后幸杭州府。庚寅，上閱兵。辛卯，免山東齊河等三州縣民欠，及山西汾陽等二縣、江蘇清河等十二州縣水災額賦。

三月丁酉，噶勒藏多爾濟陷伊犂，命成衮扎布討之。庚子，上奉皇太后駐蹕蘇州府。己酉，上奉皇太后幸江寧府。免江南之江寧、蘇州，浙江之杭州三府附郭諸縣本年額賦。庚戌，上奠明太祖陵。輝特台吉車布登多爾濟叛，哈達哈討獲之。命盡誅丁壯，以女口賞喀爾喀。辛亥，以哈達哈爲兵部尚書。癸丑，上奉皇太后渡江。甲寅，召原任大學士史貽直入閣辦事，黄廷桂仍以大學士兼管陝甘總督。丙辰，免陝西潼關等廳州縣上年水雹災額賦。召劉統勳赴行在。己未，上奉皇太后渡河。

夏四月壬戌朔，直隸總督方觀承劾奏巡檢張若瀛擅責内監僧人。上斥爲不識大體，仍諭内監在外生事者聽人責懲。乙丑，免江蘇淮安等三府州地畝額賦。命劉統勳督修徐州石工，侍郎夢麟督修六塘以下河工，副總河嵇璜督修昭關滚壩支河，均會同督、撫、總河籌辦。召成衮扎布、兆惠、舒赫德等來京，以雅爾哈善爲參贊大臣，掌定邊右副將軍印，命阿里衮駐巴里坤辦事。丙寅，上至孫家集閱隄工。唐喀祿獲車布登多爾濟，以普爾普部人賞烏梁海。丁卯，上渡河，至荆山橋、韓莊閘閱河工。戊辰，免直隸延慶等州縣衞二十一年雹災水災額賦。庚午，減山東海豐縣屬黎敬等五莊糧額，並免十一年至二十年逋賦。以松阿里爲綏遠城將軍。獲普爾普。辛未，上至闕里釋奠先師孔子。上奉皇太后駐蹕靈巖。命史貽直仍以文淵閣大學士兼吏部尚書。乙亥，改松阿里爲涼州將軍，以保德爲綏遠城將軍。戊寅，免山東濟寧等五州縣逋賦。己卯，調蔣炳爲河南巡撫，以阿思哈爲湖南巡撫。庚辰，免河南夏邑等四縣逋賦。辛巳，以夏邑生員段昌緒藏吳三桂僞檄，命方觀承赴河南會同圖勒炳阿嚴鞫之。乙酉，何國宗罷。丁亥，上還京師。命秦蕙田署禮部尚書。戊子，以前布政使彭家屛藏明末野史，褫職逮問。以歸宣光爲禮部尚書。庚寅，福建廈門火。丁酉，上詣藍靛廠迎皇太后居暢春園。乙巳，賜蔡以臺等二百四十二人進士及第出身有差。丁未，霍集占叛，副都統阿敏道死之。

六月辛酉朔，以胡寶瑔爲河南巡撫，阿思哈署江西巡撫。壬戌，免甘肅及河南夏邑等四縣明年額賦。癸亥，以愛必達爲雲貴總督，調陳宏謀爲江蘇巡撫，明德爲陝西巡撫，定長爲山西巡撫。甲子，賑河南鄢陵等州縣水災。戊辰，彭家屛論斬。丁丑，賞達什達瓦部落兩月口糧。癸未，喀爾喀達瑪琳叛，命桑寨多爾濟討之。己丑，賑安徽宿州等十六州縣衞水災、甘肅碾伯等三十八州縣廳水雹災。

秋七月辛卯朔，賑山東館陶等州縣水災。壬辰，以劉藻爲雲南巡撫。癸卯，賜彭家屏自盡。命史貽直仍兼工部。乙巳，賑安徽宿州等十州縣水災雹災。丙午，賑山東東平州等五州縣水災。以獲巴雅爾授富德內大臣，封貝勒羅布藏多爾濟爲郡王。丁未，以楊應琚爲閩浙總督，以鶴年爲兩廣總督，蔣洲爲山東巡撫，塔永寧爲山西巡撫。哈薩克汗阿布賚遣使入貢。戊申，上奉皇太后巡幸木蘭。癸丑，額魯特台吉渾齊等殺札那噶爾布，以其首來降。戊午，賑山東濟寧等三十二州縣衞水災、福建龍巖等二州縣水災。

八月丙寅，哈薩克霍集伯爾根等降。丁卯，以薩喇善爲吉林將軍，傅森署之。戊辰，賑甘肅柳溝等三衞旱災。乙亥，上奉皇太后巡幸木蘭，行圍。賑山西汾陽水災。辛巳，巴雅爾、達什車淩伏誅。

九月癸巳，克埒特、烏嚕特各部俱平。甲午，上御行殿，哈薩克阿布賚等使臣入覲，賜宴。戊戌，以富勒渾爲湖南巡撫。琿齊等復叛。庚子，額魯特沙喇斯、瑪呼斯二宰桑叛，命都統滿福討之。以雅爾哈善爲兵部尚書。辛丑，上奉皇太后回駐避暑山莊。壬寅，磔尼瑪等於故將軍和起墓前。丁未，命劉統勳赴山東、江南辦理河工。辛亥，上奉皇太后還京師。

冬十月壬戌，上幸南苑，行圍。癸亥，琉球入貢。乙丑，以雅爾哈善署定邊右副將軍。丁卯，召車布登扎布來京，以納木扎勒署定邊左副將軍。阿桂赴科布多，以莽古賚爲北路參贊大臣。辛未，以兆惠爲定邊將軍，車布登扎布爲定邊右副將軍。丙戌，以永貴爲陝西巡撫。

十一月丙申，以喀爾喀親王德沁扎布爲北路參贊大臣。壬子，以吳拜爲左都御史。戊午，賑甘肅皐蘭等二十二廳州縣霜雹等災。

十二月癸亥，以陳宏謀爲兩廣總督，李侍堯署之，託恩多爲江蘇巡撫，阿爾泰爲山東巡撫。己巳，大學士陳世倌乞休，許之。乙亥，封車木楚克扎布爲郡王。丁丑，賑扎嚕特、阿嚕、科爾沁三旗災。庚辰，舒赫德以失機褫職。甲申，加史貽直、陳世倌太子太傅，鄂彌達、劉統勳太子太保。

是歲，朝鮮、暹羅、琉球入貢。

二十三年春正月己丑，賑河南衞輝等府屬災民一月。免甘肅乾隆十六年至二十二年逋賦。庚寅，命兆惠、車布登扎布勦沙喇伯勒，雅爾哈善、額敏和卓征回部。辛卯，賑江蘇淸河等十八州縣、安徽宿州等十州縣災民有差。癸酉，賑直隸大名等州縣災民。丙午，以俄羅斯呈驗阿睦爾撒納屍及哈薩克稱臣納貢，宣諭中外。己酉，吏部尙書汪由敦卒，上親臨賜奠。壬子，以劉統勳爲吏部尙書，調秦蕙田爲刑部尙書，以嵇璜爲工部尙書，調鍾音爲廣東巡撫，周琬爲福建巡撫，周人驥署貴州巡撫。癸丑，命雅爾哈善爲靖逆將軍，額敏和卓、哈寧阿爲參贊大臣，順德訥、愛隆阿、玉素布爲領隊大臣，征回部。命永貴、定長以欽差大臣關防辦理屯田事務。

二月庚申，朝鮮入貢。癸亥，賑陝西葭州等八州縣旱災。乙丑，賑德州等三十七州縣衞所災民。

三月庚寅，上謁西陵。癸巳，上謁昭西陵、孝陵、孝東陵、景陵。庚子，上謁泰陵。辛丑，兆惠等進兵沙喇伯勒，獲扎哈沁哈拉拜，盡殲其衆。舍楞遁，命和碩齊、唐喀祿追捕之。壬寅，免江蘇山陽等二十五州縣衞額賦有差。乙巳，御試翰林、詹事等官，擢王鳴盛等三員爲一等，餘陞黜有差。試由部院改入翰林等官，擢德爾泰爲一等，餘陞黜有差。丁未，以吳士功爲福建巡撫，鍾音爲陝西巡撫，托恩多爲廣東巡撫，莊有恭署江蘇巡撫，馮鈐爲湖北巡撫。

夏四月壬戌，免甘肅蘭州等六府州縣乾隆三年至十年逋賦。戊辰，復封額駙色布騰巴勒珠爾爲親王。免直隸霸州等三十三州縣廳乾隆十年至二十年逋賦。庚午，致仕大學士陳世倌卒。壬申，命李元亮兼署戶部尙書。免直隸魏縣等二十九州縣廳上年水災額賦。丙子，命陳宏謀回江蘇，以總督銜管巡撫事。以馮鈐爲湖南巡撫，莊有恭署湖北巡撫，李侍堯署兩廣總督。庚辰，上詣黑龍潭祈雨。壬午，以旱命刑部清理庶獄，減徒以下罪，直隸如之。

五月戊子，免甘肅通省二十四年額賦。癸丑，賑陜西延安等三府州旱災。

六月辛未，免陜西榆林等八州縣逋賦。癸未，免陜西靖邊等八州縣上年額賦。直隸元城等州縣蝗。

秋七月丁亥，免甘肅安西等三廳衞二十二年風災額賦。己丑，毛城鋪河決。庚寅，霍集占援庫車，雅爾哈善等擊敗之。免福建臺灣縣旱災額賦。丙申，加黃廷桂少保，楊應琚、開泰太子太保，楊錫紱太子少師，陳宏謀、高晉、胡寶瑔太子少傅，白鍾山、愛必達、吳達善太子少保。戊戌，賑山西靜樂等州縣水雹災。庚子，上奉皇太后秋獮木蘭。壬寅，舍楞奔俄羅斯。召阿桂還。癸卯，右翼布魯特瑪木特呼里比米隆遣其弟舍爾伯克入覲。諭縛獻哈薩克錫喇。乙巳，以納木札勒爲靖逆將軍，三泰爲參贊大臣。諭兆惠赴庫車。丙午，上奉皇太后駐避暑山莊。戊申，賞車布登扎布親王品級。壬子，賑陜西延安等十七州縣旱雹災。

八月丙寅，雨。己巳，上奉皇太后幸木蘭行圍。甲戌，以都賚爲兵部尚書。丁丑，賑甘肅皋蘭等二十四州縣廳旱災。壬午，緬甸國王莽達喇爲得楞野夷所害，木梳鋪土官甕藉牙自立。

九月己丑，賜布魯特使臣舍爾伯克宴。提督馬得勝以攻庫車失機，處斬。庚寅，右部哈薩克圖里拜及塔什干回人圖爾占等來降。丙申，奉皇太后駐避暑山莊。戊戌，調歸宣光爲左都御史，以嵇璜爲禮部尚書，命梁詩正署工部尚書。命駐防伊犂大臣兼理回部事務。己亥，賑浙江仁和等縣水災。甲辰，哈喇哈勒巴克回部來降。庚戌，和闐城伯克霍集斯等來降。壬子，烏什城降。

冬十月癸亥，賑浙江錢塘等十六縣場水災，山西朔平府屬霜災。丁卯，賑直隸大城等九縣水雹霜災。兆惠自巴爾楚克進兵葉爾羌。甲戌，吳拜病免，以德敏爲左都御史。賑直隸滄州等六州縣場水災。

十一月甲申朔，右部哈薩克遣使來朝，賜宴。乙酉，上回蹕。丙戌，上幸南苑行圍。戊子，上大閱。己丑，以阿里衮爲參贊大臣，赴兆惠軍營。辛卯，賑江蘇海州等五州縣水旱潮災。丁酉，兆惠至葉爾羌城外，陷賊圍中。授富德爲定邊右副將軍，阿里衮、愛隆阿、福祿、舒赫德爲參贊大臣，往葉爾羌策應。己亥，以十二月朔望日月並蝕，諭修省。辛丑，克里雅伯克阿里木沙來降。甲辰，以兆惠深入鏖戰，封一等武毅謀勇公，晉額敏和卓郡王品級，霍集斯貝子加貝勒品級。丁未，納木扎勒、三泰、奎瑪岱策應兆惠，途次遇賊，死之。加贈納木扎勒公爵、三泰子爵、奎瑪岱世職。以舒赫德爲工部尚書。庚戌，富德赴葉爾羌。

十二月癸丑朔，日蝕。左副都御史孫灝奏請明年停止巡幸，上斥其識見舛繆，改用三品京堂，並以「效法皇祖練武習勞」諭中外。賑福建臺灣等四縣風災。加賑浙江仁和等七縣所水災。壬戌，裘曰修罷軍機處行走。丁卯，除甘肅張掖等四廳縣水衝田畝額賦。戊辰，晉封喀爾喀扎薩克郡王齊巴克雅喇木丕勒爲親王。壬申，免浙江錢塘等七縣本年水災額賦。

二十四年春正月甲申，免甘肅通省明年額賦及積年各項積欠。癸巳，雅爾哈善處斬。己亥，大學士伯黃廷桂卒，以吳達善爲陝甘總督，明德爲甘肅巡撫，暫護總督。授李侍堯兩廣總督。癸卯，命蔣溥爲大學士，仍管戶部尚書，梁詩正爲兵部尚書，歸宣光爲工部尚書，陳悳華爲左都御史，李元亮兼管兵部滿尚書，蘇昌署滿工部尚書。

二月壬戌，哈寧阿論斬。癸亥，賑車都布等三旗旱災。甲子，富德、阿里袞與霍集占戰呼爾璊，大敗之。封富德爲三等伯，予舒赫德、阿里袞、豆斌等世職。命舒赫德回阿克蘇辦事。己巳，富德兵至葉爾羌，會兆惠兵進攻。晉封富德一等伯。命車布登扎布爲副將軍，福祿、車木楚克扎布爲參贊大臣。鄂斯滿等陷克里雅。諭巴祿援和闐。庚辰，以兆惠、富德回阿克蘇，嚴責之。

三月癸未，命舒赫德同霍集斯駐和闐，截賊竄路。己丑，以頭等侍衛烏勒登、副都統齊努渾爲北路參贊大臣。壬辰，召楊應琚來京，以楊廷璋署閩浙總督。甲午，彗星見。己亥，明瑞晉封承恩毅勇公。江蘇淮安等三府州蝗。

夏四月辛亥，富德等援和闐。癸丑，以阿桂爲富德軍營參贊大臣。丁巳，常雩，祀天於圜丘。上以農田望澤，命停止鹵簿，步行虔禱。以楊應琚爲陝甘總督，吳達善以總督銜管巡撫事。戊午，以楊廷璋爲閩浙總督，莊有恭爲浙江巡撫。庚申，免浙江錢塘等十六縣場上年風災額賦。辛酉，展賑甘肅河州等處旱災。命刑部清獄減刑，甘肅亦如之。甲子，賑甘肅狄道等二十三廳州縣衞旱災雹災。丁卯，上臨原任大學士黃廷桂喪。癸酉，免山西陽曲等五州縣上年水災雹災額賦。丁丑，禁織造貢精巧絺繡。命舒赫德仍回駐阿克蘇。

五月辛巳，免陝西潼關等六十五廳州縣本年額賦有差。辛卯，上詣黑龍潭祈雨。丁酉，賑陝西咸寧等州縣旱災。己亥，詔諸臣修省，仍直言得失。辛丑，上素服詣社稷壇祈雨。丁未，上以雨澤未沛，不乘輦，不設鹵簿，由景運門步行祭方澤。己酉，賑甘肅皐蘭等州縣被旱災民。

六月庚戌，緩常犯奏請處決。甲寅，以恆祿爲綏遠城將軍。戊午，賑陝西榆林等十一州縣旱災。庚申，上以久旱，步至圜丘行大雩禮。是日，大雨。命兆惠進兵喀什噶爾，富德進兵葉爾羌。甲戌，江蘇海州等州縣、山東蘭山等縣蝗，諭裘曰修、海明捕蝗。丙子，英吉利商船赴寧波貿易，莊有恭奏卻之。諭李侍堯傳集外商，示以禁約。

閏六月丙戌，免福建臺灣等三縣上年風災額賦。丁酉，賑甘肅臯蘭等州縣旱災。庚子，布拉呢敦棄喀什噶爾遁。甲辰，霍集占棄葉爾羌遁。丙午，以劉綸爲左都御史。戊申，以甘肅旱，停發本年巴里坤等處遣犯。

秋七月己酉朔，兆惠等奏喀什噶爾、葉爾羌回衆迎降。布拉呢敦、霍集占遁巴達克山。命阿里衮等率兵攻巴爾楚克。庚戌，諭兆惠等追捕布拉呢敦、霍集占。命車布登扎布駐伊犁，防霍集占等入俄羅斯。辛亥，以捕蝗不力，奪陳宏謀總督銜。壬子，上奉皇太后啓蹕，秋獮木蘭。己未，上奉皇太后駐蹕避暑山莊。停徵山西陽曲等三十九廳州縣旱災額賦。丁丑，改西安總督爲川陝總督，四川總督爲四川巡撫，甘肅巡撫爲甘肅總督管巡撫事。以開泰爲川陝總督，楊應琚爲甘肅總督。山西平定等州縣蝗。

八月己卯，明瑞追勦霍集占等於霍斯庫魯克嶺，大敗之。壬午，賑甘肅臯蘭等四十廳州縣本年旱災。己丑，申禁英吉利商船逗遛寧波。壬辰，富德等奏追勦霍集占於阿勒楚爾，大敗之。癸巳，上奉皇太后幸木蘭，行圍。庚子，富德奏兵至葉什勒庫勒諾爾，霍集占竄巴達克山。

九月庚戌，賑浙江江山等縣水災。論勦賊功，晉封回人鄂對爲貝子，阿什默特、哈岱默特爲公，復敏珠爾多爾濟公爵。癸丑，定西域祀典。命阿桂赴阿克蘇辦事。晉封玉素布爲貝勒。丙寅，改甘肅安西鎭爲安西府。上奉皇太后還京師。以蘇昌爲湖廣總督。除回城霍集占等苛斂。

冬十月己卯，頒給阿桂欽差大臣關防。癸未，賑山西陽曲等五十六廳州縣旱災。丁亥，賜哈寧阿自盡。戊子，禁州縣捕蝗派累民間。癸巳，免山西助馬口莊頭本年旱災額賦十分之七。乙未，以鄂弼爲山西巡撫。賑盛京開原等城、承德等七州縣旱災，撫恤長蘆滄州等六州縣、嚴鎭等五場被水竈戶，均蠲額賦有差。免甘肅狄道等二十二廳州縣上年水災雹災額賦。丙申，賑順天直隸固安等四十七州縣廳水霜雹蟲災，並蠲額賦有差。丁酉，諭：「國家承平百年，休養滋息，生齒漸繁。今幸邊陲式廓萬有餘里，以新闢之土疆，佐中原之耕鑿，又化兇頑之敗類爲務本之良民，一舉而數善備。各督撫其通飭所屬，安插巴里坤各城人犯，分別懲治，勿以縱釋有罪爲仁，使良法不行。」己亥，賑江蘇上元等十九州縣廳衞水蟲風潮災。庚子，富德奏巴達克山素勒坦沙獻霍集占首級，全部投誠。命宣諭中外。將軍兆惠加賞宗室公品級鞍轡。將軍富德晉封侯爵，並賞戴雙眼花翎。參贊大臣公明瑞、公阿里袞賞戴雙眼花翎。舒赫德以下，均從優議敍。晉封額敏和卓爲郡王，賞玉素布郡王品級。辛丑，以平定準、回兩部用兵本末，製開惑論，宣示中外。賑浙江嘉興等二十州縣衞所、雙穗等九場水災蟲災。壬寅，却諸王大臣請上尊號。賑陝西定邊等九縣旱雹霜災。癸卯，召喀爾喀、杜爾伯特諸部落汗、王、公等赴太平嘉宴。

十一月辛亥，以平定回部，上率諸王大臣詣皇太后壽康宮慶賀。御太和殿受朝賀。頒詔中外，覃恩有差。辛酉，楊應琚加太子太師。乙丑，除山東濟寧州、魚臺縣水淹地賦。癸酉，命各回城伯克等輪班入覲。哈爾塔金布魯特來降。

十二月甲子，賑甘肅臯蘭等十四廳州縣及東樂縣丞屬本年旱災。癸巳，免兩淮丁溪等七場被災應納折價十分之七。甲午，賑山東海豐等十六州縣衞、永阜等三場本年水災潮災。丁酉，免浙江江山等三縣本年水災額賦。

二十五年春正月戊申，以西師凱旋，再免來歲甘肅額賦。己酉，賑甘肅臯蘭等州縣旱災。庚戌，命烏魯木齊屯田。乙卯，霍罕額爾德尼伯克遣使陀克塔瑪特等入覲。丙辰，巴達克山素勒坦沙遣使額穆爾伯克等及齊哩克、博羅爾使入覲。定邊將軍兆惠等以霍集占首級來上，並俘圖捫多索丕等至京。丁巳，上御午門行獻俘禮。命霍集占首級懸示通衢，宥捫多索丕等罪。己未，布魯特阿濟比遣使錫喇噶斯等入覲。

二月丁丑，命侍郎裘曰修、伊祿順淸查甘肅各州縣辦理軍需。賑扎薩克圖汗等四旗部落饑。癸未，上啓蹕詣東陵。乙酉，賑山西陽曲等州縣上年旱災。丙戌，上謁昭西陵、孝陵、孝東陵、景陵。丁亥，以淸馥遷延諱匿，命正法。辛卯，免盛京等十九驛旱災額賦，並賑之。癸巳，上還京師。丙申，命車布登扎布以副將軍統兵勦捕哈薩克巴魯克巴圖魯，以瑪瑺、車木楚克扎布爲參贊大臣。上詣泰陵。己亥，上謁泰陵。以兆惠、富德爲御前大臣。壬寅，兆惠等凱旋，上至良鄉郊勞。癸卯，上還京師。甲辰，賜哈密扎薩克郡王品級、貝勒玉素布等冠服有差。

三月丙午朔，上御太和殿受凱旋朝賀。丁未，試辦伊犁海努克等處屯田。設烏魯木齊至羅克倫屯田村莊。免安徽懷寧等十七州縣衞上年水蟲災額賦。壬子，以阿布都拉爲烏什阿奇木伯克，阿什默特爲和闐阿奇木伯克，噶岱默特爲喀什噶爾阿奇木伯克，鄂對爲葉爾羌阿奇木伯克。甲寅，頒阿桂關防，駐伊犁辦事，常亮等協同辦事。丁巳，免浙江仁和等十州縣衞所、雙穗等九場上年水災蟲災額賦。辛酉，賑江蘇上元等五十五州縣衞上年水災。甲子，上臨和碩和婉公主喪次，賜奠。丙寅，上幸皇六子永瑢第。戊辰，命新柱往葉爾羌辦事。己巳，晉封純貴妃爲皇貴妃。以巴圖濟爾噶勒爲內大臣。庚午，免山東海豐等十六州縣、永阜等三場上年潮水災額賦。

夏四月戊子，以山東蘭山等縣蝻生，命直隸豫防之。己亥，內大臣薩喇勒卒。

五月甲辰朔，日食，詔修省。丙午，諭陝甘總督轄境止烏魯木齊，飭楊應琚仍回內地。壬子，詔曰：「內地民人往蒙古四十八部種植，設禁之，是厲民。今烏魯木齊各處屯政方興，客民前往，各成聚落，汙萊闢而就食多，大裨國家牧民本圖。無識者又疑勞民。特爲宣諭。」癸丑，賜畢沅等一百六十四人進士及第出身有差。丁巳，免安徽懷寧等十七州縣衞上年水災蟲傷額賦。乙丑，裁陝西榆葭道，改延綏道爲延榆綏道，移駐榆林府，以鄜州隸督糧道。己巳，哈薩克阿布勒巴木比特遣使入覲，賜敕書，卻所請游牧伊犁，及居住巴爾魯克等地。前掠烏梁海之巴魯克巴圖魯服罪，獻還所獲，仍錫賚之。

六月乙亥，免甘肅徽本年及來年耗羨。丁酉，召阿里衮回京。命海明赴喀什噶爾辦事。

秋七月癸卯朔，諭熱河捕蝗。甲辰，山西寧遠等廳、直隸廣昌等州縣蝗。甲寅，伯什克勒木等莊回人邁喇木呢雅斯叛，阿里衮勦平之。以阿思哈爲江西巡撫。乙卯，賑江蘇高郵等州縣水災。戊辰，以楊寧爲喀什噶爾提督。己巳，以俄羅斯駐兵和寧嶺、喀屯河、額爾齊斯、阿勒坦諾爾四路，聲言分界，諭阿桂、車布登扎布等來歲以兵逐之。

八月丙戌，命烏魯木齊駐劄大臣安泰、定長、永德爲總辦，列名奏事。其大臣侍衞等，均如領隊大臣例，專任一事，咨安泰等轉奏。己丑，上奉皇太后秋獮木蘭。壬辰，以阿桂總理伊犁事務，授爲都統。丙申，上奉皇太后駐避暑山莊。戊戌，上奉皇太后幸木蘭，行圍。己亥，增設江蘇江寧布政使，駐江寧府，分轄江、淮、揚、徐、通、海六府州。以蘇州布政使分轄蘇、松、常、鎭、太五府州，安徽布政使回駐安慶。命託庸調補江寧布政使。命戶部侍郎于敏中在軍機處行走。

九月乙卯，喀爾喀車臣汗札薩克旺沁扎布，以不能約束屬人，革札薩克，降貝子爲鎭國公。丙辰，恆祿引見，以舒明署綏遠城將軍。丁巳，三姓副都統巴岱以挖蔘人衆滋事，不能捕治，反給牌票，上以畏懦責之，命正法。庚申，命德爾格駐闢展辦事。癸亥，哈薩克汗阿布賚使都勒特克埒入覲。

冬十月壬申朔，上奉皇太后回駐避暑山莊。乙亥，以蘇州布政使蘇崇阿刑求書吏，妄奏侵蝕七十餘萬，劉統勳等鞫治皆虛，革發伊犁。戊寅，以恆祿爲吉林將軍，如松爲綏遠城將軍。乙酉，賑安徽宿州等十三州縣衞本年水災。辛卯，上奉皇太后還京師。以阿里袞爲領侍衞內大臣。癸巳，免直隸宣化等七州縣本年水雹災額賦。己亥，賑湖南常寧等十二州縣衞旱災。

十一月癸卯，免江蘇山陽等二十五州縣衞本年水災額賦有差。丁未，除山東永利等二場並海豐縣潮衛竈地額賦。庚申，賑甘肅洮州等二十七廳州縣衞本年水災。丙寅，以常鈞署江西巡撫。庚午，允墾肅州隣邊荒地，開渠溉田。

十二月丙戌，西安將軍松阿哩以受屬員餽遺，褫職論絞。命甘肅總督仍改爲陝甘總督。以伊犂、葉爾羌等處均駐大臣，無須更置道員，歸總督轄。停四川總督兼管陝西。調胡寶瑔爲江西巡撫，吳達善爲河南巡撫，以明德爲甘肅巡撫。丁亥，大學士蔣溥以病乞休，溫諭慰留。壬辰，上幸瀛臺，賜入覲葉爾羌諸城伯克薩里等食，至重華宮賜茶果。壬辰，阿思哈論絞。丙申，德敏遷荆州將軍。以永貴爲左都御史，命赴喀什噶爾辦事，代舒赫德回京。

是年，朝鮮、南掌入貢。

二十六年春正月壬寅，紫光閣落成，賜畫像功臣並文武大臣、蒙古王公等宴。賑湖南零陵等七州縣、江蘇清河等六州縣水災。丙午，以愛必達、劉藻兩年所出屬員考語相同，下部嚴議。浙江提督馬龍圖以挪用公項，解任鞫治。甲寅，尹繼善陛見，高晉護兩江總督。調海明赴阿克蘇辦事。命舒赫德赴喀什噶爾辦事，永貴赴葉爾羌辦事。癸亥，以傅森署左都御史。癸酉，上臨大學士蔣溥第視疾。鄂寶以廻護陸川縣縱賊一案，下部嚴議。以託庸爲廣西巡撫，永泰署湖南巡撫。庚辰，上奉皇太后西巡五台。壬午，免所過州縣額賦十分之三。甲申，上奉皇太后謁泰陵。乙酉，安南國王黎維禕卒，封其姪黎維褍爲安南國王。丁亥，免直隸宣化、萬全等八州縣乾隆八年至十八年逋賦。癸巳，上奉皇太后駐臺麓寺。己亥，免山東濟寧等三州縣上年水災額賦。貸甘肅淵泉等三縣農民豌豆籽種，令試種。

三月庚子，希布察克布魯特額穆爾比自安集延來歸，遣使入覲。乙巳，上幸正定府閱兵。戊申，江南河道總督白鍾山卒，以高晉代之。調託庸爲安徽巡撫，以熊學鵬爲廣西巡撫。己酉，設喀什噶爾駐劄辦事大臣，命伊勒圖協同永貴辦事。庚戌，賑安徽宿州等十三州縣衞水災。壬子，上幸平陽淀行圍。乙卯，免直隸宣化等二縣上年雹災額賦。丁卯，授阿桂內大臣。改綏遠城建威將軍曰綏遠城將軍。己巳，南掌國王蘇嗎喇薩提拉准第駕公滿遣使表賀皇太后聖壽、皇上萬壽，並貢方物。

夏四月庚午，上臨莊親王第、大學士蔣溥第視疾。辛未，莊有恭奏劾參將安廷召，不以保舉在前，姑容於後，諭嘉之。己卯，大學士蔣溥卒。命旌額理、阿思哈赴烏魯木齊辦事，達桑阿赴阿克蘇辦事，代安泰、定長、納世通回京。戊子，免湖南常寧等十二州縣上年旱災額賦有差。庚寅，上閱健鋭營兵。壬辰，以李侍堯爲戶部尚書，調蘇昌爲兩廣總督，愛必達爲湖廣總督。以吳達善爲雲貴總督，常鈞爲河南巡撫。癸巳，命劉藻暫署雲貴總督。甲午，賜王杰等二百一十七人進士及第出身有差。

五月丁未，以劉統勳爲東閣大學士，兼管禮部事，梁詩正爲吏部尚書、協辦大學士，劉綸爲兵部尚書，金德瑛爲左都御史。戊午，以定長爲福建巡撫，楊廷璋兼署之。

六月癸未，賑雲南新興等二州縣地震災。壬辰，免江蘇句容等十八州縣衞坍地額賦。

秋七月辛丑，協辦大學士鄂彌達卒，命兆惠協辦大學士。調舒赫德爲刑部尚書，兆惠署。以阿桂爲工部尚書，阿里袞署。癸丑，上啓蹕，秋獮木蘭。命諴親王允祕扈皇太后駕。壬戌，上駐避暑山莊。以皇太后巡幸木蘭，直隸沿途地方文武玩忽規避，飭下部嚴議。丙寅，河南祥符等州縣河溢。

八月丁丑，賑湖北漢川等十三州縣衞水災。戊寅，以湯聘爲湖北巡撫，胡寶瑔爲河南巡撫，常鈞爲江西巡撫。庚辰，命高晉赴河南協辦河工。辛卯，上奉皇太后幸木蘭。壬辰，察噶爾、薩爾巴噶什兩部伯克之兄子孟克及雅木古爾齊入覲。

九月丁酉，停今年勾決。辛丑，命明瑞赴伊犁辦事，代阿桂回京。癸卯，山東曹縣二十堡黃河及運河各漫口均合龍。丙午，賑湖南武陵等州縣水災。戊申，河南懷慶府丹、沁二河溢入城，衝沒人口千三百有奇，賑被災人民。壬子，賑湖北沔陽等十一州縣衞水災。乙卯，以竇光鼐于會讞大典，紛呶譊詈，下部嚴議。己未，命素誠赴烏什辦事，代永慶回京。

以札拉豐阿爲烏里雅蘇臺參贊大臣，雅郎阿赴科布多辦事，代札隆阿、福祿回京。庚申，命傅景赴西藏辦事，代集福回京。乙丑，賑山東齊河等四十五州縣水災，河南祥符等五十四州縣本年水災。

冬十月戊辰，除甘肅皐蘭等三十二廳州縣水衝田畝額賦，並免山丹等五縣水衝撥運糧米。辛未，上奉皇太后還京師。壬辰，召裘曰修回京。賑江蘇銅山等縣水災。周人驥奏仁懷等處試織繭紬，各屬倣行，上嘉之。

十一月乙未朔，賑順直固安等六十九州縣本年水災。丁酉，以英廉爲總管內務府大臣。己亥，河南楊橋漫口合龍。辛丑，調嵩椿爲察哈爾都統，以舒明爲綏遠城將軍。癸卯，免山西陽曲等三十八州縣、大同管糧等十四廳二十四年水災隨徵耗銀。丁未，免河南祥符等四十三州縣漕糧漕項有差。辛亥，減江蘇山陽等二十一州縣衞水沈地畝，並除民屯、學田、湖蕩、草灘額賦。癸丑，禮部尚書五齡安以讀表錯誤，褫職。甲寅，上奉皇太后御慈寧宮，加上徽號曰崇慶慈宣康惠敦和裕壽純禧恭懿皇太后，翌日頒詔覃恩有差。以永貴爲禮部尚書，阿里袞署之。丙辰，上奉皇太后御慈寧宮，率王大臣行慶賀禮。進製聖母七旬萬壽連珠，奉皇太后懿旨，停止進獻。以勒爾森爲左都御史。

十二月丁卯，以雲南江川等二州縣地震成災，命加倍賑之，仍免本年額賦。辛未，免江蘇南匯等六州縣二十三年水旱災額賦。甲戌，賑山西文水等十三州縣水災。甲申，賑湖北漢川等二縣衞水災。

二十七年春正月丙申，以奉皇太后巡省江、浙，詔免江蘇、安徽、浙江逋賦。賑河南祥符等州縣災民有差。丁酉，以科爾沁敏珠爾多爾濟旗災，貸倉穀濟之。丙午，上奉皇太后南巡，發京師，免直隸、山東經過地方本年錢糧十分之三，上年被災處十分之五。戊申，左都御史金德瑛卒，以董邦達代之。賑順直文安等二十八州縣上年水災。甲寅，賑山東曹、齊河等二縣水災有差。召多爾濟回京，命容保駐西寧辦事。丁巳，綏遠城將軍舒明卒，調蘊著代之。戊午，免山東惠民等十五州縣衞歷年民欠穀銀。己未，以周人驥固執開南明河，荒農累民，罷之。命喬光烈爲貴州巡撫。癸亥，命清查俄羅斯疆界。

二月己巳，賑江蘇高郵等十一州縣、安徽太和等五州縣水災。庚午，命尹繼善爲御前大臣。壬申，上奉皇太后渡河，閱淸口東壩、惠濟閘。命阿里袞爲御前大臣，高晉爲內大臣。丙子，朝鮮入貢。丁丑，哈薩克使策伯克等入覲行在，賜冠服有差。庚辰，上奉皇太后渡江，閱京口兵。辛巳，上幸焦山。乙酉，上奉皇太后臨幸蘇州府。丙戌，免河南祥符等四十三州縣上年水災額賦。戊子，上謁文廟。

三月甲午朔，上奉皇太后臨幸杭州府。乙未，上幸海寧閱海塘。丁酉，賑湖北潛江等九州縣衞水災。戊戌，上閱兵。庚子，免江、浙節年未完地丁屯餉、漕項，並水鄉竈課銀。辛丑，賑山東齊河等五州縣上年水災。壬寅，上幸觀潮樓。賜浙江召試貢生沈初等二人舉人，與進士孫士毅等二人並授內閣中書。癸卯，上奉皇太后臨視織造機房。丙午，回蹕。丁未，加錢陳羣刑部尚書銜。甲寅，上奉皇太后渡江。乙卯，命濬築直隸各河隄，以工代賑。丙辰，移山西歸綏道駐綏遠城。己未，上祭明太祖陵。閱兵。幸兩江總督尹繼善署。庚申，免江蘇江寧、蘇州、杭州附郭諸縣本年額賦。辛酉，賜江南召試諸生程晉芳等五人舉人，與進士吳泰來等三人並授內閣中書。壬戌，上奉皇太后渡江。

夏四月庚午，上閱高家堰，諭濟運壩至運口接建磚工。上奉皇太后渡河。以大理寺少卿顧汝修奉使安南，擅移書詰責國王，褫職。癸酉，命莊親王允祿等由水程奉皇太后回蹕。上登陸由徐州閱河。甲戌，免浙江仁和等十縣、湖州一所、仁和等五場上年水災額賦。庚辰，上祭孟子廟，謁先師廟。辛巳，上謁孔林。賑甘肅安定等十州縣上年雹災。壬午，免山東齊河等四十四州縣衞所上年水災額賦。戊子，皇太后登陸，駐蹕德州行宮。己丑，上送皇太后登舟。庚寅，命劉統勳會勘景州疏築事宜。辛卯，免順直大興等十州縣廳逋賦。

五月甲午，以乾清門行走額魯特鄂爾奇達遜奮勉勇往，賞三等伯爵。賑安徽壽州等十州縣衞上年水災。乙未，上至涿州。哈薩克陪臣阿塔海等入覲，賜冠服有差。賑長蘆屬滄州等七州縣及嚴鎭等七場上年水災竈戶，並免賦有差。辛丑，上詣黃新莊迎皇太后居暢春園。賑湖南武陵等四州縣上年水災，並免額賦有差。癸卯，除安徽虹縣等四州縣衞水占窪地額賦。戊申，調鄂弼爲陝西巡撫。以扎拉豐阿爲正白旗領侍衞內大臣。癸丑，以倭和爲總管內務府大臣。

閏五月癸亥朔，以淸保年老，召來京。調格舍圖爲盛京將軍，朝銓署之。丁卯，免湖北潛江等九州縣衞上年水災額賦。辛巳，籍沒納延泰財產。辛卯，命西安將軍如松襲封信郡王，以德昭之子修齡襲如松公爵。改察哈爾都統嵩椿爲西安將軍，以巴爾品代之。

六月丁酉，免直隸固安七十四州縣廳上年水災額賦。壬寅，召此次南巡接駕休致之編修沈齊禮來京，及因事降革之馮鎬等十三員引見。乙巳，以庫爾勒伯克等進貢，諭計直頒賞，仍通諭各城，非盛典進方物者皆止之。己酉，以原任將軍班第、參贊大臣鄂容安在伊犂竭忠全節，命於伊犂關帝廟後設位致祭。

秋七月壬戌，以朝鮮三水府滋事逃人越境，命恆祿等赴邊境查勘。癸亥，免安徽壽州等十六州縣衞上年水災額賦。戊辰，上奉皇太后巡幸木蘭，免經過地方本年錢糧十分之五。乙亥，霍罕侵據額德格訥阿濟畢布魯特之鄂斯等處，諭永貴檄霍罕還之。

八月庚子，建伊犂之固勒札、烏哈爾里克兩城，賜名綏定、安遠。上奉皇太后回駐避暑山莊。甲辰，託恩多丁憂，調明山署廣東巡撫，蘇昌兼署，湯聘爲江西巡撫，以宋邦綏爲湖北巡撫，愛必達兼署。壬子，免順直文安等十七州縣廳逋賦及寧河等五縣本年水災額賦。丙辰，賜察哈爾都統敕書。黑龍江將軍綽勒多卒，調國多歡代之。

九月癸亥，賞自哈薩克來投之塔爾巴哈沁額魯特巴桑銀綺。庚午，上奉皇太后回蹕。辛未，巴達克山素勒坦沙遣使入覲。丁丑，命乾清門侍衞明仁帶御醫馳視胡寶瑔疾。賑山東齊河等三十五州縣衞水災，并免額賦。甲申，建烏魯木齊城堡，賜城名曰寧邊、輯懷，堡名曰宣仁、懷義、樂全、寶昌、惠徠、屢豐。戊子，理藩院尚書、領侍衞内大臣富德以索取蒙古王公馬畜，褫職逮問。己丑，以新柱爲理藩院尚書，明瑞爲正白旗領侍衞内大臣。

冬十月辛卯，調陳宏謀爲湖南巡撫，宋邦綏署之，莊有恭爲江蘇巡撫，熊學鵬爲浙江巡撫，馮鈐爲廣西巡撫，顧濟美護之。癸巳，緬目宮裏雁以焚殺孟連土司刀派春全家，命處斬，傳首示衆。癸卯，以愛烏罕汗愛哈默特沙遣使入貢，諭沿途督撫預備筵宴，并命額勒登額護送。乙巳，設總管伊犂等處將軍，以明瑞爲之。命築科布多城。己酉，賑順直霸州等六十三州縣廳水雹霜災，免江蘇清河等十七州縣衞本年水災額賦。甲寅，賑浙江仁和等二十八州縣衞場水災。丁巳，奉天府府尹通福壽以徇縱治中高錦勒索商人，解任鞫治。

十一月己未朔，濬山東德州運河。庚申，設伊犂參贊大臣，以愛隆阿、伊勒圖爲之。辛酉，設伊犂領隊大臣。命明瑞等率兵驅逐塔爾巴哈台山陰之哈喇巴哈等處越牧哈薩克。戊辰，以薩魯布魯特頭目沙巴圖交還所掠霍罕貿易人等馬匹，諭永貴等酌賞之。呼什齊布魯特爲霍罕所侵來投，命移於阿拉克圖呼勒等處游牧。庚午，命博斯和勒爲杜爾伯特盟長，設副將軍二員，以車淩烏巴什爲右翼副將軍，巴桑爲左翼副將軍。辛未，建喀什噶爾新城。壬申，改山西平魯營參將爲都司，裁原設中軍守備及井坪營都司。丙子，哈薩克努爾賚、烏爾根齊城哈雅克等遣使入覲。甲申，諭方觀承倣河南濬道路溝洫。賑甘肅皐蘭等二十廳州縣本年冰雹霜雪災。戊子，濬山東壽張等州縣河道溝渠。

十二月庚寅，大學士史貽直以老病乞休，優詔慰留，命不必兼攝工部，以示體恤。丙申，克什密爾呢雅斯伯克請入覲，允之。霍罕呈書，以布魯特鄂斯故地爲己有，諭永貴等嚴檄令給還。辛丑，以霍罕伯克復永貴等書謂前遣使人奉旨稱爲汗，欲以喀什噶爾爲界，諭嚴檄斥駁之。丁未，工部尚書歸宣光卒，以董邦達代之。壬子，命納世通赴喀什噶爾辦事，代永貴回京。癸丑，巴達克山侵圍博羅爾，諭新柱等嚴檄責令息兵，並索獻布拉尼敦妻孥。

二十八年春正月庚申，賑順直屬之霸州等三十五州縣、山東齊河等三十州縣衞水災有差。甲子，上御紫光閣，賜愛烏罕、巴達克山、霍罕、哈薩克各部使人宴。丁卯，上大閱暢春園之西廠，命各部使人從觀。以法起爲歸化城都統。壬申，命阿桂在軍機處行走。壬午，河南巡撫胡寶瑔卒，以葉存仁爲河南巡撫。甲申，以納世通爲參贊大臣，駐喀什噶爾，總理回疆事務。壬辰，命方觀承赴河南會勘漳河工程。戊戌，改西安滿洲、漢軍副都統爲左右翼副都統。壬寅，裁西寧辦事大臣。庚戌，上謁昭西陵、孝陵、孝東陵、景陵。是日，回蹕。改烏魯木齊副將爲總兵。乙卯，命侍郎裘曰修督辦直隸水利。

三月己未，上還京師。壬戌，免山東齊河等三十一州縣衞水災額賦。丁卯，上謁泰陵。是日，回蹕。賞寧津縣百有三歲壽民李友益及其子姪孫銀牌緞疋有差。丁丑，設伊犂額魯特總管三員，副總管以下員額有差。戊寅，命福德赴庫倫，同桑齋多爾濟辦事。丙戌，免江蘇清河等十四州縣衞水災額賦。

夏四月壬辰，賑浙江錢塘等十七州縣場上年水災。癸卯，上詣黑龍潭祈雨。乙巳，雨。戊申，法起以贓免。以傅良爲歸化城都統。壬子，賜秦大成等一百八十八人進士及第出身有差。甲寅，裁歸化城都統。

五月辛酉，圓明園火。癸亥，命尚書阿桂往直隸霸州等處，會同侍郎裘曰修、總督方觀承督辦疏濬事。以舒赫德署工部尚書。甲子，封朝鮮國王孫李祘爲世孫。己巳，果親王弘瞻以干與朝政削王爵，仍賞給貝勒。和親王弘晝以儀節僭妄，罰俸三年。庚午，大學士史貽直卒。壬申，上試翰林、詹事等官，擢王文治等三員爲一等，餘各陞黜有差。甲戌，上奉皇太后秋獮木蘭。以李侍堯爲湖廣總督，輔德爲湖北巡撫，陳宏謀兼署之。調劉綸爲戶部尚書，仍兼署兵部。以陳宏謀爲兵部尚書。調喬光烈爲湖南巡撫，來朝署之。乙亥，以崔應階爲貴州巡撫。己卯，調明德爲江西巡撫。以和其衷爲山西巡撫。丙戌，命福德往庫倫辦事，仍帶署理藩院侍郎銜。以額爾景額爲參贊大臣，往葉爾羌辦事。

六月庚寅，山東歷城等州縣蝗。壬辰，賑甘肅狄道等三十廳州縣水旱霜雹災。戊戌，開泰以恇怯規避免。以鄂弼爲四川總督，明山爲陝西巡撫，阿里袞署之，阿思哈爲廣東巡撫，蘇昌兼署，命阿思哈先署廣西巡撫。壬寅，四川總督鄂弼卒。以阿爾泰爲四川總督，崔應階爲山東巡撫，圖勒炳阿爲貴州巡撫，吳達善兼署雲南巡撫。以梁詩正爲東閣大學士，劉綸協辦大學士。調陳宏謀爲吏部尚書，彭啓豐爲兵部尚書，張泰開爲左都御史。甲辰，上幸簡親王第視疾。壬子，簡親王奇通阿卒。

秋七月庚申，英廉丁憂，命舒赫德兼署戶部尚書，劉綸留部治事。戊辰，仍設西寧辦事大臣，以七十五爲之。己巳，順直大城、滄州等州縣蝗。庚辰，履親王允裪卒。

八月癸巳，賜烏魯木齊城名曰迪化，特訥格爾城名曰阜康。辛丑，上奉皇太后幸木蘭，行圍。

九月乙卯朔，日食。乙丑，上奉皇太后迴駐避暑山莊。庚午，上奉皇太后回蹕。癸酉，改甘肅臨洮道爲驛傳道，兼巡蘭州府，洮岷道爲分巡鞏秦階道。丙子，上奉皇太后還京師。

冬十月甲申，加梁詩正、高晉太子太傅，兆惠、劉綸、阿里衮、舒赫德、秦蕙田、阿桂、陳宏謀、楊錫紱、楊廷璋、李侍堯、蘇昌、阿爾泰太子太保，莊有恭、劉藻太子少保。丙戌，上臨奠履親王允祹。丁未，免江蘇銅山等九州縣水災額賦。

十一月甲寅朔，召成衮扎布來京，以扎拉豐阿署烏里雅蘇臺將軍，雅郎阿留科布多。辛酉，河東河道總督張師載卒，以葉存仁代之。調阿思哈爲河南巡撫，明山爲廣東巡撫，明德爲陝西巡撫，輔德爲江西巡撫，常鈞爲湖北巡撫。以楊應琚兼署甘肅巡撫。丁卯，大學士梁詩正卒。己卯，以楊廷璋爲體仁閣大學士，仍留閩浙總督任。

十二月乙酉，免直隸延慶等十州縣雹旱災額賦。丁亥，賑甘肅皐蘭等十一廳縣旱災飢民。辛卯，賑山東濟寧等八州縣衞水災。乙未，召國多歡來京，調富僧阿爲黑龍江將軍。庚子，休致左都御史梅瑴成卒。丁未，命綽克托赴烏魯木齊辦事，代旌額里回京。

二十九年春正月癸丑朔，賑山東濟寧等七州縣衞、甘肅永昌等二十四廳州縣災民。甲戌，加賑雲南江川等五州縣地震災民，並免額賦。己卯，朝鮮入貢。

二月丁亥，命阿敏爾圖駐藏辦事，代福鼐回京。甲午，上謁泰陵。乙未，命觀音保赴伊犂，代愛隆阿回京。己亥，上還京師。己酉，免上年直隸蔚州雹災、萬全縣旱災額賦。辛亥，免湖北沔陽等三州縣衞上年水災額賦。

三月癸丑，太子太傅、大學士來保卒。乙卯，移陝甘總督駐蘭州，兼管甘肅巡撫事，裁甘肅巡撫。移固原提督回駐西安。改河州鎭總兵爲固原鎭總兵。免山東濟寧等七州縣衞上年水災額賦。庚申，上臨故大學士來保第賜奠。免江蘇銅山等二十八州縣衞上年水災額賦。壬戌，命兆惠署工部尙書，阿桂赴西寧會同七十五及章嘉呼圖克圖選派郭羅克頭目。

夏四月甲午，賑甘肅金縣等縣旱災。

五月壬子朔，諭粤海關官貢毋進珍珠等物。辛酉，以託恩多署兵部尙書。

六月癸未，賑湖南武岡等州縣水災。甲申，命玉桂赴北路，代扎拉豐阿回京。丁亥，河東河道總督葉存仁卒，以李宏代之。庚寅，奉天寧遠等州縣蝗。丁酉，賑廣東英德等縣水災。甲辰，調蘇昌爲閩浙總督，李侍堯爲兩廣總督，明山署之。調吳達善爲湖廣總督。以劉藻爲雲貴總督。乙巳，調常鈞爲雲南巡撫。以王檢爲湖北巡撫。丁未，命阿爾泰回四川總督。

秋七月辛亥朔，以楊應琚爲大學士，留陝甘總督任，陳宏謀協辦大學士。壬子，命常鈞暫兼署湖廣總督，劉藻兼署雲南巡撫。甲子，湖北黃梅等州縣江溢，命撫卹災民。丙寅，湖南湘陰等州縣湖水溢，命賑恤災民。丁卯，上奉皇太后秋獮木蘭。癸酉，上奉皇太后駐蹕避暑山莊。丁丑，賑安徽當塗等州縣水災。

八月辛巳，免甘肅皐蘭等三十二州縣廳本年旱災額賦。壬辰，諭阿爾泰等曉諭綽斯甲布九土司會攻金川。戊戌，上奉皇太后巡幸木蘭，行圍。秦蕙田以病解任，以劉綸兼署禮部尚書。庚子，增伊犂、雅爾等處領隊大臣各二員。以綽克托爲塔爾巴哈台參贊大臣。命伍彌泰等仍留烏魯木齊辦事。

九月己未，命刑部侍郎阿永阿會同吳達善讞湖南新寧縣民傳帖罷市獄。癸亥，賑江西南昌等八縣水災，並免額賦。丙寅，刑部尚書秦蕙田卒，以莊有恭代之，暫留江蘇巡撫任。己巳，上奉皇太后回駐避暑山莊。

冬十月癸巳，喬光烈以新寧罷市獄褫職，調圖勒炳阿爲湖南巡撫。以方世儁爲貴州巡撫。丙申，以託恩多爲理藩院尚書。辛丑，山東進牡丹。壬寅，賑江蘇上元等六州縣災民。癸卯，召鍾音回京。調富明安赴葉爾羌辦事。甲辰，賑安徽懷寧等十九州縣衞水災。

十一月壬子，賑甘肅皐蘭等二十廳州縣旱災。癸丑，築呼圖壁城成，賜名曰景化。丙辰，免湖南武岡等二州縣水災額賦。賑甘肅皐蘭等十五廳州縣水雹災。乙丑，協辦大學士、戶部尚書兆惠卒，上臨奠。丁卯，以阿里衮爲戶部尚書、協辦大學士。調託恩多爲兵部尚書。以五吉爲理藩院尚書，兆德爲正黃旗領侍衞內大臣。

十二月戊寅朔，以常復爲烏里雅蘇臺參贊大臣。戊子，賑湖北黃梅等州縣水災。甲午，禮部尚書陳悳華病免，調董邦達代之。以楊廷璋爲工部尚書。

三十年春正月戊申，以皇太后四巡江、浙，免江蘇、安徽、浙江歷年因災未完丁漕。賑甘肅皐蘭等二十九廳州縣旱災、湖北監利等四縣水災有差。癸丑，劉綸丁憂，命莊有恭以刑部尚書協辦大學士。以于敏中爲戶部尚書。調明德爲江蘇巡撫，和其衷爲陝西巡撫。以彰寶爲山西巡撫，文綬護之。壬戌，上奉皇太后啓蹕南巡。癸亥，免直隸、山東經過州縣額賦十分之三。

二月戊子，上奉皇太后渡河。閱淸口東壩木龍、惠濟閘。命阿桂赴伊犂辦事。壬辰，免江蘇州縣乾隆二十八年以前熟田地丁雜款舊欠，幷經過州縣本年額賦之半。丙申，上奉皇太后渡江。己亥，朝鮮入貢。

閏二月丙午朔，上奉皇太后臨幸蘇州府。上謁文廟。己酉，免江寧、蘇州、杭州附郭諸縣本年丁銀。免浙江經過州縣本年額賦之半。辛亥，丑達改葉爾羌辦事。命索琳赴庫倫辦事。以額爾景額爲喀什噶爾參贊大臣。壬子，上奉皇太后臨幸杭州府。乙卯，烏什回人作亂，戕辦事大臣素誠。丁巳，加沈德潛、錢陳羣太子太傅。命明瑞進勦烏什。庚申，命明瑞、額爾景額總理烏什軍務，明瑞節制各軍。命阿桂、明亮赴伊犂辦事。辛酉，舒赫德留京辦事。以託恩多署工部尚書。戊辰，調明山爲江西巡撫，王檢爲廣東巡撫，李侍堯兼署。以李因培爲湖北巡撫。己巳，賜伊犂新築駐防城名曰惠遠，哈什回城曰懷順。乙亥，免江蘇上元等五縣上年水旱災額賦。

三月丙子朔，賑湖北漢陽等七州縣上年水災。上幸焦山。戊寅，上奉皇太后駐江寧府。壬午，上詣明太祖陵奠酒。幸尹繼善署。觀音保勦烏什逆回失利。甲申，以馮鈐爲湖南巡撫，宋邦綏爲廣西巡撫。丙戌，上奉皇太后渡江。丁亥，果郡王弘曕卒。甲午，以京察予大學士傅恆等敍。乙未，上閱高家堰堤，奉皇太后渡河。召尹繼善入閣辦事。以高晉爲兩江總督。調李宏爲江南河道總督，以李清時爲河東河道總督。壬寅，追論素誠貪淫激變罪，籍產，戍其子於伊犂。以納世通、卞塔海諱匿敗狀，籍產治罪。命永貴赴喀什噶爾辦事。以託恩多署禮部尚書。癸卯，上渡河。

夏四月丙午朔，賑甘肅河州等三十六廳州縣上年雹水旱霜災。庚戌，免湖北漢陽等十二州縣衞上年水災額賦。辛亥，追予故刑部尚書王士禎謚文簡。丁巳，上奉皇太后駐德州。庚申，裁江蘇淮徐海道。丙寅，上還京師。庚午，上迓皇太后居暢春園。辛未，哈薩克使臣鄂托爾濟等入覲。

五月乙亥，晉封喀爾喀郡王羅布藏多爾濟爲親王。乙酉，上臨果郡王弘瞻殯所，及簡勤親王奇通阿園寢賜奠。以和闐辦事大臣和誠婪索回人，奪職逮問。命伊勒圖赴塔爾巴哈台辦事。辛卯，京師地震。丁酉，免安徽懷寧等十九州縣衞上年水災額賦。甲辰，納世通、卡塔海貽誤軍務，正法。

六月己酉，以楊廷璋署兩廣總督，明山暫署，董邦達署工部尚書。乙卯，晉封令貴妃魏氏爲皇貴妃。己巳，諭明瑞勿受烏什逆回降。

秋七月辛巳，上奉皇太后秋獮木蘭。戊子，以官保爲左都御史。乙未，前和闐辦事大臣和誠以貪婪鞫實，正法。丁酉，奪喀爾喀親王桑齋多爾濟爵。

八月甲辰朔，減朝審、秋審緩決三次以上刑。己未，上幸木蘭行圍。庚申，賑甘肅靖遠等十一廳縣旱災。甲子，甘肅寧遠等州縣地震，命賑恤，並免本年額賦。

九月丙子，賑山東章丘等二十一州縣水災。戊寅，命尹繼善管兵部，劉統勳管刑部。

烏什叛回以城降。乙酉，以高恆爲總管內務府大臣。辛卯，以明瑞等未將烏什叛人殄誅，送往伊犂，下部嚴議。辛丑，以李侍堯署工部尚書。

冬十月己酉，明瑞、阿桂以辦烏什事務錯繆，褫職留任。賑長蘆屬滄州等三場水災。己巳，楊應琚陛見。命和其衷署陝甘總督，湯聘署陝西巡撫。

十一月癸酉，免江蘇海州等六州縣本年旱災額賦。乙酉，以吏部尚書傅森年老，授內大臣，調託恩多代之。以託庸爲兵部尚書。調馮鈐爲安徽巡撫。庚寅，丑達以扶同桑齋多爾濟私與俄羅斯貿易，正法。明瑞等以盡誅烏什附逆回衆奏聞。辛卯，賑山東章丘等十八州縣水災，甘肅狄道等十二州縣雹霜災。甲午，以阿桂爲塔爾巴哈台參贊大臣，代安泰回京。丁未，解阿桂工部尚書，以蘊著代之。以嵩椿爲綏遠城將軍。戊申，賑甘肅靖遠等十一廳縣旱災，幷免額賦。乙卯，賑山東齊河等十五州縣水災。丁卯，命託恩多兼署兵部尚書。壬辰，封皇五子永祺爲榮親王。

十二月戊午，以陝西涇陽縣貢生張璘七世同居，賜御製詩章、緞匹。

清史稿卷十三

本紀十三

高宗本紀四

三十一年春正月壬申朔，詔以御宇三十年，函夏謐寧，寰宇式闢，自本年始，普免各省漕糧一次。甲戌，免甘肅靖遠等十四廳州縣、陝西延安等三府州屬積年逋賦。丙戌，雲南官軍勦莽匪于猛住，失利。調楊應琚爲雲貴總督，吳達善爲陝甘總督，以和其衷護之。調劉藻爲湖廣總督，湯聘署陝西巡撫。癸巳，刑部尚書莊有恭以讞段成功刻案不實，褫職下獄，籍產。調李侍堯爲刑部尚書，以張泰開爲禮部尚書，范時綬爲左都御史。

二月壬寅，劉藻降湖北巡撫，仍與雲南提督達啓下部嚴議。以定長爲湖廣總督，調李因培爲福建巡撫，常鈞爲湖南巡撫，湯聘爲雲南巡撫。庚戌，上謁東陵。辛亥，和其衷以彌補段成功虧空，褫職逮問。以舒赫德署陝甘總督。命四達赴陝西會彰寶審辦段成功虧空一案。調明山爲陝西巡撫，以吳紹詩爲江西巡撫。庚申，上還京師。辛酉，莊有恭論斬。壬戌，上謁泰陵。癸亥，劉藻褫職，留滇效力。甲子，以鄂寧爲湖北巡撫。戊辰，上還京師。

三月丁亥，劉藻畏罪自殺。己丑，楊應琚以復猛籠等土司內附奏聞。

夏四月辛丑，楊應琚奏大猛養頭人內附，官軍進取整欠、孟艮。壬寅，以莽匪整欠平，宣諭中外。丙午，和其衷論斬，段成功處斬。丁未，免雲南普藤等十三土司本年額賦及猛籠逋賦。甲子，賜張書勳等二百一十三人進士及第出身有差。

五月甲戌，上詣黑龍潭祈雨。戊寅，命正一眞人視三品秩。丙戌，上詣黑龍潭祈雨。

六月丙午，楊應琚奏猛勇頭目召齋及猛龍沙頭目叭護猛等內附。戊申，予故三品銜西洋人郎世寧侍郎銜。

秋七月丙子，上奉皇太后秋獮木蘭。己卯，以阿里袞、于敏中扈從，命舒赫德兼署戶部尚書。壬午，上奉皇太后駐蹕避暑山莊。是日，皇后崩。癸未，諭以皇后上年從幸江、浙，不能恪盡孝道，喪儀照皇貴妃例。癸巳，御史李玉鳴奏皇后喪儀未能如例，忤旨，戍伊犁。丁酉，楊應琚奏補哈大頭目噶第牙翁、猛撒頭目喇鮓細利內附。

八月己亥，賑湖南湘陰等十三縣衛水災。癸丑，上幸木蘭行圍。宥莊有恭罪，起爲福建巡撫。甲寅，伊犁蝗。乙卯，江蘇銅山縣韓家堂河決。癸亥，裁察哈爾副都統，留一員駐張家口。

九月壬申，免甘肅靖遠等九縣，紅水、東樂二縣被旱額賦。己卯，賑山東歷城等五十五縣、東昌等五衞所水災，並蠲新舊額賦。乙未，楊應琚赴永昌受木邦降。

冬十月己亥，上奉皇太后還京師。戊申，楊應琚奏整賣、景線、景海各部頭人內附。辛亥，韓家堂決口合龍。兵部尙書彭啓豐降補侍郎。甲寅，以陸宗楷爲兵部尙書。壬戌，增設雲南迤南道。

十一月乙亥，楊應琚奏，緬甸大山、猛育、猛答各部頭人內附。戊寅，以楊應琚病，命楊廷璋赴永昌接辦緬匪。癸巳，命侍衞福靈安帶御醫往視楊應琚病。

十二月乙巳，調鄂寧爲湖南巡撫，以鄂寶爲湖北巡撫。癸丑，以巴祿爲綏遠城將軍。

是歲，朝鮮、琉球入貢。

三十二年春正月乙亥，雲南官軍勦緬匪於新街，失利，諭楊廷璋回廣東。

二月乙未，以楊應琚病，命其子江蘇按察使楊重英赴永昌襄理軍務。丙午，雲南官軍與緬匪戰于底麻江，失利，逮提督李時升下獄。戊申，調鄂寧爲雲南巡撫。甲寅，莊親王允祿卒。丙辰，上臨奠。己未，上巡幸天津。癸亥，賑奉天承德等五州縣及興京鳳凰城災民。

三月乙丑朔，上閱子牙河堤。召楊應琚入閣辦事，以明瑞爲雲貴總督。丙寅，調託庸爲工部尚書，以明瑞爲兵部尚書。己巳，免直隸全省逋賦。庚午，上閱天津駐防滿洲兵。以阿桂爲伊犂將軍。壬申，上閱綠營兵。庚辰，上還京師。辛巳，大學士楊應琚褫職。壬午，以緬匪入寇蠻達、隴川，宣示楊應琚貽誤罪狀。癸未，命鄂寧赴普洱辦軍務。庚寅，以李侍堯爲兩廣總督，召楊廷璋爲刑部尚書。癸巳，以鄂寧署雲貴總督。

夏四月己酉，上詣黑龍潭祈雨。庚戌，以雲南邊境瘴盛，命暫停進兵。庚申，命張泰開以禮部尚書管左都御史事，嵇璜署禮部尚書。

五月己巳，以鄂寶爲貴州巡撫，定長兼署湖北巡撫。庚午，以范時綬爲湖北巡撫。調張泰開爲左都御史，嵇璜爲禮部尚書。壬申，命陳宏謀管工部。丙子，雲南官軍失利于木邦，楊寧等退師龍陵。庚寅，李時升、朱崙處斬。

六月辛酉，以額爾景額爲參贊大臣，遣赴雲南。

秋七月，福建巡撫莊有恭卒，調崔應階代之。以李清時爲山東巡撫，裘曰修爲禮部尚書。壬午，上奉皇太后秋獮木蘭。戊子，上奉皇太后駐避暑山莊。己丑，盛京將軍舍圖肯免，以新柱代之。

閏七月甲寅，賜楊應琚自盡。丙辰，緬匪渡小猛崙江入寇雲南茨通。

八月癸酉，調裘曰修爲工部尚書，董邦達爲禮部尚書。丁丑，上幸木蘭。乙酉，以鍾音爲廣東巡撫。己丑，諭明瑞以額勒登額代譚五格分路進兵。

九月庚子，賑湖北江夏等二十七縣、武昌等七衞水災。甲寅，命託恩多署兵部尚書。

冬十月壬戌，賜李因培自盡。己卯，諭明瑞以將軍管總督。

十一月壬寅，賑甘肅平涼等三十四廳州縣被雹災民。壬子，調鄂寶爲湖北巡撫。丁巳，密諭明瑞，以阿瓦不能遽下，退師木邦。

十二月甲戌，楊寧褫職戍伊犂。戊寅，明瑞奏渡大疊江進軍錫箔，波龍等處土司頭人羅外耀特等內附。

三十三年春正月辛卯，明瑞奏克蠻結。壬辰，封明瑞一等誠毅嘉勇公，賜黃帶、紅寶石頂、四團龍補服。丁酉，明瑞進軍宋賽。庚子，調彰寶爲山東巡撫，以蘇爾德爲山西巡撫。丙午，盛京將軍新柱卒，調明福代之。閩浙總督蘇昌卒。丁未，命阿里衮爲參贊大臣，往雲南軍營。以崔應階爲閩浙總督，富尼漢爲福建巡撫。甲寅，緬人圍木邦。

二月丙寅，諭用兵緬甸，輕敵致衄，引爲己過，令明瑞等班師。額勒登額、譚五格褫職逮問。命鄂寧回雲南，阿里衮署雲貴總督，駐永昌。緬人陷木邦，珠魯訥死之。戊寅，上還圓明園。丙戌，明瑞等敗績於猛育，死之。召阿桂來京，以伊勒圖署伊犁將軍。命傅恆爲經略，阿里袞、阿桂爲副將軍，舒赫德爲參贊大臣，赴雲南。以鄂寧爲雲貴總督，調明德爲雲南巡撫。以福隆安爲兵部尚書，命在軍機處學習行走。以永德爲浙江巡撫，調彰寶爲江蘇巡撫，富尼漢爲山東巡撫，鄂寶爲福建巡撫，程燾爲湖北巡撫。

三月癸巳，免山東高苑等三縣三十二年被水額賦。乙巳，調鄂寶爲廣西巡撫，鍾音爲福建巡撫，良卿爲廣東巡撫，錢度爲貴州巡撫，巴祿爲察哈爾都統，傅良爲綏遠城將軍。癸丑，免江西南昌等十三縣三十二年被水額賦。

夏四月丁卯，調錢度爲廣東巡撫。己巳，免安徽安慶等七府州屬三十二年被水額賦。壬申，御試翰林、詹事等官，擢吳省欽等三員爲一等，餘陞黜有差。試由部院入翰林等官，擢覺羅巴彥學爲一等，餘陞擢有差。甲申，磔額勒登額於市，譚五格處斬。乙酉，上臨奠明瑞、扎拉豐阿、觀音保。

五月庚申，命明德赴永昌。乙丑，色布騰巴勒珠爾病免，以伊勒圖爲理藩院尚書。庚午，改命官保署理藩院尚書。辛巳，以范時綬爲左都御史。壬午，以阿桂爲雲貴總督。尹繼善、高晉以兩淮鹽務積弊匿不以聞，均下部嚴議。

秋七月癸巳，上奉皇太后秋獮木蘭。甲午，調託庸爲兵部尚書。以官保爲刑部尚書，仍兼署理藩院尚書。己亥，上奉皇太后駐避暑山莊。辛丑，以伊勒圖爲伊犁將軍，仍兼理藩院尚書。壬子，紀昀以漏洩籍沒前運使盧見曾諭旨，褫職，戍烏魯木齊。

八月丁卯，允俄羅斯于恰克圖通商。辛未，上幸木蘭行圍。壬申，直隸總督方觀承卒，以楊廷璋代之。調裘曰修爲刑部尚書，以蔡新爲工部尚書。甲戌，李侍堯奏，暹羅爲緬人所破，其國王之孫詔萃奔安南河仙鎭，土官莫士麟留養之，內地人甘恩敕據暹羅，乞封敕。嘉獎莫士麟，命甘恩敕求其主近支立之，不得自王乞封號。己卯，加託恩多、于敏中、崔應階太子太保，託庸、楊廷璋太子少保。

九月戊子，以嵩椿署伊犁將軍。乙未，上回駐避暑山莊。戊戌，高恆、普福論斬。丁未，上奉皇太后還京師。以鄂寶爲山西巡撫。黑龍江將軍富僧阿改西安將軍，以傅玉代之。

冬十月己未，免甘肅平涼等十二州縣三十二年被災額賦。辛未，以宮兆麟爲廣西巡撫。辛巳，高恆、普福、達色處斬，改海明等緩決。

十一月戊戌，以緬人來書不遜，諭阿里袞籌進勦。

十二月己未，以富明安爲山東巡撫，揆義署湖北巡撫。漕運總督楊錫紱卒，以梁翥鴻署之。乙丑，湖廣總督定長卒，調吳達善代之，彰寶兼署兩江總督，明山爲陝甘總督。調阿思哈爲陝西巡撫，以文綬爲河南巡撫。丁卯，召明福來京，以額爾德蒙額署盛京將軍。甲戌，賑奉天承德等四州縣水災。壬午，留阿思哈爲河南巡撫，改文綬爲陝西巡撫。

三十四年春正月丙戌，免雲南官兵所過地方及永昌等三府州本年額賦。其非經過地方，免十分之五，并免湖北、湖南、貴州三省官兵經過地方本年額賦十分之三。庚寅，以緬人書詞桀驁，命副將軍阿桂與副將軍阿里袞協助傅恆征勦。辛卯，命明德爲雲貴總督，駐永昌，喀寧阿爲雲南巡撫。壬辰，阿里袞等敗緬人於南底壩。撥運通倉米二十萬石賑霸州等十二州縣災。甲午，右部哈薩克阿勒比斯子卓勒齊等來朝。乙未，調恆祿爲盛京將軍，傅良爲吉林將軍，常在爲綏遠城將軍。辛丑，傅恆赴雲南。命官保署戶部尚書。裁寧夏右翼副都統、吉林拉林副都統。命常青署綏遠城將軍。癸卯，賜傅恆御用盔甲。戊申，命官保協辦大學士，以福隆安署刑部尚書。癸丑，以南掌國王之弟召翁遣使請兵復仇，諭阿桂等預備由南掌分路進兵。

二月甲寅朔，嵇璜緣事降調，以程景伊爲工部尚書。乙丑，以富尼漢爲安徽巡撫。癸未，命傅恆整飭雲南馬政。以諾倫爲綏遠城將軍。

三月乙酉，命伊犁將軍伊勒圖往雲南軍營。己丑，命伊爾圖爲烏里雅蘇台參贊大臣。

辛丑，正白旗領侍衞內大臣福祿罷，以阿桂代之。丙午，命阿桂署雲貴總督。丁未，右部哈薩克斡里蘇勒統等入覲，命坐賜茶，賚冠服有差。戊申，賑甘肅皋蘭等二十九州縣廳上年災民。蠲安徽合肥等十六州縣及廬州等五衞上年額賦。

夏四月己未，以溫福爲福建巡撫。壬申，傅恆進兵老官屯，阿桂進兵猛密。丁丑，賜陳初哲等一百五十一人進士及第出身有差。

五月己丑，裁江寧副都統一。

六月丙辰，以阿思哈爲雲貴總督，喀寧阿爲河南巡撫。丁巳，傅恆奏猛拱土司內附。戊寅，湖北黃梅江堤決，命湖廣總督吳達善、湖北巡撫揆義勘之。

秋七月丁亥，以明德署雲貴總督，移駐騰越，經理軍務。辛卯，設伊犁巴彥岱城領隊大臣一。傅恆奏猛密土司內附。甲午，李侍堯奏暹羅仍爲甘恩敕所踞。丁酉，禮部尚書董邦達卒。己亥，調陸宗楷爲禮部尚書，蔡新爲兵部尚書。以吳紹詩爲刑部尚書，海明爲江西巡撫，梁國治爲湖北巡撫。己酉，李侍堯檄莫士麟會暹羅土目討甘恩敕。

八月乙丑，上幸木蘭行圍。己巳，以蔡琛自縊獄中，褫福建按察使孫孝愉職，發軍台。

九月丙戌，阿桂進抵蠻暮。己丑，上回駐避暑山莊。乙未，上奉皇太后回鑾。己亥，命阿桂、伊勒圖自蠻暮迓傅恆會師。壬寅，命劉統勳會勘山東運河。癸卯，傅恆奏猛拱土司渾覺率衆來降。上嘉之，特賞三眼孔雀翎。戊申，傅恆進抵猛養。阿桂奏克哈坎，渡江。命阿桂據新街勦賊。

冬十月乙卯，命彰寶署雲貴總督，明德署雲南巡撫。調永德爲江蘇巡撫。起熊學鵬署浙江巡撫。以增海署伊犁將軍。丁巳，傅恆奏攻克猛養。癸亥，梁國治兼署湖廣總督。甲子，以阿桂不能克老官屯，奪副將軍，爲參贊大臣。命伊勒圖爲副將軍。調喀寧阿爲貴州巡撫，富尼漢爲河南巡撫。以胡文伯爲安徽巡撫。乙丑，傅恆奏進抵新街。命彰寶駐老官屯。壬申，調永貴爲禮部尚書，託庸爲吏部尚書，伊勒圖爲兵部尚書，以託庸兼署。調吳紹詩爲禮部尚書。以裘曰修爲刑部尚書。

十一月乙酉，副將軍、戶部尚書阿里袞卒於軍。命阿桂仍在副將軍上行走，並以伊勒圖爲副將軍，烏三泰、長青爲參贊大臣。調官保爲戶部尚書。以素爾納爲刑部尚書，託恩多署左都御史。戊子，傅恆等進攻老官屯。癸巳，以黃登賢爲漕運總督。丙申，以緬地烟瘴，官軍損失大半，命班師屯野牛壩，召經略傅恆還，阿桂留辦善後。己亥，起觀保署左都御史。丁未，傅恆等攻老官屯不克。其土官以緬酋猛駮蒲葉書詣軍營乞降。上命班師。

十二月辛亥，免雲南辦理軍需地方及永昌等三府州明年錢糧十分之五。其直隸、河南、湖北、湖南、貴州等省官兵經過州縣並免十分之三。調宮兆麟爲湖南巡撫，以德保爲廣東巡撫，陳輝祖爲廣西巡撫。乙卯，傅恆等奏緬酋猛駮稱臣納貢。諭俟來京時降旨。己巳，上以來年奉皇太后謁東陵，巡幸天津，免經過地方及天津府屬乾隆三十五年錢糧十分之三。以阿桂爲禮部尚書。

三十五年春正月己卯朔，以上六十壽辰，明歲皇太后八十萬壽，詔普蠲各省額徵地丁錢糧一次。辛卯，以增海爲理藩院尚書。丁未，授喀爾喀和碩親王成衮扎布世子拉旺多爾濟爲固倫額駙。

二月乙丑，上奉皇太后謁東陵。庚午，上奉皇太后回鑾，駐盤山。壬申，以緬酋猛駮貢表不至，諭彰寶備之，並嚴禁通市。

三月己卯，上奉皇太后還京師。起吳紹詩爲刑部郎中。辛巳，調宮兆麟爲貴州巡撫，吳達善以湖廣總督兼署湖南巡撫。壬午，上奉皇太后謁泰陵，巡幸天津。丙戌，上謁泰陵。己丑，免經過州縣及天津府屬乾隆三十一年至三十三年積欠地糧銀及常借災借穀石，直隸乾隆三十一年至三十三年積欠地糧銀及折色銀兩。減直隸軍流以下罪。免直隸乾隆三十一年至三十三年因災緩徵銀穀。甲午，上奉皇太后駐蹕天津府。丙申，上閱駐防兵。經略大學士傅恆還京師，命與福隆安俱仍爲總管內務府大臣。戊戌，調永德爲河南巡撫，薩載署江蘇巡撫。癸卯，上奉皇太后還京師。己酉，以緬酋索木邦土司線甕團等，諭責哈國興粉飾遷就，召來京，以長青代爲雲南提督。己未，召傅良來京，命富椿爲吉林將軍。丙寅，天津蝗，命楊廷璋督捕。庚午，上詣黑龍潭祈雨。是月，蠲浙江仁和等八州縣，杭嚴、嘉湖二衞，陝西定遠縣三十四年被水被雹額賦。

五月丁丑朔，日食。壬午，以皇八子擅自進城，褫上書房行走觀保、湯先甲職，並戒諭之。乙未，以祈雨命刑部清理庶獄，減軍流以下罪。

閏五月丙午朔，命裘曰修赴薊州、寶坻一帶捕蝗。戊申，京師大雨。己未，命溫福爲吏部侍郎，在軍機處行走。甲子，裘曰修以捕蝗不力免，調程景伊爲刑部尚書。以范時綬爲工部尚書，張若溎爲左都御史。

六月甲申，諭阿桂等調海蘭察、哈國興進兵。丙戌，河南永城、江蘇碭山、安徽宿州等州縣蝗。丁亥，調官保爲刑部尚書，素爾納爲戶部尚書。壬辰，命豐昇額署兵部尚書。甲午，貴州古州苗香要等伏誅。命侍郎伍納璽往古北口會同提督王進泰查勘水災，發帑銀二萬兩卹之，並開倉賑糶。

秋七月乙巳朔，李侍堯奏，河仙鎮土宫莫士麟請宣諭緬番恢復暹羅，不許。丙午，以增海爲黑龍江將軍，溫福爲理藩院尚書。命和爾精額、伍納璽往古北口籌辦河工。壬子，以小金川與沃克什土司構釁，命四川總督阿爾泰傳集小金川土司勸諭之。癸丑，上臨和親王弘晝第視疾。丁巳，和親王弘晝卒。太保大學士傅恆卒。戊午，賞來京祝嘏之百十二歲原任浙江遂昌縣學訓導王世芳國子監司業銜，並在籍食俸。辛酉，以裴宗錫爲安徽巡撫。甲子，截漕糧二十萬石賑武淸等六縣水災。以諾穆親爲雲南巡撫。

八月戊寅，以副將軍阿桂辦事取巧，褫領侍衞內大臣、禮部尙書、鑲紅旗漢軍都統，以內大臣革職留任辦副將軍事。己卯，以永貴爲禮部尙書，觀保爲左都御史。阿爾泰奏僧格桑伏罪，交出達木巴宗地方及所掠番民。辛巳，命劉統勳兼管吏部。丙戌，萬壽節，上詣皇太后宮行禮。御太和殿，王以下文武各官進表，行慶賀禮，奉旨停止筵宴。命豐昇額在軍機處行走。己丑，上奉皇太后幸熱河。乙未，上奉皇太后駐蹕避暑山莊。己亥，上幸木蘭。

九月丙午，命阿爾泰爲武英殿大學士，仍留辦四川總督事。戊午，上迴駐避暑山莊。甲子，命高晉兼署漕運總督。

冬十月癸酉朔，上奉皇太后回鑾。辛巳，召崔應階來京，命鍾音署閩浙總督。壬午，召阿爾泰來京，以德福署四川總督，吳達善兼署湖南巡撫。召薩載來京，命李湖署江蘇巡撫。甲午，阿桂等奏老官屯緬目遣使致書，請停今歲進兵，允之。丁酉，大學士陳宏謀以衰病乞休，溫旨慰留。

十二月甲戌，免新疆本年額糧十分之三。丙子，以崔應階爲漕運總督。丙戌，諭阿桂、彰寶密議進勦緬匪。庚寅，以李湖爲貴州巡撫。

三十六年春正月甲辰，免福建臺灣府屬本年額徵粟米。乙巳，免廣東廣州、韶州等府州屬本年官租十分之一，廣西桂林七府州屬本年官租及桂林平樂等府州學租十分之三。丁未，免四川寧遠等四府州屬、建昌鎭標各營、雷波等廳民番本年額糧。己未，調德福署雲貴總督，命阿爾泰回四川總督任。

二月甲戌，上奉皇太后東巡。庚辰，命內大臣巴圖濟爾噶勒會同集福讞烏梁海副都統莫尼扎布等互控之案。辛巳，大學士陳宏謀以病乞休，允之，加太子太傅。免直隸滄州等十五州縣民欠借穀，並武淸縣本年錢糧十分之五。癸未，命侍郎裘曰修會同楊廷璋、周元理籌辦直隸河工。丙戌，免山東經過州縣本年額賦十分之三、災地十分之五。免山東泰安等二縣本年地丁錢糧。庚寅，免山東濟南各屬民欠借穀及東平州、東平所逋賦。以阿桂請大舉征緬，申飭之。辛卯，免山東濟南等六府屬民欠麥本銀兩。命劉綸爲大學士，兼管工部，于敏中協辦大學士。調程景伊爲吏部尚書，范時綬爲刑部尚書，以裘曰修爲工部尚書。丙申，上奉皇太后謁岱嶽廟，上登泰山。乙巳，上至曲阜謁先師孔子廟。丙午，上釋奠先師孔子。丁未，上謁孔林。祭少昊陵、元聖周公廟。賜衍聖公孔昭煥族人銀幣有差。戊申，上奉皇太后回鑾。乙卯，予大學士尹繼善等、尙書官保等、總督楊廷璋等、巡撫鍾音等議敍。內閣學士陸宗楷等原品休致。戊午，以富明安爲閩浙總督，周元理爲山東巡撫。庚申，以甘肅比歲偏災，免通省民欠籽種口糧倉穀。甲子，上至捷地閱堤。乙丑，納遜特古斯處斬。己巳，以阿桂奏辨非於本年大舉征緬，下部嚴議。

夏四月辛未朔，以李侍堯爲內大臣。甲戌，命戶部侍郞桂林在軍機處行走。丁丑，上奉皇太后還京師。乙酉，以旱命刑部清理庶獄，減軍流以下罪，直隸亦如之。丙戌，上詣黑龍潭祈雨。壬辰，大學士尹繼善卒。乙未，賜黃軒等一百六十一人進士及第出身有差。

五月辛丑朔，調吳達善爲陝甘總督，文綬署之，勒爾謹護陝西巡撫。調富明安爲湖廣總督，永德爲湖南巡撫。以何煟爲河南巡撫，兼管河務，鍾音爲閩浙總督，余文儀爲福建巡撫。癸卯，命減秋審緩決三次人犯罪。甲辰，諭立決人犯當省刑之際，暫緩行刑，著爲令。乙巳，阿桂以畏葸褫職，降兵丁効力。命溫福馳赴雲南署副將軍事。壬戌，以高晉爲文華殿大學士，兼禮部尙書，仍留兩江總督任。召阿爾泰入閣辦事，以德福爲四川總督。

六月辛未，直隸北運河決。甲戌，以努三爲正黃旗領侍衞內大臣。戊寅，命巴圖濟爾噶勒赴伊犂辦土爾扈特投誠事宜。己卯，諭土爾扈特投誠大台吉均令來避暑山莊朝覲，命額駙色布騰巴勒珠爾馳驛迎之。壬午，致仕大學士陳宏謀卒。癸巳，命土爾扈特部衆暫駐博羅博拉。以金川土舍索諾木請賞給革布什咱土司人民，命阿爾泰詳酌機宜，毋姑息。

秋七月壬寅，阿爾泰等奏小金川土舍圍攻沃克什，命勦之。乙巳，命侍郎桂林帶銀一萬兩赴古北口會同提督王進泰賑水災。丙午，永定河決。丁未，命舒赫德署伊犂將軍。戊申，上秋獮木蘭。以小金川復侵明正土司，諭阿爾泰等進勦。丁巳，上奉皇太后啓鑾。癸亥，上奉皇太后駐避暑山莊。丙寅，以此次巡幸木蘭，沿途武職懈忽，楊廷璋、王進泰等均下部嚴議。

八月己丑，定邊左副將軍、喀爾喀扎薩克和碩親王成袞扎布卒，以車布登扎布爲定邊左副將軍，額駙拉旺多爾濟襲扎薩克和碩親王。罷德福軍機處行走。庚寅，召大學士兩江總督高晉來京，查勘永定河工。命薩載兼署兩江總督。壬辰，永定河決口合龍。癸巳，上幸木蘭行圍。丁酉，命阿爾泰仍管四川總督事，召德福回京。

九月戊戌朔，停本年勾決。癸卯，命理藩院侍郎慶桂在軍機處行走。乙巳，土爾扈特台吉渥巴錫等入覲，賞頂戴冠服有差。命副將軍溫福、參贊大臣伍岱赴四川軍營，會商進勦。辛亥，封渥巴錫爲烏納恩素珠克圖舊土爾扈特部卓哩克圖汗，策伯克多爾濟爲烏納恩素珠克圖舊土爾扈特部布延圖親王，舍楞爲青塞特奇勒圖新土爾扈特部弼哩克圖郡王，巴木巴爾爲畢錫呼勒圖郡王，餘各錫爵有差。甲寅，上回駐避暑山莊。丁卯，以文綬爲四川總督，勒爾謹爲陝西巡撫。調永德爲廣西巡撫，梁國治爲湖南巡撫，陳輝祖爲湖北巡撫。

冬十月戊辰朔，以三寶爲山西巡撫。己巳，上奉皇太后回鑾。以舒赫德爲總統伊犁等處將軍，伊勒圖爲塔爾巴哈台參贊大臣，安泰爲烏什參贊大臣。甲戌，宥紀昀，賞翰林院編修。乙亥，上奉皇太后還京師。己卯，高晉等奏桃源廳陳家道口河工合龍，上嘉之。命高晉、裘曰修、楊廷璋查勘南運河。丁亥，召楊廷璋爲刑部尚書，以周元理爲直隸總督，徐績爲山東巡撫。甲午，陝甘總督吳達善卒，調文綬代之。

十一月己酉，董天弼奏攻取小金川牛廠。丙辰，上奉皇太后御慈寧宮，恭上徽號曰崇慶慈宣康惠敦和裕壽純禧恭懿安祺皇太后，頒詔覃恩有差。以溫福爲武英殿大學士，兼兵部尚書，桂林爲四川總督。丁巳，調素爾納爲理藩院尚書，以舒赫德爲戶部尚書。辛酉，皇太后萬壽聖節，上詣壽康宮，率王大臣行慶賀禮。壬戌，董天弼進攻達木巴宗，失利。甲子，小金川番復陷牛廠。

十二月庚午，溫福奏進駐向陽坪，攻小金川巴朗拉山碉卡，不克。桂林奏克小金川約咱寨。褫四川提督董天弼職，以阿桂署之。乙亥，蠲甘肅隴西等三十三州縣三十三年被水旱雹霜等災額賦。丙戌，以大金川酋僧格桑遣土目赴桂林軍營獻物，命給賞遣歸。己丑，溫福奏克巴朗拉碉卡。癸巳，溫福奏進駐日隆宗地方，董天弼收復沃克什土司各寨。

三十七年春正月辛丑，免奉天錦州二府額徵米豆。免浙江玉環、海寧兩廳縣額徵銀穀。免山西大同等二府額徵兵餉米豆穀麥，並太原等十四府州及歸化城各屬十分之三。壬寅，免和林格爾等處及太僕寺牧廠地畝額徵銀，並清水河廳額徵銀及太僕寺牧廠地畝額徵米豆十分之三。癸卯，刑部尙書楊廷璋卒，以崔應階爲刑部尙書，嘉謨署漕運總督。乙巳，溫福奏攻克小金川酋頭溝、卡丫碉卡。丁未，桂林奏克郭松、甲木各碉卡。庚戌，以恆祿爲內大臣。癸丑，建烏魯木齊城，駐兵屯田。癸亥，命尙書裘曰修協同直隸總督周元理濬永定河、北運河。

二月丁卯，以阿桂爲四川軍營參贊大臣。甲戌，上幸盤山。丙戌，上回鑾，幸圓明園。丁亥，以色布騰巴勒珠爾爲四川軍營參贊大臣。乙未，免陝西西安等十二府州上年額徵本色租糧。

三月丙申朔，免江蘇金壇等十一州縣六年至十年逋賦。戊戌，以索諾木策凌爲烏魯木齊參贊大臣，德雲爲領隊大臣，命俱受伊犁將軍節制。乙巳，以豐昇額爲四川軍營參贊大臣。己酉，河南羅山縣在籍知縣查世柱，以藏匿明史輯要，論斬。壬子，桂林奏攻克大金川所據革布什咱土司之木巴拉等處。乙卯，溫福奏攻克小金川資哩碉寨。丁巳，桂林奏攻克吉地官寨。溫福奏攻克小金川阿克木雅寨。桂林奏攻克革布什咱土司之黨哩等寨，及小金川扎哇窠崖下碉卡。

夏四月丙寅朔，桂林奏攻克小金川阿仰東山梁等寨。豁甘肅節年民欠倉糧三百七十六萬石有奇。壬申，桂林奏盡復革布什咱土司之地，及攻克小金川格烏等處。諭溫福、桂林進勦索諾木。乙亥，授李湖雲南巡撫，圖思德貴州巡撫。壬午，改安西道爲巴里坤屯田糧務兵備道，甘肅道爲安肅兵備道，涼莊道爲甘涼兵備道。裁烏魯木齊糧道。庚寅，賜金榜等一百六十二人進士及第出身有差。甲午，桂林攻小金川達烏東岸山梁，失利。

五月乙未朔，以溫福劾色布騰巴勒珠爾貽悞軍務，褫爵職。丙申，免直隸滄州等十五州縣廳積年逋賦。丁酉，以舒赫德爲領侍衛內大臣。命福隆安赴四川查辦阿爾泰劾桂林乖張揑飾一案。命託庸暫兼管兵部尚書，索爾訥署工部尚書。壬寅，命戶部侍郎福康安在軍機處行走。癸卯，命海蘭察等赴四川西路軍營，鄂蘭等赴四川南路軍營。調容保爲綏遠城將軍。桂林以隱匿挫衄，褫職逮問。以阿爾泰署四川總督。己未，上奉皇太后幸避暑山莊。甲子，湖廣總督富明安卒，以海明爲湖廣總督，海成爲江西巡撫。免直隸大興等十五州縣額賦有差。

六月乙丑朔，上奉皇太后駐避暑山莊。溫福等攻克小金川東瑪寨。諭阿桂督上中下雜谷及綽斯甲布各土司進勦金川。丁丑，蠲甘肅皐蘭等二十五廳縣旱災額賦。辛巳，盛京將軍恆祿卒，調增海代之。以傅玉爲黑龍江將軍。甲申，調文綬爲四川總督，海明爲陝甘總督，以勒爾謹署之。命阿爾泰署湖廣總督。丙戌，阿爾泰罷，調海明爲湖廣總督。以勒爾謹署陝甘總督，調富勒渾爲陝西巡撫。命倉場侍郎劉秉恬赴四川西路軍營督餉。辛卯，湖廣總督海明卒，以富勒渾代之，陳輝祖署。命巴延三爲陝西巡撫。

秋七月乙未，命刑部侍郎鄂寶赴四川南路軍營督餉，授勒爾謹陝甘總督。

八月己巳，阿桂奏攻克小金川甲爾木山梁碉卡。以阿桂爲內大臣。賞布拉克底土司安多爾「恭順」名號，巴旺土婦伽讓「恭懿」名號。壬申，溫福等奏小金川賊襲瑪爾迪克運路，海蘭察等敗之。己丑，小金川犯黨壩官寨，阿桂遣董天弼援之。

九月壬寅，溫福奏進至木蘭壩，賊燬南北兩山碉卡，聚守路頂宗山梁。諭嚴防後路。阿桂奏綽斯甲布土司分兵進攻勒烏圍。上送皇太后回鑾。戊申，上自避暑山莊回鑾。甲寅，上奉皇太后還京師。

冬十月壬申，董天弼奏攻克穆陽岡等卡。壬午，阿桂奏攻克小金川甲爾木山梁。

十一月乙未，溫福等奏攻克路頂宗及喀木色爾碉寨。丙申，除四川樂山等九州縣三十五年坍廢鹽井額賦。辛丑，廣州將軍秦璜以納僕婦爲妾，褫職逮訊。設涼州副都統。裁西安副都統一。丙午，溫福等奏克博爾根山等碉寨。戊申，阿桂奏攻克翁古爾壟等城寨。己酉，命富勒渾赴四川，以陳輝祖兼署湖廣總督。癸丑，阿桂奏攻克得里等碉寨。丁巳，阿桂奏攻克邦甲、拉宗等處，拉約各寨番人降。

十二月癸亥，阿桂奏攻克僧格宗碉寨。癸酉，以溫福爲定邊將軍，阿桂、豐昇額俱爲副將軍，舒常、海蘭察、哈國興俱爲參贊大臣，福康安爲領隊大臣，復興等爲溫福一路領隊大臣，興兆等爲阿桂一路領隊大臣，董天弼等爲豐昇額一路領隊大臣。賞給綽斯甲布土司工噶諾爾布「尊追歸丹」名號。丙子，溫福奏攻克明郭宗等碉卡。丁丑，阿桂奏攻克美諾碉寨。庚辰，溫福奏彭魯爾等寨番人就撫。辛巳，溫福等奏克布朗郭宗、底木達碉寨，澤旺降，僧格桑逃往金川。乙酉，秦璜以婪贓論斬。丙戌，授薩載江蘇巡撫。丁亥，文綬以袒徇褫職，命劉秉恬爲四川總督，仍督餉，以富勒渾署之。

三十八年春正月壬辰，召永德來京，調熊學鵬爲廣西巡撫，三寶爲浙江巡撫。鄂寶仍授山西巡撫。以小金川平，緩四川官兵經過之成都等五十一廳州縣三十八年額賦及分辦夫糧之溫江等九十廳州縣三十七年蠲剩額賦。番民賦貢，一體緩之。溫福等進勦金川，分由喀爾薩爾、喀拉依、綽斯甲布三路進兵。甲辰，哈薩克博羅特使臣入覲。以阿爾泰婪贓，賜自盡。戊午，調永貴署戶部尙書，以阿桂爲禮部尙書。

二月庚申朔，諭溫福等檄索諾木擒獻僧格桑。

三月庚寅朔，日食。壬辰，上詣泰陵。奉皇太后巡幸天津，免所過地方及天津府屬本年錢糧十分之三。癸巳，上閱永定河隄。丁酉，上謁泰陵。戊戌，上命簡親王豐訥亨奉皇太后自暢春園啓鑾，免蹕路所經之宛平等二十州縣及天津府屬各州縣三十三年至三十六年逋賦。己亥，免直隸三十三年至三十五年逋賦。庚子，上閱淀河。乙巳，上奉皇太后駐蹕天津。己酉，上奉皇太后廻鑾。免通州、寶坻等九州縣三十六年逋賦。壬子，上閱永定河。丙辰，上奉皇太后還京師。

閏三月己巳，以扎拉豐阿爲御前大臣。命劉統勳等充辦理四庫全書總裁。乙酉，以素爾訥署工部尙書。

夏四月戊戌，以綽克托爲烏什參贊大臣。庚戌，命索琳以署禮部侍郞在軍機處行走。辛亥，命慶桂以理藩院侍郞、副都統爲伊犂參贊大臣。丙辰，諭高晉賑淸河等州縣及大河、長淮二衞被水災民。戊午，加大學士溫福、戶部尙書舒赫德、工部尙書福隆安太子太保，禮部尚書王際華、工部尚書裘曰修太子少傅，禮部尚書阿桂、署兵部尚書豐昇額、直隸總督周元理、閩浙總督鍾音、四川總督劉秉恬太子少保。

五月辛酉，工部尚書裘曰修卒，以嵇璜代之。丙寅，上奉皇太后啓鑾，免經過地方本年錢糧十分之三。壬申，上奉皇太后駐蹕避暑山莊。乙亥，盛京將軍增海卒，調弘晌代之。丁丑，改烏魯木齊參贊大臣爲都統，以索諾木策淩爲之，仍聽伊犁將軍節制。己卯，猛遮土目叭立齋等內附。癸未，召車布登扎布來京，命拉旺多爾濟署烏里雅蘇台將軍。乙巳，阿桂等奏金川番賊陷喇嘛寺糧台，襲據底木達、布朗郭宗。己酉，鄂寶奏金川番賊襲據大板昭。壬子，定邊將軍溫福、四川提督馬全、署貴州提督牛天畀敗績于木果木，俱死之。癸丑，以阿桂爲定邊將軍，贈溫福一等伯。小金川酋僧格桑父澤旺伏誅。大學士劉綸卒。甲寅，以富勒渾爲四川總督，起文綬爲湖廣總督。丙辰，阿桂奏勦洗小金川番賊，盡燬碉寨，諭嘉之。

秋七月戊午朔，召舒赫德來京，以伊勒圖爲伊犁將軍，慶桂爲塔爾巴哈台參贊大臣。己未，金川番賊陷美諾、明郭宗，海蘭察退師日隆。諭阿桂由章谷退師，豐昇額退駐巴拉朗等處。癸亥，命富德爲參贊大臣赴軍營，命阿桂撤噶爾拉之師。甲子，命舒赫德爲武英殿大學士。調阿桂爲戶部尚書，永貴爲禮部尚書。丙寅，齊齊哈爾蝗。丁卯，以溫福乖方僨事，革一等伯爵，仍予卹典。褫劉秉恬職。命議卹木果木陣亡提督馬全、牛天畀，副都統巴朗、阿爾素納，總兵張大經及各文武員弁。丙戌，諭阿桂先復小金川，分三路進勦。

八月戊子，以阿桂爲定西將軍。命于敏中爲文華殿大學士，舒赫德管刑部，劉統勳專管吏部。己丑，命程景伊協辦大學士。調王際華爲戶部尚書，蔡新爲禮部尚書，嵇璜爲兵部尚書。以閻循琦爲工部尚書。戊戌，以明亮爲定邊右副將軍，富德爲參贊大臣。壬寅，上幸木蘭行圍。

九月壬戌，降海蘭察爲領隊大臣。甲子，上回駐避暑山莊。戊辰，上迓皇太后回鑾。己巳，索諾木挾僧格桑歸大金川，以其兄岡達克往美諾。諭阿桂乘機收復。允戶部請開金川軍需捐例。壬申，上自避暑山莊回鑾。甲戌，以多敏爲科布多參贊大臣，車木楚克扎布爲烏里雅蘇台參贊大臣。戊寅，上奉皇太后還京。庚辰，吏部尚書託庸致仕，調官保爲吏部尚書。以英廉爲刑部尚書，仍兼管戶部侍郎事。

冬十月乙巳，和碩誠親王允祕卒。己酉，褫車布登扎布定邊左副將軍職，仍留親王銜，以瑚圖靈阿代之。

十一月丁卯，阿桂等奏進勦小金川，攻克資哩山梁等處，收復沃克什官寨。戊辰，命福祿往西寧辦事。召伍彌泰回京。己巳，阿桂等奏克復美諾，命進勦金川。辛未，軍機大臣、大學士劉統勳卒，上親臨賜奠，贈太傅。壬申，召梁國治來京，在軍機處行走。調巴延三爲湖南巡撫。以畢沅爲陝西巡撫。癸酉，明亮等奏克復僧格宗等碉寨。

十二月癸巳，以彰寶爲雲貴總督。辛丑，命李侍堯爲武英殿大學士，仍管兩廣總督事。

是歲，朝鮮、安南來貢。

三十九年春正月丙子，以姚立德爲河東河道總督。丁丑，阿桂等克贊巴拉克等山梁。

二月甲申朔，命豐昇額等助阿桂進攻勒烏圍。丁亥，明亮等奏克木谿等山梁。戊戌，豐昇額等克莫爾敏山梁。乙巳，蠲江蘇山陽等十州縣衞三十八年水災額賦有差。丁未，上詣東陵，並巡幸盤山。庚戌，謁昭西陵、孝陵、孝東陵、景陵，至孝賢皇后陵奠酒。臨故大學士公傅恆塋賜奠。辛亥，上駐蹕盤山。

三月庚申，阿桂等克羅博瓦山梁，加阿桂太子太保，以海蘭察爲內大臣，額森特爲散秩大臣。甲子，上幸南苑行圍。辛未，阿桂等克得斯東寨。庚辰，明亮等克喀咱普等處，上嘉賚之。

夏四月乙酉，順天大興等州縣蝗。辛亥，以京師及近畿地方旱，命刑部清理庶獄，減軍流以下罪，直隸如之。戊戌，以御史李漱芳劾福隆安家人滋事，上嘉之，予敍。

五月癸丑朔，命刑部減秋審、朝審緩決一二次以上罪。丙寅，彰寶以病解任，以圖思德署雲貴總督。戊辰，上奉皇太后秋獮木蘭。甲戌，上奉皇太后駐蹕避暑山莊。

六月癸卯，阿桂等奏克穆爾渾圖碉卡。

秋七月甲寅，阿桂等克色淜普山碉卡。己未，阿桂等克喇穆喇穆山等碉卡。壬戌，阿桂等克日則雅口等處寺碉。乙丑，烏魯木齊額魯特部蝗。庚午，明亮等克達爾圖山梁碉卡。甲戌，以于敏中未奏太監高雲從囑託公事，下部嚴議。以阿思哈爲左都御史。乙亥，命阿思哈在軍機處行走。太監高雲從處斬。辛巳，阿桂等克格魯瓦覺等處碉寨。

八月壬午朔，日食。壬辰，富德等克穆當噶爾、羊圈等處碉卡。丁酉，上幸木蘭行圍。癸卯，金川頭人綽窩斯甲降，獻賊目僧格桑屍。

九月乙卯，山東壽張縣奸民王倫等謀逆，命山東巡撫徐績勦捕之。丁巳，命大學士舒赫德赴江南，同高晉塞決口。戊午，上回駐避暑山莊。命舒赫德先赴山東勦捕王倫。庚申，命額駙拉旺多爾濟、左都御史阿思哈帶侍衞章京及健鋭、火器二營兵，往山東會勦王倫。辛酉，王倫圍臨清，屯閘口。壬戌，上送皇太后回鑾。癸亥，以天津府七縣旱，命撥通倉米十萬石備賑。丙寅，上自避暑山莊回鑾。丁卯，山東兗州鎮總兵惟一、德州城守尉格圖肯以臨陣退避，處斬。庚午，以江蘇山陽等四縣水災，命免明年額賦。壬申，上奉皇太后還京師。丙子，山東臨清賊平，王倫自焚死。

冬十月辛巳朔，以楊景素爲山東巡撫。壬辰，免臨清新城本年未完額賦，幷舊城未完額賦十分之五。丙午，以徐績爲河南巡撫。

十一月癸丑，明亮等克日旁等碉寨。甲寅，以舒赫德爲御前大臣。阿桂等克日爾巴當噶碉寨。以阿桂爲御前大臣，海蘭察爲御前侍衞。丙辰，以四川成都等一百四十府廳州縣行軍運糧，免歷年額賦有差。戊辰，阿桂克格魯古丫口等處碉寨。

是歲，朝鮮、琉球來貢。

四十年春正月甲戌，阿桂等克康爾薩山梁。

二月己卯，阿桂等克甲爾納等處碉寨。丙戌，阿桂克斯莫思達碉寨。癸巳，以李瀚爲雲南巡撫。

三月辛亥，上幸盤山。甲寅，上駐蹕盤山。蠲江南句容等十九州縣，淮安、大河二衞三十九年水旱災額賦。壬申，蠲長蘆屬滄州等六州縣、嚴鎭等六場，河南信陽等五州縣三十五年旱災額賦。

夏四月戊寅朔，蠲安徽合肥等十四州縣、廬州等四衞三十九年旱災額賦。丙戌，四川軍營參贊大臣、領侍衞內大臣、和碩親王、固倫額駙色布騰巴勒珠爾卒。己丑，命明山爲烏里雅蘇臺參贊大臣。壬寅，賜吳錫齡等一百五十八人進士及第出身有差。癸卯，阿桂等克木思工噶克丫口等處城碉。明亮等克甲索、宜喜。乙巳，明亮等克達爾圖等處碉寨。以明亮、福康安爲內大臣。

五月己酉，蠲直隸霸州、保定等三十九州縣三十九年旱災額賦。甲寅，阿桂等奏克巴木通等處碉卡。丁巳，明亮奏克茹寨、甲索等處碉卡。戊辰，阿桂等奏克噶爾丹等碉寨。壬申，上幸木蘭，奉皇太后駐湯山行宮。明亮等奏克巴舍什等處碉寨。乙亥，阿桂等奏克遜克爾宗等處碉寨。加封定邊右副將軍、果毅公豐昇額爲果毅繼勇公。

六月丁丑朔，蠲湖北漢陽等十五州縣、武昌等六衞一所三十九年旱災額賦。戊寅，上駐避暑山莊。癸未，上詣廣仁嶺萬壽亭迎皇太后駐蹕避暑山莊。壬辰，以豐昇額爲兵部尚書。丙申，領隊大臣額爾特褫職逮治。庚子，設管理烏魯木齊額魯特部落領隊大臣，以全簡爲之。

秋七月壬戌，阿桂等奏攻克崑色爾等處山梁碉寨。丁卯，阿桂等克章噶等碉寨。額洛木寨頭人革什甲木參等率衆來降。庚午，蠲甘肅皋蘭等七廳州縣三十九年被水被旱額賦。阿桂等克直古腦一帶碉寨。

八月丙子朔，日食。丁丑，阿桂等克隆斯得寨。明亮等克扎烏古山梁。己卯，以霸州等三十餘州縣被水，撥直隸藩庫銀五十萬兩賑之。辛卯，上幸木蘭行圍。己亥，阿桂等奏克勒烏圍之捷，進勦噶喇依賊寨。上命優敍將軍阿桂，副將軍豐昇額，參贊大臣海蘭察、額森特等功。辛丑，召舒赫德赴熱河行在。癸卯，封羅卜藏錫喇布爲貝子。乙巳，命侍郎袁守侗等赴貴州，讞知府蘇墧稟揭總督、藩、臬祖護同知席纘一案。

九月庚戌，蠲湖北鍾祥等十二州縣並武昌等七衞三十九年旱災額賦。癸丑，上回駐避暑山莊。丁巳，上送皇太后回鑾。辛酉，以圖思德劾蘇墧浮收勒索，命袁守侗等嚴鞫之。丙寅，以明亮請赴西路失機，嚴斥之，仍奪廣州將軍。丁卯，上奉皇太后還京師。阿桂等克當噶克底等處碉寨。

冬十月己卯，召駐藏辦事伍彌泰，以留保住代之。己丑，以霸州等六州縣被災較重，命卽於閏十月放賑。庚寅，蠲甘肅皐蘭等十七州縣廳水雹霜災額賦。壬辰，上還宮。丙申，調裴宗錫爲貴州巡撫，命袁守侗暫署，圖思德署雲南巡撫，李質穎爲安徽巡撫。

閏十月壬子，蘇墧以侵稅誣訐，處斬。壬戌，明亮等奏克扎烏古山梁。甲子，阿桂等奏克西里山黃草坪等處碉卡，總兵曹順死之。命袁守侗赴四川，同阿揚阿讞冀國勳一案。復封慶恆爲克勤郡王。壬申，明亮等克耳得谷寨。

十一月，明亮等克甲索諸處碉卡。乙酉，福祿以立塔爾一案未能鞫實，革，戍伊犂。己丑，阿桂克西里第二山峯，並進圍鴉瑪朋寨落。壬辰，明亮等奏攻得克爾甲爾古等處碉卡、壬寅，阿桂等奏克舍勒固租魯、科思果木、阿爾古等處碉寨。

十二月甲辰朔，日食。丁未，工部尚書閻循琦卒，調嵇璜爲工部尚書，蔡新爲兵部尚書，以曹秀先爲禮部尚書。阿桂等克薩爾歪等寨落。丙辰，以阿桂爲鑲黃旗領侍衞內大臣。調熊學鵬爲廣東巡撫，以吳虎炳爲廣西巡撫。甲子，明亮等由達撒谷進兵，連克險要山梁及沿河格爾則寨落。丙寅，阿桂等克格隆古等處寨落。庚午，阿桂等由索隆古進據噶占山梁，直擣噶喇依。其頭人色木里雍中及布籠普阿納木來降。壬申，明亮等克甲雜等隘口，並後路巴布里、日蓋古洛，進抵獨松隘口，刻日會擣噶喇依。其頭人達固拉得爾瓦等來降。

清史稿卷十四

本紀十四

高宗本紀五

四十一年春正月癸酉朔，富德克打噶咱普德爾窩、馬爾邦等碉卡。明亮等克獨松等碉卡。甲戌，定郡王綿德以交結禮部司員削爵，命綿恩承襲。阿桂克喇烏喇等碉卡及舍齊等寺。己卯，阿桂率諸軍進圍噶喇依，索諾木之母及其姑姊妹出降。命封阿桂一等誠謀英勇公，予四團龍補服、金黃帶。加賞果毅繼勇公豐昇額一等子。封明亮一等襄勇伯，海蘭察一等超勇侯，額森特一等男，和隆武三等果勇侯，福康安、普爾普三等男。加賞奎林一等男。豐昇額、明亮、海蘭察、奎林、和隆武仍各予雙眼花翎，賞于敏中一等輕車都尉，均世襲。阿桂請安插降衆於綽斯甲布十二土司地方，從之。壬午，賞阿桂紫韁。甲申，調明善爲科布多參贊大臣。以法福里爲烏里雅蘇臺參贊大臣。己丑，吏部尙書、協辦大學士官保以病乞休，允之。以阿桂爲吏部尚書、協辦大學士。調豐昇額爲戶部尚書，福隆安爲兵部尚書。以綽克托爲工部尚書。庚寅，嘉謨遷倉場侍郎。命阿思哈署漕運總督，永貴署吏部尚書，英廉署戶部尚書。

二月己酉，授文綬四川總督，調富勒渾爲湖廣總督。庚戌，命嗣後社稷壇祭時，或值風雨，於殿內致祭。蠲江蘇上元等三十九州縣、鎭江等五衞四十年旱災額賦。辛亥，上謁東陵。以祗謁兩陵，並巡幸山東，免經過州縣本年額賦十分之三。甲寅，上謁昭西陵、孝陵、孝東陵、景陵，詣孝賢皇后陵奠酒。阿桂等奏索諾木等出降，檻送京師，兩金川平。乙卯，命永貴回禮部尚書，仍兼署吏部事。丙辰，命圖平定金川前後五十功臣像於紫光閣。命新設將軍駐雅州，四川提督桂林駐金川。丁巳，上還京師。戊午，上謁泰陵。命袁守侗赴四川，會同阿桂查辦參贊大臣富德。壬戌，上謁泰陵。設雲南騰越鎭總兵官。丁卯，上奉皇太后巡幸山東。己巳，免順天直隸通州等二十八州縣未完地糧倉穀。庚午，停湖北勘丈湖地。免直隸霸州等二十一州縣未完地糧倉穀。辛未，減直隸軍流以下人犯罪。

三月丁丑，免山東泰安、曲阜二縣本年額賦。戊寅，免山東鄒平等三十九州縣衞各項民欠額賦。己卯，增設成都將軍，以明亮爲之。辛巳，減山東軍流以下人犯罪。壬午，免山東德州等十一州縣緩徵漕米漕項。癸未，以薩載爲江南河道總督，楊魁爲江蘇巡撫。甲申，勒爾謹陛見，命畢沅署陝甘總督。丙戌，上駐蹕泰安，謁岱廟。命還督撫貢物，仍嚴飭之。設金川勒烏圍總兵。丁亥，上登泰山。辛卯，戶部尚書王際華卒，以袁守侗代之。免四川通省上年額賦及本年夷賦有差。蠲河南武陟縣四十年水災額賦。乙未，上至曲阜，謁孔子廟。蠲安徽懷寧等三十二州縣、建陽等七衞四十年水旱額賦。丙申，釋奠先師孔子，告平兩金川功。丁酉，上謁孔林。調李質穎爲廣東巡撫，以閔鶚元爲安徽巡撫。戊戌，富德褫職逮治。己亥，雲南車里逃夷刀維屏等悔罪自歸，諭免死，錮之。庚子，命戶部侍郎和珅軍機處行走。辛丑，上奉皇太后自濟寧登舟。

夏四月癸卯，以平定金川，遣官祭告天地、太廟、社稷。以英廉兼署戶部尚書。命劉墉會同陳輝祖查勘湖北沔陽州衞潰隄工。甲辰，予告協辦大學士、吏部尚書官保卒。丁未，上閱臨清州舊城。辛亥，命阿桂仍在軍機處行走。癸丑，蠲直隸霸州等五十二州縣四十年水災額賦有差。乙卯，以平定金川，遣官告祭昭西陵、孝陵、孝東陵、景陵、泰陵、孝賢皇后陵。丙辰，遣官告祭孔子闕里。壬戌，遣官告祭永陵、福陵、昭陵。甲子，以阿思哈爲漕運總督，素爾訥爲左都御史，索琳爲理藩院尙書，仍留庫倫辦事，命豐昇額署理藩院尙書。乙丑，上送皇太后自寶稼營還京師。丙寅，獻金川俘馘於廟社。丁卯，定西將軍阿桂等凱旋。戊辰，上幸良鄉城南行郊勞禮，賜將軍及隨征將士等宴，幷賞阿桂等御用鞍馬各一。

上還京師。己巳，受俘。上御瀛臺，親鞫俘囚。索諾木等皆磔於市。上御紫光閣，行飲至禮，賜凱旋將士及王大臣等宴，賜將軍阿桂以下銀幣有差。庚午，斬番目布籠普占巴、雅瑪朋阿庫魯等於市。

五月辛未朔，上奉皇太后御慈寧宮，上徽號曰崇慶慈宣康惠敦和裕壽純禧恭懿安祺寧豫皇太后，頒詔覃恩有差。戊寅，富德以誣訐阿桂悖逆，處斬。辛巳，豁山西石樓等三縣丁徭虛額銀。癸未，上奉皇太后啓鑾，秋獮木蘭。己丑，上駐蹕避暑山莊。

六月庚子朔，定文淵閣官制。壬子，以甘肅皐蘭等二十九州縣廳旱災，命多留市米以供民食。庚申，黃邦寧論斬，逮治前護廣西巡撫蘇爾德、署按察使廣德。

秋七月庚申，索琳以不職鐫級，以伍彌泰爲理藩院尙書。丁亥，授巴延三山西巡撫，調鄂寶爲湖南巡撫。

八月丁未，召瑚圖靈阿，以巴林王巴圖爲定邊左副將軍，以額駙拉旺多爾濟爲伊犁參贊大臣。乙卯，上幸木蘭行圍。

九月丙子，上回駐避暑山莊。庚辰，上送皇太后回鑾。庚寅，上奉皇太后還京師。

冬十月己亥朔，命豐昇額爲步軍統領，福隆安仍兼管。壬寅，綏遠城將軍容保罷，以伍彌泰代之。甲辰，命英誠公阿克棟阿在領侍衛內大臣上行走，以奎林爲理藩院尙書。戊申，左都御史張若溎病免。辛亥，調崔應階爲左都御史，以余文儀爲刑部尚書。壬子，阿思哈病免，以鄂寶爲漕運總督。癸丑，以敦福爲湖南巡撫。丙辰，命三寶查浙江漕糧積弊。甲子，以甘肅皐蘭等二十九廳州縣旱災，豁歷年積欠倉糧四百萬有奇。

十一月甲申，命四庫全書館詳覈違禁各書，分別改燬。諭曰：「明季諸人書集詞意抵觸本朝者，如錢謙益等，均不能死節，妄肆狂狺，自應查明燬棄。劉宗周、黃道周立朝守正，熊廷弼材優幹濟，諸人所言，若當時採用，敗亡未必若彼其速，惟當改易字句，無庸銷燬。又直臣如楊漣等，卽有一二語傷觸，亦止須酌改，實不忍並從焚棄。」

十二月庚子，命戊戌年八月舉行繙譯鄉試，次年三月舉行會試。丙午，命明亮軍機處行走，伍彌泰遷西安將軍，博成署綏遠城將軍。戊申，以雅朗阿爲綏遠城將軍。甲寅，蠲山東德州等三十州縣衞所本年被災額賦。丙辰，緬目得魯蘊請送還內地官人，准其入貢。諭令進京乞恩。戊午，上幸瀛臺。庫車阿奇木伯克、哈薩克使人，及四川明正土司等瞻覲，各賜冠服有差。

四十二年春正月戊辰朔，蠲甘肅乾隆二十三年至三十五年民欠銀八十四萬兩有奇。丙子，上御閱武樓閱兵，命諸王、大臣、外藩蒙古及回部、庫車、哈薩克使臣、金川土司等從觀。辛巳，以皇太后不豫，詣長春仙館問安，奉皇太后幸同樂園，侍晚饍。自是每日詣長春仙館請安。乙酉，以圖思德奏緬番內附，命阿桂往雲南籌辦。調李侍堯爲雲貴總督，以楊景素爲兩廣總督，郝碩爲山東巡撫，圖思德回貴州巡撫，裴宗錫回雲南巡撫。己丑，宥熊學鵬罪，蘇爾德、廣德論斬。庚寅，皇太后崩，奉安於慈寧宮正殿，上以含清齋爲倚廬，頒大行皇太后遺詔。諭穿孝百日，王大臣官員等二十七日除服。辛卯，尊大行皇太后謚號爲孝聖憲皇后，推恩普免錢糧一次。壬辰，定二十七日內郊廟社稷遣官致祭用樂之制。乙未，尊大行皇太后陵曰泰東陵。丙申，移大行皇太后梓宮於暢春園，奉安於九經三事殿。上居圓明園。

二月丁酉朔，上詣安佑宮行告哀禮。上居無逸齋苫次。己亥，上還居圓明園。庚子，上詣九經三事殿大行皇太后梓宮前供奠。諸王大臣請間一二日行禮，不允。甲辰，諭二十七月內停止元旦朝賀。其百日後，尋常御殿視朝，屆日請旨。乙巳，定百日內與二十七月內御用服色及臣下服色制。甲寅，高晉會同阿揚阿赴安徽查案，楊魁兼署兩江總督。蠲安徽宿州等八州縣、鳳陽等三衞四十一年水災額賦。丁巳，上詣九經三事殿大行皇太后梓宮前行月祭禮。以顏希深爲湖南巡撫。

三月辛未，左都御史素爾訥、大理寺卿尹嘉銓休致。壬申，以薩載赴京，命德保兼署江南河道總督。戊寅，以邁拉遜爲左都御史。壬午，上大行皇太后尊謚曰孝聖慈宣康惠敦和敬天光聖憲皇后。戊子，以恆山保爲烏里雅蘇臺參贊大臣。

夏四月戊戌，以緬番投誠反覆，召阿桂回京，留緬目所遣孟幹等。戊申，上詣九經三事殿孝聖憲皇后梓宮前行祖奠禮。己酉，孝聖憲皇后發引，上送往泰東陵，免經過州縣本年額賦十分之七。癸丑，上謁泰陵。是日，孝聖憲皇后梓宮至泰東陵，奉安於隆恩殿。丙辰，上詣泰東陵孝聖憲皇后梓宮前行百日祭禮。丁巳，大學士舒赫德卒。戊午，命永貴署大學士兼吏部尚書。辛酉，蠲安徽宿州等八州縣、長河等三衞四十一年水災額賦。壬戌，命福隆安兼署吏部尚書。甲子，上還京師。

五月乙丑朔，孝聖憲皇后神牌升祔太廟。翌日，頒詔覃恩有差。戊辰，上臨舒赫德喪次賜奠。壬申，蠲直隸清苑等十州縣逋賦。戊寅，以普蠲全國錢糧，免福建臺灣府屬官莊租息十分之三。甲申，馬蘭鎭總兵滿斗於東陵掘牆通路，論斬。丁亥，命阿桂爲武英殿大學士，兼管吏部事，英廉協辦大學士。命尚書果毅繼勇公豐昇額之父阿里袞原襲果毅公爵號，亦加「繼勇」二字。調永貴爲吏部尚書，以富勒渾爲禮部尚書，三寶爲湖廣總督，王亶望爲浙江巡撫。蠲順天直隸大興等三十三廳州縣被災額賦。

六月乙卯，以吉林將軍富椿調杭州將軍，命福康安代之。己未，上詣黑龍潭祈雨。

秋七月，蠲甘肅皋蘭等二十九廳州縣四十一年被災額賦。丙戌，命甘肅應徵各屬番糧草束免十分之三。暹羅頭目鄭昭進貢，送所獲緬番，諭楊景素以請封檄諭之。

八月庚子，免烏魯木齊各州縣戶民額糧十分之三。庚申，命侍郎金簡赴吉林，會同福康安查辦事件。

九月丙子，上謁泰陵、泰東陵。壬午，上還京師。

冬十月戊戌，戶部尚書果毅繼勇公豐昇額卒，調英廉爲戶部尚書，仍兼管刑部，命德福爲刑部尚書。乙巳，詔陝西民屯租糧草束屆輪免錢糧之年，一體蠲免。庚申，設密雲副都統一，駐防兵二千。辛酉，命袁守侗赴浙江查審歸安縣知縣劉均被控案。命侍郎周煌、阿揚阿赴四川查審大足縣知縣趙憲高被控案。

十一月丙寅，廣德處斬。戊辰，海成以縱庇王錫侯褫職，以郝碩爲江西巡撫，國泰爲山東巡撫。壬申，刑部尚書余文儀乞休，允之。甲戌，調袁守侗爲刑部尚書，梁國治爲戶部尚書。乙酉，蠲甘肅寧夏等七廳縣本年被災額賦。

十二月丁酉，蠲甘肅皋蘭等十七州縣四十一年被災額賦。癸丑，賑甘肅皋蘭等三十二廳州縣被旱災民。

四十三年春正月壬戌朔，免朝賀。癸亥，以鄭大進爲河南巡撫。辛未，追復睿親王封爵及豫親王多鐸、禮親王代善、鄭親王濟爾哈朗、肅親王豪格、克勤郡王岳託原爵，並配享太廟。己卯，上謁西陵，免經過地方本年額賦十分之三。癸未，上謁泰陵、泰東陵。甲申，上謁泰東陵行期年禮。

二月丁酉，朝鮮、琉球入貢。己酉，以特成額爲禮部尚書。調綽克托爲吏部尚書，富勒渾爲工部尚書。特成額遷成都將軍，以鍾音爲禮部尚書。調楊景素爲閩浙總督，桂林爲兩廣總督，李質穎護之。戊午，以諴親王弘暢爲正白旗領侍衛內大臣。

三月甲子，上詣西陵。戊辰，上謁泰陵、泰東陵。己巳，上親祭泰東陵。乙亥，上閱健銳營兵。己丑，以李湖爲湖南巡撫。

夏四月辛卯，以河南旱，命減開封等五府軍流以下罪。壬寅，命先免河南四十五年田賦。癸卯，肅親王蘊著卒。乙巳，上詣黑龍潭祈雨。辛亥，命減河南軍流以下罪。乙卯，賜戴衢亨等一百五十七人進士及第出身有差。

五月庚申朔，以山東荒歉，命預免四十五年錢糧。丁卯，命山西巡撫兼理河東鹽政。戊辰，怡親王弘曉卒。

六月乙未，以九江關監督全德浮收，逮治之。

閏六月癸亥，河南祥符河決。

秋七月癸巳，河南儀封考城河決。乙未，命袁守侗往河南，會同河督姚立德、巡撫鄭大進查辦河工。戊戌，命高晉督辦隄工。丁未，上詣盛京謁陵，免經過直隸、奉天各州縣本年額賦十分之三。

八月癸酉，以儀封決河下注安徽鳳陽各州縣，諭薩載等賑災民。甲戌，上謁永陵。乙亥，行大饗禮。己卯，上謁福陵。免奉天所屬府州縣明年丁賦。庚辰，行大饗禮。上謁昭陵。辛巳，行大饗禮。命奉天、吉林、黑龍江各屬已結未結死罪均減等，軍流以下悉宥之。癸未，上臨奠克勤郡王岳託墓。甲申，上臨奠武勳王揚古利、弘毅公額亦都、直義公費英東墓。乙酉，上詣文廟行禮。

九月甲午，錦縣生員金從善，以上言建儲立后，納諫施德，忤旨，論斬。戊戌，禮部尚書鍾音卒。金從善以妄肆詆斥，處斬。己亥，以德保爲禮部尚書。丁未，申諭立儲流弊，及宣明歸政之期。壬子，上還京師。甲寅，高樸以婪贓論斬。綽克托以失察高樸褫職。命永貴爲吏部尚書。乙卯，命邁拉遜署吏部尚書。

冬十月己未，以庚子年七旬萬壽，巡幸江、浙，命舉恩科鄉會試，並普蠲錢糧。甲戌，江蘇布政使陶易以徇縱徐述夔，褫職論斬。丙子，免甘肅皐蘭等三十二廳州縣四十二年旱災額賦。

十一月戊子，禁貢獻整玉如意及大玉。壬辰，定驛務歸巡道分管，裁甘肅驛傳道。賑廣西興安等九州縣本年旱災。庚子，免甘肅寧夏等七廳州縣四十二年被災額賦。

十二月庚申，河南儀封隄工塌壞，高晉等下部嚴議。丙寅，諭國泰嚴治山東冠縣義和拳教匪。甲戌，賑安徽當塗等三十四州縣衞本年水旱災、湖南湘陰等十五州縣衞旱災，並蠲額賦有差。

四十四年春正月丙戌朔，調陳輝祖爲河南巡撫，鄭大進爲湖北巡撫。乙未，大學士、兩江總督高晉卒。命三寶爲東閣大學士，仍留湖廣總督任，薩載爲兩江總督，李奉翰爲江南河道總督。癸卯，上詣西陵，免經過地方本年丁賦十分之三。裁福州副都統。乙巳，命阿桂赴河南查勘河工。丁未，上謁泰陵、泰東陵。辛亥，上還京師。

二月癸亥，左都御史邁拉遜病免。丙子，以增福爲福建巡撫，申保爲左都御史。庚辰，命輯明季諸臣奏疏。諭曰：「各省送到違礙應燬書籍，如徐必達南州草，蕭近高疏草，宋一韓掖垣封事，切中彼時弊病者，俱無慚骨鯁。雖其君置若罔聞，而一時廢弛瞀亂之迹，痛切敷陳，足資考鏡。朕以爲不若擇其較有關係者，別加編錄，名爲明季奏疏，勒成一書，永爲殷鑒。諸臣在勝國言事，於我國家間有干犯之語，不宜深責，應量爲改易選錄，餘仍分別撤燬。」壬午，建江南龍泉莊等處行宮。

三月丙申，命英廉署直隸總督。丁酉，命德福署協辦大學士。調楊景素爲直隸總督，三寶爲閩浙總督。以圖思德爲湖廣總督，舒常爲貴州巡撫。乙巳，以譚尚忠署山西巡撫。己酉，賑湖北江夏等三十九州縣衞上年旱災。

夏四月己未，改闢展辦事大臣爲吐魯番領隊大臣。戊辰，上詣西陵。壬申，上謁泰陵、泰東陵。丁丑，改甘肅驛傳道爲分巡蘭州道。戊寅，以袁守侗爲河東河道總督，胡季堂爲刑部尚書。己卯，上閱健鋭營兵。庚辰，上還京師。

五月乙未，上秋獮木蘭，免經過地方本年丁賦十分之三。丙申，以李世傑爲廣西巡撫。辛丑，上駐避暑山莊。丙午，以富綱爲福建巡撫。丁未，上詣文廟行釋奠禮。

六月丁卯，免甘肅乾隆二十七年至三十七年逋賦銀二十三萬五千兩、糧一百零五萬石各有奇。戊辰，河南武陟、河內沁河決。庚辰，建吐魯番滿城。

秋七月乙未，以孫士毅爲雲南巡撫。

八月戊辰，上幸木蘭行圍。辛未，命和珅在御前大臣上學習行走。甲戌，以宗室永瑋爲黑龍江將軍。乙亥，寧壽宮成。

九月庚子，上還京師。

冬十月壬戌，免陝西延安等三府州屬乾隆二十年至三十七年民欠社倉穀。免西藏那克舒三十九族番子等應交馬銀。乙亥，免甘肅莊浪等十七廳州縣被災額賦。

十一月甲申，免安徽亳州等十一州縣額賦。戊戌，杭州將軍嵩椿坐耽於逸樂褫職，仍通諭申儆。癸卯，賑甘肅皋蘭等十二廳州縣災民，並蠲本年額賦。丙午，以姚成烈爲廣西巡撫。以伍彌泰護送班禪至熱河，給欽差大臣關防。

十二月癸丑，命侍郎德成至河南會辦河工。甲寅，命戶部侍郎董誥在軍機處行走。乙卯，兩廣總督桂林卒，以巴延三代之，雅德爲山西巡撫。戊午，大學士于敏中卒。湖廣總督圖思德卒，以富勒渾代之，綽克托代爲工部尚書。丙寅，賑湖北沔陽等七州縣衞本年水災。己巳，命程景伊爲文淵閣大學士，調嵇璜爲吏部尚書、協辦大學士，周煌爲工部尚書。辛未，直隸總督楊景素卒，以袁守侗代之。調陳輝祖爲河東河道總督，榮柱爲河南巡撫。

四十五年春正月庚辰朔，以八月七旬萬壽，頒詔覃恩有差。辛巳，免河南儀封等十三州縣被災額賦。辛卯，上巡幸江、浙，免直隸、山東經過地方本年額賦十分之三。壬辰，免直隸順德等四府屬逋賦。己亥，免山東歷城等二十八州縣逋賦及倉穀。己酉，朝鮮國王李疏表賀萬壽，優詔答之。修浙江仁和、海寧塘工。

二月癸丑，命舒常同和珅、喀寧阿查辦海寧劾李侍堯各款。甲寅，免江南、浙江經過地方本年額賦十分之三。免兩江所屬四十三年以前逋賦。丙辰，調李奉翰爲河東河道總督，陳輝祖爲江南河道總督。丁巳，免臺灣府屬本年額穀，免兩淮竈戶災欠及川餉未繳銀。己未，上渡江，閱淸口東壩隄工。甲子，免江南、浙江省會附郭諸州縣本年額賦。戊辰，上幸焦山。壬申，上幸蘇州府。儀封決口合龍。己卯，免浙江仁和等縣逋賦。

三月辛巳，上幸海寧州觀潮。壬午，上幸尖山。召索諾木策凌來京，以奎林爲烏魯木齊都統。癸未，上幸杭州府。甲申，上幸秋濤宮閱水師。以博淸額爲理藩院尙書。壬辰，調李質穎爲浙江巡撫，李湖爲廣東巡撫，以劉墉爲湖南巡撫。以京察屆期，予阿桂等議敍，左都御史崔應階等原品休致。癸巳，以羅源漢爲左都御史。丁酉，李侍堯褫職逮問。孫士毅褫職，發伊犁效力。以福康安爲雲貴總督，索諾木策凌爲盛京將軍。辛丑，命英廉爲東閣大學士，和珅爲戶部尙書。丙午，上詣明太祖陵奠酒。

夏四月己酉朔，上渡江。壬子，山東壽光人魏塾以著書悖妄，處斬。丁巳，上至武家墩，閱高家堰堤工，渡河。免山西太原等十六府州並歸化城等廳應徵額賦十分之三，大同、朔平及和林格爾等屬全免之。辛酉，調楊魁爲陝西巡撫，劉秉恬署雲南巡撫，顏希深爲貴州巡撫，吳壇爲江蘇巡撫。丁卯，調楊魁爲河南巡撫，雅德爲陝西巡撫，喀寧阿爲山西巡撫。

五月甲申，以大學士、九卿改和珅所擬李侍堯監候爲斬決，諭各督撫各抒所見，定擬題奏。丁亥，上還京師。癸巳，賜汪如洋等一百五十五人進士及第出身有差。丁酉，宥孫士毅罪。己亥，上秋獮木蘭。乙巳，上駐蹕避暑山莊。甲寅，免湖北沔陽等五州縣本年水災額賦。乙卯，召大學士三寶入閣辦事。調富勒渾爲閩浙總督，舒常爲湖廣總督。丁卯，以和珅爲正白旗領侍衞內大臣。庚午，江蘇睢寧郭家渡河決。

秋七月丁丑，起孫士毅爲編修。丁酉，班禪額爾德尼自後藏入覲，上御淸曠殿，賜坐，賜茶。戊戌，順天良鄉永定河決。庚子，上御萬樹園，賜班禪額爾德尼及王、公、大臣，蒙古王、貝勒、貝子、公、額駙、台吉等宴，並賜冠服金幣有差。辛丑，山東曹縣及河南考城河決。壬寅，以李本爲貴州巡撫。

八月戊申，賑河南寧陵等四縣水災。乙卯，大學士程景伊卒。丁巳，永定河決口合龍。湖北巡撫鄭大進貢金器，不納，切責之。己未，上七旬萬壽節，御澹泊敬誠殿，王、公、大臣及蒙古王、貝勒、貝子、額駙、台吉等行慶賀禮。癸酉，調閔鶚元爲江蘇巡撫，農起爲安徽巡撫。甲戌，上詣東西陵，免經過地方本年額賦十分之三。賑浙江諸暨等七縣水災。

九月，以嵇璜爲文淵閣大學士，蔡新爲吏部尙書、協辦大學士。調周煌爲兵部尙書，以周元理爲工部尚書。壬午，上謁昭西陵、孝陵、孝東陵、景陵，詣孝賢皇后陵奠酒。辛卯，上謁泰陵、泰東陵。睢寧郭家渡決口合龍。乙未，上還京師。乙巳，賑吉林琿春水災。

冬十月戊申，定李侍堯斬監候。調雅德爲河南巡撫。辛酉，免河南儀封等六縣本年水災額賦。壬戌，免直隸霸州等六十三州縣本年水災額賦。免江蘇淸河等八州縣衞本年水旱額賦。免甘肅臯蘭等三十五廳州縣四十四年水災額賦。甲戌，命博淸額署左都御史，和珅仍兼署理藩院尚書。

十一月庚辰，命博淸額爲欽差大臣，護送班禪額爾德尼往穆魯烏蘇地方。壬午，以慶桂爲烏里雅蘇台將軍。癸未，班禪額爾德尼卒於京師。

十二月乙卯，賑甘肅臯蘭等十八廳州縣饑民。庚申，以會同四譯館屋壞，壓斃朝鮮人，禮部尚書等下部嚴議。丁卯，命阿桂會同陳輝祖、富勒渾、李質穎勘視海塘。

四十六年春正月己卯，定蒙古喀爾喀，青海杜爾伯特、土爾扈特、和碩特，回部王、公、札薩克、台吉等世襲爵秩。丙申，朝鮮國王李祘表謝賜緞匹，仍貢方物，溫諭受之。癸卯，召富勒渾、李質穎來京。以陳輝祖爲閩浙總督，兼管浙江巡撫，督辦塘工。調李奉翰爲江南河道總督，韓鑅爲河東河道總督。

二月丙辰，免浙江諸暨水災額賦。癸亥，命阿桂勘視江南、河南河工。乙丑，上西巡五臺山，免經過地方本年額賦十分之三。丙寅，免順天保定七府州縣逋賦。己巳，調雅德爲山西巡撫。庚午，以富勒渾爲河南巡撫。王燧論絞。

三月甲戌朔，上幸正定府閱兵。乙亥，免安徽亳州等九州縣、鳳陽等三衞水災額賦有差。丙子，免江蘇淸河等八州縣衞水災額賦有差。戊寅，召慶桂來京，以巴圖署烏里雅蘇台將軍。辛巳，上駐蹕五臺山。己丑，免甘肅皐蘭等十五廳州縣雹災額賦有差。甲午，以宗室嵩椿爲綏遠城將軍。庚子，上還京師。壬寅，甘肅循化廳撒拉爾回匪蘇四十三等作亂，陷河州，命西安提督馬彪同勒爾謹勦之。癸卯，回匪犯蘭州，命阿桂往甘肅調度勦賊機宜。

夏四月甲申朔，命尙書和珅、額駙拉旺多爾濟、領侍衞内大臣海蘭察，並巴圖魯侍衞等，赴甘肅勦賊。乙巳，命安徽巡撫農起往甘肅辦理軍需，宥李侍堯罪，賞三品頂戴赴甘肅。己酉，甘肅官軍收復河州，仁和進援省城。庚申，休致大理寺卿尹嘉銓坐妄請其父從祀孔廟及著書狂悖，處絞。免直隸霸州等五十廳州縣水災額賦。戊辰，賜錢棨等一百六十九人進士及第出身有差。庚午，逮勒爾謹，以李侍堯管理陝甘總督事，未至，以阿桂兼管之。召和珅回京。辛未，免安徽壽州等十二州縣衞、河南儀封等五縣水災額賦。

五月辛卯，諭阿桂等除回民新教。

閏五月癸卯朔，勒爾謹論斬。己酉，免江蘇阜寧等七縣衛逋賦。庚戌，上秋獮木蘭。丙辰，上駐蹕避暑山莊。

六月庚辰，江蘇睢寧魏家莊河決。己丑，以甘肅累年冒賑，命刑部嚴鞫勒爾謹，逮王亶望至都。壬辰，免陝西西安等十二府州民欠倉穀。癸巳，甘肅回匪蘇四十三等伏誅。

秋七月壬寅朔，江蘇崇明、太倉等州縣海溢。甘肅布政使王廷贊，以冒賑浮銷，褫職逮治。丙午，以奎林爲烏里雅蘇台將軍，明亮爲烏魯木齊都統。己酉，河南萬錦灘及儀封曲家樓河決。庚申，暹羅國長鄭昭遣使齎表貢方物。辛酉，命阿桂閱視河南、山東河工。乙丑，南掌國王弟召翁貢方物。庚午，王亶望處斬，賜勒爾謹自盡，王廷贊論絞。免江蘇崇明縣本年額賦。賑江蘇崇明等九廳州縣、河南儀封縣水災。

八月甲戌，賑甘肅隴西等四縣水災。免金縣等七縣額徵半賦。己卯，袁守侗等坐查監糧失實，下部嚴議。壬午，調福康安爲四川總督，以富綱爲雲貴總督，楊魁署福建巡撫。乙酉，賑湖北潛江等四州縣水災。丙戌，上幸木蘭行圍。魏家莊決口合龍。

九月戊申，王廷贊處絞。丁卯，賑山東金鄉水災。

冬十月丙子，賑江蘇銅山等縣水災。丁丑，賑山東鄒平等二十九州縣、濟寧等三衛、永皁等三場水災。乙酉，賑直隸滄州等四州縣、嚴鎮等四場水災。戊子，賑河南祥符十三縣水災。庚寅，賑湖北江夏等十七州縣水旱災。癸巳，賑安徽靈壁等二十四州縣衞水旱災。丁酉，上以御史劉天成奏，諭曰：「均田之法，勢必致貧者未富，富者先貧。我君臣惟崇儉尙樸，知愧知懼，使四民則傚而已。」罷陝西貢皮。

十一月庚子，工部尙書周元理予告，以羅源漢代之。以劉墉爲左都御史，仍暫管湖南巡撫。丙午，以李世傑爲湖南巡撫。戊辰，以鄭大進爲直隸總督。

十二月己巳朔，調姚成烈爲湖北巡撫。以朱椿爲廣西巡撫。丁丑，以雅德爲廣東巡撫，譚尙忠爲山西巡撫。戊子，大學士等議駁嵇璜請復黃河故道，上韙之。庚寅，畢沅以御史錢灃劾，降三品頂戴留任。辛卯，調農起爲山西巡撫，譚尙忠爲安徽巡撫。

四十七年春正月庚子，陳輝祖、閔鶚元降三品頂戴留任。乙卯，建盛京文溯閣。丙寅，四庫全書成。

二月己巳，上御文淵閣，賜四庫全書總裁等官宴，賞賚有差。丁亥，命乾淸門侍衞阿彌達致祭河神。

三月庚子，上幸盤山。壬寅，上駐蹕盤山。癸丑，調雅德爲福建巡撫，以尙安爲廣東巡撫。甲寅，上還京師。乙卯，免甘肅積年逋賦糧二百四十五萬石、銀三十萬兩各有奇。戊午，免江蘇常熟等二十八廳州縣衞水災額賦。癸亥，免直隸天津等三十九州縣廳水災額賦。

夏四月戊辰，命和珅、劉墉同御史錢灃查辦山東虧空。戊寅，免山東壽光等五縣水災額賦。己卯，山東巡撫國泰褫職逮問，以明興代之。辛巳，上閱火器營兵。甲申，免山西永濟縣水災額賦。丁亥，上閱健銳營兵。壬辰，協辦大學士、吏部尚書蔡新乞假，允之。以劉墉署吏部尚書。甲午，羅源漢罷，以劉墉爲工部尚書，王杰爲都察院左都御史，慶桂爲盛京將軍。

五月丁酉，召阿桂來京，命韓鑅、富勒渾籌辦河工。己亥，賑山東曹州、兗州、濟寧等府州，江蘇徐州、豐、沛等縣水災。辛丑，免河南祥符等六縣水災額賦。定新建巴爾噶遜城名曰嘉德。戊申，上幸木蘭。庚戌，免安徽懷寧等十八州縣、安慶等五衞水災額賦。甲寅，上駐蹕避暑山莊。

六月丙子，國泰、于易簡論斬。以富躬爲安徽巡撫。

秋七月丙申朔，命阿桂仍督辦河工。戊戌，索諾木策凌論斬。癸卯，國泰、于易簡賜自盡。甲辰，以李侍堯、國泰所辦貢物過優，皆致罪戾，諭各督撫等惟當潔清自矢，毋專以進獻爲能。己未，以何裕城署河東河道總督。癸亥，免甘肅隴西等四縣四十六年水災額賦。

八月丁卯，以福康安爲御前大臣。癸酉，以宗室永瑋爲吉林將軍，宗室恆秀爲黑龍江將軍。甲戌，加英廉、嵇璜、和珅、李侍堯、福康安太子太保，梁國治、鄭大進太子少傅，薩載太子少保。壬午，賑江蘇沛縣等州縣，山東鄒、嶧二縣被水災民。癸未，上幸木蘭行圍。乙酉，賜索諾木策凌自盡。壬辰，賑山東兗州等府縣被水災民。

九月丙申，建浙江文瀾閣。壬寅，上回駐避暑山莊。癸卯，刑部尚書德福卒，以喀寧阿代之。命英廉暫管刑部。乙巳，調宗室永瑋爲盛京將軍，慶桂爲吉林將軍。辛亥，陳輝祖褫職逮問，調富勒渾爲閩浙總督，福長安署之。調李世傑爲河南巡撫，以查禮爲湖南巡撫。己未，賑浙江玉環等處海溢災民。辛酉，免奉天承德等五廳縣水災額賦。

冬十月癸酉，新建庫爾喀喇烏蘇城名曰慶綏，晶河城名曰安阜。丁卯，賑河南汝陽等十六縣水災。甲申，直隸總督鄭大進卒，以袁守侗署之。以福崧爲浙江巡撫。賑安徽壽州等十六州縣衞水旱災。

十二月癸亥朔，陳輝祖及國棟等論斬。甲申，常青遷杭州將軍。以烏爾圖納遜爲察哈爾都統。

四十八年春正月甲午，以伊星阿爲湖南巡撫。戊申，以薩載爲兩江總督，畢沅爲陝西巡撫，劉秉恬爲雲南巡撫。

二月甲子，賜陳輝祖自盡，王燧處斬。乙丑，以毓奇爲漕運總督。丙寅，以拉旺多爾濟爲御前大臣。戊辰，命建辟雍於太學。辛未，上詣西陵，免經過地方額賦十分之三。乙亥，上詣泰陵、泰東陵。戊子，賜明遼東經略熊廷弼五世孫泗先爲儒學訓導。

三月辛丑，予大學士阿桂等議敍。禮部侍郎錢載等原品休致。予總督袁守侗等、巡撫農起等議敍。召朱椿來京，以劉峩爲廣西巡撫。甲寅，免江蘇銅山等十九州縣、淮安等三衞水旱災額賦。

夏四月乙丑，御前大臣喀喇沁郡王札拉豐阿卒，以拉旺多爾濟爲御前大臣。乙亥，上閱火器營兵。辛巳，召福康安來京。

五月壬辰，以福康安爲正黃旗領侍衞內大臣。予李奉翰兵部尚書、右都御史銜。甲辰，以朱椿爲左都御史。丙午，協辦大學士、吏部尚書永貴卒。免安徽壽州等十一州縣上年水災額賦。丁未，直隸總督袁守侗卒，以劉峩代之。以孫士毅爲廣西巡撫，伍彌泰爲吏部尚書、協辦大學士。己酉，上有疾，命永瑢代祀方澤。癸丑，上幸木蘭。庚申，上駐蹕避暑山莊。

六月乙丑，體仁閣火。乙酉，免山東永阜等五場上年水災額賦。丁亥，賑湖北廣濟等六州縣水災。

秋七月戊戌，命海祿署伊犂將軍，圖思義署烏魯木齊都統。乙卯，命蔡新爲文華殿大學士，梁國治協辦大學士，劉墉爲吏部尚書。

八月甲午，賜達賴喇嘛玉册玉寶。甲戌，明亮、巴林泰等褫職逮問，以海祿爲烏魯木齊都統。乙亥，上自避暑山莊詣盛京謁陵，免經過地方本年額賦十分之五。庚辰，太子太保、大學士英廉卒。辛巳，上駐蹕哈那達大營。喀喇沁郡王喇特納錫第等迎駕，賞賚有差。丁亥，上駐五里屯大營，科爾沁親王恭格喇布坦、巴林郡王巴圖等迎駕，賞賚有差。戊子，予明遼東經略袁崇煥五世孫炳以八九品官選補。

九月己丑朔，上駐蹕四堡子東大營閱射。命皇十一子永瑆等迎册寶至盛京，藏於太廟。癸巳，上駐老邊大營閱射。朝鮮國王遣使貢方物。乙未，免奉天各屬乾隆四十九年額賦。戊戌，上謁永陵。己亥，行大饗禮。閱興京城。免盛京戶部各莊頭倉糧。免盛京等處旗地應納米豆草束十分之五。減奉天等處死罪，免軍流以下罪。癸卯，上謁福陵。甲辰，行大饗禮。上謁昭陵，臨奠武勳王揚古利墓。乙巳，行大饗禮。丙午，上臨奠克勤郡王岳託墓。丁未，上臨奠弘毅公額亦都、直義公費英東墓。戊申，上御崇政殿受慶賀。御大政殿賜扈從皇子、王、公、大臣等宴，賞賚有差。己酉，上詣清寧宮祭神，賜皇子、王、公、大臣等食胙。庚戌，上回蹕。戊午，申諭詹事府備詞臣陞轉之階，及建儲之必不可行。

冬十月壬戌，賑陝西榆林八州縣等旱災。癸亥，上駐蹕文殊菴行宮。壬申，上謁昭西陵、孝陵、孝東陵、景陵。乙亥，上還京師。

十一月己亥，釋國棟。庚子，以福隆安病未痊，命福康安協同辦理兵部尚書。辛丑，命劉峩飭玉田附近州縣掘蝗蝻。壬寅，命劉峩查辦南宮縣義和拳邪敎。己酉，以阿克棟阿爲烏里雅蘇臺參贊大臣，那爾瑚善爲塔爾巴哈台參贊大臣。

十二月丙寅，命福康安赴廣東，會同永德讞鹽商獄。

四十九年春正月丁未，上南巡，免直隸、山東經過地方本年錢糧十分之三。戊申，免直隸順天等十二府州屬逋賦。甲寅，調孫士毅爲廣東巡撫，以吳垣爲廣西巡撫。丙辰，免山東利津等二十一州縣衞逋賦。召巴延三來京，調舒常爲兩廣總督。以特成額爲湖廣總督，保寧爲成都將軍。

二月壬戌，上幸泰安府，詣岱廟行禮。丙寅，上謁少昊陵。至曲阜謁先師廟。丁卯，釋奠先師，詣孔林酹酒。祭元聖周公廟。壬申，免江寧、蘇州、安徽各屬逋賦。免江南、浙江經過地方本年錢糧十分之三。以永保爲貴州巡撫。賚江南、浙江耆民。戊寅，祭河神。上渡河。減江蘇、安徽、浙江三省軍流以下罪。壬午，免江南江寧、蘇州，浙江杭州等附郭諸縣額賦。甲申，免兩淮竈戶四十五、六兩年逋賦。

三月丙戌朔，祭江神。上渡江，幸金山。丁亥，上幸焦山。調周煌爲左都御史。己丑，以王杰爲兵部尚書，俟服闋後供職。辛卯，上幸蘇州府。壬辰，免湖北江夏等二十四州縣衞三十年至四十四年逋賦。乙未，上詣文廟行禮。丁酉，再免浙江杭州、嘉興、湖州三府屬額賦十分之三。己亥，上幸海寧州祭海神。以福建欽賜進士郭鍾岳年屆一百四歲，來浙迎鑾，賞國子監司業。庚子，上幸尖山觀潮。閱視塘工。辛丑，上幸杭州府。癸卯，上詣聖因寺祭聖祖神御。戊申，上閱福建水師。庚戌，上自杭州回鑾。改慶桂爲福州將軍。以都爾嘉爲吉林將軍。增西安副都統一。甲寅，上駐蹕蘇州府。巴延三褫職。

閏三月丙辰朔，兵部尚書福隆安卒，以福康安爲兵部尚書，復興署工部尚書。壬戌，上幸江寧府。甲子，祭明太祖陵。乙丑，上閱江寧府駐防兵。戊辰，上渡江。丙子，上祭河神，渡河。以伊齡阿爲總管內務府大臣。是月，免江蘇上元等八州縣衞，安徽懷寧等十州縣、安慶等三衞上年水旱災額賦。

夏四月丙戌，免直隸宛平等五州縣上年水災額賦。庚寅，上祭禹廟。壬寅，以李綬爲江西巡撫。甲辰，以河南衞輝等屬旱，免汲縣等十六縣逋賦。乙巳，免直隸大名等七州縣逋賦。丙午，甘肅新教回人田五等作亂，命李侍堯、剛塔剿之。丁未，上還京師。以海祿爲烏什參贊大臣。庚戌，免陝西、甘肅三十八年至四十六年逋賦。辛亥，調李綬爲湖南巡撫，以伊星阿爲江西巡撫。甲寅，賜茹棻等一百十二人進士及第出身有差。是月，免湖北黃梅等四縣、武昌等三衞上年水災額賦。

五月丙辰，綽克托以緣事褫職逮問，以慶桂爲工部尙書。調常青爲福州將軍，以永鐸爲杭州將軍。己未，命慶桂在軍機處行走。壬戌，上秋獮木蘭。癸亥，免陝西延安等三府州逋賦。戊辰，上駐蹕避暑山莊。己巳，命福康安、海蘭察赴甘肅勦捕回匪。甲戌，命阿桂領火器、健銳兩營兵往甘肅勦叛回。以阿桂爲將軍，福康安、海蘭察、伍岱並爲參贊大臣。乙亥，甘肅回匪陷通渭縣，尋復之。以舒亮爲領隊大臣。庚辰，李侍堯坐玩誤褫職，以福康安爲陝甘總督。剛塔以失機褫職逮問。辛巳，調慶桂爲兵部尙書，復興爲工部尙書。以阿揚阿爲左都御史。癸未，江南巡撫郝碩坐貪婪逮問。是月，免山東兗州等三府州屬上年水災額賦。

六月庚寅，免甘肅本年額賦。甲午，賑湖南茶陵、攸縣水災。壬寅，東閣大學士三寶卒。戊申，以書麟爲安徽巡撫。是月，免安徽懷寧等十三州縣衞上年水旱額賦。

秋七月甲寅朔，日食。丁巳，禮部尚書曹秀先卒，以姚成烈爲禮部尚書。調李綬爲湖北巡撫，以陸燿爲湖南巡撫。己未，賜郝碩自裁。甲子，甘肅石峯堡回匪平，俘賊首張文慶等。予阿桂輕車都尉，晉封福康安嘉勇侯，擢海蘭察子安祿二等侍衞，授伍岱都統，俱給騎都尉，和珅再給輕車都尉，餘各甄敍有差。丙寅，以常青爲烏魯木齊都統。癸酉，以伍彌泰爲東閣大學士。調和珅爲吏部尚書、協辦大學士，兼管戶部。以福康安爲戶部尚書，仍留陝甘總督任。戊寅，命頒行軍紀律。癸未，李侍堯論斬。宥剛塔罪，戍伊犁。是月，免陝西榆林等八州縣上年旱災額賦。

八月己丑，河南睢州河決，命阿桂督治之。癸巳，免甘肅積年逋賦銀三十五萬兩、糧四十七萬石各有差。乙未，以河南偃師縣任天篤九世同居，賜御製詩御書扁額。己亥，上幸木蘭行圍。辛丑，張文慶等伏誅。甲辰，暹羅國長鄭華遣陪臣貢方物，乞封。

九月癸丑朔，賑安徽宿州等處水災。乙卯，以回匪平，封和珅一等男。庚申，上駐蹕避暑山莊。甲子，調烏爾圖納遜爲察哈爾都統，積福爲綏遠城將軍。甲戌，上還京師。丙子，宥綽克托罪。庚辰，命內大臣西明、翰林院侍讀學士阿肅使朝鮮，册封世子。是月，賑陝西華州等三州縣水災。冬十月辛卯，命重舉千叟宴。戊戌，賑江西南昌等六縣水災。己酉，減京師朝審情實句到逾三次人犯罪。

十一月乙丑，諭秋審、朝審各犯緩決至三次者，分別減等。壬申，睢州河工合龍。庚辰，命留保住爲駐藏大臣，以福祿爲西寧辦事大臣。十二月甲辰，諭預千叟宴官民年九十以上者，許其子孫一人扶掖；大臣年逾七十者，如步履稍艱，亦許其子孫一人扶掖。

是歲，朝鮮、琉球、暹羅、安南來貢。

五十年春正月辛亥朔，上以五十年國慶，頒詔覃恩有差。丙辰，舉千叟宴禮，宴親王以下三千人於乾清宮，賞賚有差。丁巳，左都御史周煌致仕，以紀昀爲左都御史。調吳垣爲湖北巡撫，以孫永清爲廣西巡撫。戊辰，召奎林來京，以拉旺多爾濟署烏里雅蘇台將軍。甲戌，喀什噶爾阿奇木伯克阿里木以潛與薩木薩克交通事覺，處斬。乙酉，賑江西萍鄉等三縣水災。丁亥，上釋奠先師，臨辟雍講學。戊子，免河南汲縣等十四縣逋賦。己丑，御試翰林院、詹事府官，擢陸伯焜、吳瑍爲一等，餘陞黜有差。試六部陞用翰詹等官，擢慶齡爲一等，餘陞黜有差。辛卯，調畢沅爲河南巡撫，何裕城爲陝西巡撫。甲辰，免江南江寧等六府州逋賦。是月，賑江西萍鄉等三縣、福建建安等二縣水災，河南汲縣等十四縣旱災。

三月壬子，上幸盤山。甲寅，上詣明長陵奠酒。丁巳，上駐蹕盤山。辛酉，截河南、山東漕糧三十萬石，賑河南衞輝旱災。甲子，免江蘇安東、阜寧逋賦。丙寅，上還京師。丁卯，以永鐸爲伊犂參贊大臣，常青爲西安將軍，奎林爲烏魯木齊都統，復興爲烏里雅蘇臺將軍。以舒常爲工部尙書，孫士毅兼署兩廣總督。乙亥，免直隸霸州等四十九州縣逋賦。丙子，免河南商丘等六州縣上年水災額賦。

夏四月甲申，甘肅肅州等處地震，賑恤之。壬辰，上閱健銳營兵。丁酉，刑部尙書喀寧阿、胡季堂，侍郎穆精阿、姜晟以檢驗失實，降四品頂戴。戊戌，大學士蔡新致仕。是月，免河南汲縣等旱災額賦。賑祥符等州縣旱災。

五月壬子，免河南祥符等十六州縣、鄭州等三十二州縣新舊額賦積欠。甲寅，調永保爲江西巡撫，陳用敷爲貴州巡撫。己未，撥兩淮運庫銀一百萬兩交河南備賑。丙寅，上秋獮木蘭。丁卯，山西平陽等屬饑，給貧民兩月糧。壬申，上駐蹕避暑山莊。丙子，命梁國治爲東閣大學士，兼戶部尙書，劉墉協辦大學士。以曹文埴爲戶部尙書。丁丑，柘城盜匪平。是月，賑江蘇銅山等十六州縣、山東陵縣等四十州縣旱災。

六月壬午，以漕運遲誤，薩載等下部嚴議，分別賠償。乙酉，理藩院尙書博淸阿卒。丙戌，以留保住爲理藩院尙書。辛丑，以奎林署伊犂將軍，永鐸署烏魯木齊都統。乙巳，命再截留江西漕糧十萬石於安徽備賑。是月，賑安徽亳州等八州縣旱災。

秋七月己酉，調富勒渾爲兩廣總督，以雅德爲閩浙總督，浦霖爲福建巡撫。庚戌，調浦霖爲湖南巡撫，以徐嗣曾爲福建巡撫。辛酉，以李慶棻爲貴州巡撫。乙丑，撥戶部銀一百萬兩交河南備賑。辛未，賑山西代州等六州縣水災。乙亥，以奎林爲伊犂將軍，永鐸爲烏魯木齊都統。

八月乙酉，命阿桂赴河南勘災，兼赴江南、山東查辦河運。癸巳，上幸木蘭行圍。庚子，賑陝西朝邑縣水災。癸卯，以伊桑阿爲山西巡撫。

九月己酉，命福康安赴阿克蘇安輯回衆。以慶桂爲烏什參贊大臣，署陝甘總督。降海祿爲伊犂領隊大臣。命明亮以伊犂參贊大臣署烏什參贊大臣。甲寅，上駐蹕避暑山莊。戊午，調永保爲陝西巡撫，何裕城爲江西巡撫。戊辰，上還京師。壬申，賑江蘇長洲等五十六州縣衞旱災。

冬十月丁丑朔，召勒保、松筠回京，命佛住駐庫倫，會同蘊端多爾濟辦事。庚辰，賑湖南巴陵等十州縣旱災。辛丑，賑安徽亳州五十一州縣並鳳陽等九衞旱災。是月，免甘肅臯蘭等十二廳州縣衞本年雹水災額賦。賑直隸平鄉等十六州縣水旱災，河南永城等十二州縣旱災。

十一月乙亥，以乾隆六十年乙卯正旦推算日食，宣諭定次年歸政。是月，賑山東嶧縣等九州縣旱災，甘肅河州等七州縣水雹災。

十二月丁丑，以御史富森阿條陳地丁錢糧請收本色，諭斥爲斷不可行，罷之。丙戌，以明亮爲烏什參贊大臣，慶桂爲塔爾巴哈台參贊大臣。壬寅，禁廣東洋商及粵海關監督貢獻。是月，賑陝西朝邑等三縣水災。

是歲，朝鮮來貢。

淸史稿卷十五

本紀十五

高宗本紀六

五十一年春正月丙午朔，日食，免朝賀。戊申，命戶部撥銀一百萬兩解往安徽備賑。辛酉，禮部尚書姚成烈卒，以彭元瑞代之。丙寅，以普福爲駐藏大臣。庚午，江西巡撫何裕城奏糧價日昂，由江、楚販運過多所致。上以意存遏糴，切責之。命范建中往哈密辦事。

二月庚辰，上御經筵賜宴，命工歌新譜抑戒詩，歲爲例。加福建水師提督黃仕簡太子太保。乙酉，上幸南苑行圍。辛卯，命尚書曹文埴，侍郎姜晟、伊齡阿往浙省盤查倉庫。壬辰，上詣西陵，巡幸五臺山，免經過地方額賦十分之三。丙申，上謁泰陵、泰東陵。丁酉，免直隸順德、廣平、大名三府屬上年災欠銀米。己亥，以圖薩布爲湖北巡撫。癸卯，免山西忻州等六州縣逋賦。

三月丙午，上駐蹕五臺山。丙辰，兩江總督薩載卒，調李世傑代之。以保寧為四川總督，鄂輝為成都將軍。己未，上閱滹沱河，閱正定鎮兵。壬戌，上祭帝堯廟。癸亥，命李侍堯署戶部尚書。甲子，賑陝西朝邑等三縣災民。庚午，上還京師。辛未，以伊齡阿為浙江巡撫。

夏四月己卯，命大學士阿桂往江南籌辦河工。乙酉，浙江學政竇光鼐奏嘉興、海鹽、平陽三縣虧空各逾十萬，郡縣採買倉儲，俱折收銀兩，以便挪移。命曹文埴等嚴查覆奏。賑山西代州等六州縣水災。己丑，命竇光鼐會同曹文埴等查辦浙江虧空。

五月丙午，命阿桂赴浙，會同曹文埴等查辦虧空，並勘海塘。丙辰，富勒渾褫職，交阿桂等審訊。丁巳，以孫士毅為兩廣總督，調圖薩布為廣東巡撫，以李封為湖北巡撫。己未，以李侍堯署湖廣總督。辛未，上秋獮木蘭。賑四川打箭爐等地震災。是月，免江蘇上元等五十六州縣衞上年旱災額賦。

六月丁丑，上駐蹕避暑山莊。乙酉，以福崧署山西巡撫。丁亥，湖南常德府沅江溢。辛丑，調富綱為閩浙總督，以特成額為雲貴總督。以畢沅為湖廣總督，江蘭為河南巡撫。

秋七月戊申，免河南商丘等十二州縣上年旱災額賦。壬子，江蘇清河李家莊河溢。丁巳，命阿桂由浙江赴清口，會同李世傑等辦理堵築事宜。己巳，曹錫寶劾和珅家人劉全，不能指實，加恩革職留任。

閏七月庚辰，大學士、伯伍彌泰卒。召劉秉恬來京，以譚尙忠爲雲南巡撫。己丑，浙江學政、吏部右侍郎竇光鼐褫職。庚寅，富勒渾論斬。乙未，命和珅爲文華殿大學士，管理戶部事。福康安爲吏部尙書、協辦大學士，仍留陝甘總督任。福長安爲戶部尙書，綽克托署兵部尙書。戊戌，賑湖南武陵、龍陽水災。

八月丙辰，上幸木蘭行圍。庚申，調嵩椿爲綏遠城將軍，積福爲寧夏將軍。

九月戊寅，上駐蹕避暑山莊。丁亥，以勒保爲山西巡撫。戊子，以永保爲塔爾巴哈臺參贊大臣。以巴延三爲陝西巡撫。壬辰，上還京師。甲午，調福長安署兵部尙書，以綽克托署戶部尙書。乙未，以琅玕爲浙江巡撫。己亥，皇長孫貝勒綿德卒。賑安徽五河等十七州縣並鳳陽等五衞水災。

冬十月辛丑朔，調富綱爲雲貴總督，以常青爲閩浙總督。丁未，降畢沅仍爲河南巡撫，江蘭仍爲河南布政使，授李侍堯湖廣總督。丁巳，免直隸安州等四州縣被災額賦有差。

十一月，賑安徽合肥等十七州縣水災。

十二月辛丑，福建南靖縣匪徒陳薦等作亂，捕治之。壬子，大學士梁國治卒。命兵部尙書王杰在軍機處行走。戊午，封鄭華爲暹羅國王。丙寅，福建彰化縣賊匪林爽文作亂，陷縣城，知縣俞峻死之。命常青、徐嗣曾等勦辦。

是歲，朝鮮、琉球、暹羅來貢。

五十二年春正月辛未，林爽文陷諸羅竹塹。癸酉，命鄂輝署四川總督。乙亥，宥富勒渾罪。丁丑，調李侍堯爲閩浙總督，常青爲湖廣總督，仍留福建督辦軍務，命舒常署之。癸未，林爽文陷鳳山，知縣湯大奎死之。甲申，常青以守備陳邦光督義民守鹿仔港，收復彰化奏聞。丁亥，命王杰爲東閣大學士，管禮部事。調彭元瑞爲兵部尚書，以紀昀爲禮部尚書。庚寅，允戶部尚書曹文埴終養，以董誥代之。辛卯，命松筠往庫倫辦事。丁酉，命常青渡臺勦匪。

二月壬寅，林爽文復陷鳳山，犯臺灣府，柴大紀督兵民禦之。癸卯，以李綬爲左都御史。乙巳，以長麟爲山東巡撫。壬子，免臺灣府屬本年額賦。丙辰，復諸羅。甲子，上詣東陵。丁卯，上謁昭西陵、孝陵、孝東陵、景陵。

三月癸酉，上回蹕。丙子，以重修明陵成，上臨閱，申禁樵採。辛巳，復鳳山。辛卯，以姜晟爲湖北巡撫。黃仕簡以貽誤軍機褫職，令其長孫嘉謨襲公爵。乙未，逮黃仕簡下獄。

夏四月辛丑，以常青爲將軍，恆瑞、藍元枚爲參贊。調藍元枚爲福建水師提督，柴大紀署陸路提督。戊午，上詣黑龍潭祈雨。壬戌，賜史致光等一百三十七人進士及第出身有差。甲子，上閱火器營兵。

五月丁卯朔，烏里雅蘇台參贊大臣貢楚克扎布病免，以三丕勒多爾濟代之。戊辰，授蘭第錫河東河道總督。甲戌，上秋獮木蘭。庚辰，上駐蹕避暑山莊。湖南鳳凰廳苗作亂，總兵尹德禧討平之。

六月庚戌，免浙江仁和場潮衝蕩地額課。壬子，授柴大紀福建陸路提督，兼管臺灣總兵事。丙辰，召福康安赴行在，以勒保署陝甘總督。

秋七月壬辰，以海蘭察爲參贊大臣，舒亮、普爾普爲領隊大臣，率侍衞、章京等赴臺灣勦賊。癸巳，賑安徽懷遠、鳳陽等州縣水災。賑山西豐鎮等九廳州縣旱災。

八月，常青免，命福康安爲將軍，赴臺灣督辦軍務。辛亥，上幸木蘭行圍。

九月壬申，上回駐避暑山莊。庚辰，上回蹕。壬午，調柴大紀爲福建水師提督，以蔡攀龍爲福建陸路提督，並授參贊。辛卯，以諸羅仍未解圍，催福康安徑勦大里杙賊，並分兵進大甲溪。

冬十月丁未，命福長安署工部尚書。戊申，修福陵。丁未，睢州下汛決口合龍。丙辰，命阿桂赴江南勘高堰等處堤工。戊午，免江蘇清河等二十三州縣及淮安等五衞本年水災漕項漕米有差。辛酉，以福州將軍恆瑞勦賊怯懦，召來京，調鄂輝代之。賑直隸保安等七州縣旱災。壬戌，命江蘇、浙江撥濟福建軍需錢各五萬貫。

十一月甲子朔，加李侍堯、孫士毅太子太保，柴大紀太子少保。賜臺灣廣東莊、泉州莊義民御書扁額。壬申，以柴大紀固守嘉義，封一等義勇伯，世襲。免臺灣嘉義縣五十四年額賦。以巴延三奏達賴喇嘛遣使稱「夷使」，申飭之。乙酉，奎林以婪贓，褫職逮問，以保寧爲伊犁將軍。調李世傑爲四川總督，以書麟爲兩江總督，陳用敷爲安徽巡撫。

十二月丁未，福康安等敗賊於崙仔頂莊等處，解嘉義圍，晉封福康安、海蘭察公爵，各賞紅寶石頂、四團龍補褂。己酉，遷常青福州將軍。以舒常爲湖廣總督，福長安爲工部尚書。以福康安劾柴大紀、蔡攀龍戰守之功多不確實，諭：「柴大紀堅持定見，竭力固守。蔡攀龍奮勇殺賊，竟抵縣城。或在福康安前禮節不謹，致爲所憎。豈可轉沒其功，遽加無名之罪？」以孫士毅調兵運械，不分畛域，賞雙眼花翎。戊午，以德成奏稱柴大紀貪縱廢弛，命福康安、李侍堯據實參奏，並以喀什噶爾辦事大臣雅德在福建時徇隱，逮之。庚申，伍拉納護福建巡撫。以永鐸爲盛京將軍，尙安爲烏魯木齊都統。

五十三年春正月丁卯，免兵差經過之福建晉江等二十縣本年額賦有差。辛未，明興奏山西永寧等處河清。丙戌，柴大紀褫職逮問。福州將軍常青以徇隱柴大紀褫職。

二月甲午朔，獲林爽文，賞福康安、海蘭察御用佩囊，議敘將弁有差。晉封大學士和珅三等伯爵。大學士阿桂、王杰，尚書福長安、董誥議敘。予孫士毅輕車都尉世職。乙未，釋黃仕簡、任承恩。壬寅，伊犁參贊大臣海祿以劾奎林失實褫職，與奎林俱罰在拜唐阿上効力。乙巳，立先賢有子後裔五經博士。辛亥，上巡幸天津。庚申，獲臺灣賊首莊大田，議敘提督許世亨等有差。辛酉，免天津府屬逋賦。壬戌，上御閱武樓閱兵。

三月戊辰，命侍郎穆精阿赴湖北，會同舒常查案。壬申，林爽文伏誅。癸未，再賞福康安、海蘭察紫韁、金黃辮珊瑚朝珠及福康安金黃腰帶。

夏四月辛丑，以旱命刑部減徒以下罪。丙午，上閱健銳營兵。庚戌，免江蘇清河等十八州縣、淮安等五衛上年水災額賦有差。己未，富勒渾、雅德以失察柴大紀論絞。

五月丁卯，蠲河南商丘等六州縣上年水災額賦有差。癸酉，蠲直隸保安等七州縣上年水災民田旗地額賦。庚辰，上秋獮木蘭。癸未，宥常青罪。庚寅，賑臺灣難民。

六月丙申，富綱奏緬甸孟隕差頭目業渺瑞洞等齎金葉表文進貢，諭護送迅來行在。戊戌，賑湖南溆浦縣水災。免安徽鳳陽等四府州衛上年水災額賦有差。辛丑，賑湖北長陽縣水災。丁未，免陝西華州等三州縣五十一年水災額賦。戊申，安南人阮惠等叛逐其國王黎維祁，維祁來求援。命孫士毅赴廣西撫諭之。免山西大同等九州縣上年旱災額賦。

秋七月辛酉朔，以安南牧馬官阮輝宿奉黎維祁之母及子來奔，諭孫士毅等撫恤之。壬戌，賑山東膠州、壽光水災。湖北荆州江溢，府城及滿城均浸沒，諭舒常等查勘撫恤。丁丑，賞還閩浙總督李侍堯伯爵，予現襲之李奉堯提督銜。戊寅，湖北武昌、漢陽江溢。以畢沅爲湖廣總督，伍拉納爲河南巡撫，明興爲烏什辦事大臣。賑安徽懷寧等州縣水災。柴大紀處斬。召姜晟來京，以惠齡爲湖北巡撫。戊子，廓爾喀據後藏濟嚨、聶拉木，命成德與穆克登阿勦之。

八月甲辰，賑湖北監利、石首水災。丙午，上幸木蘭。庚戌，以木蘭大水，停行圍。癸丑，廓爾喀復陷宗喀，以鄂輝爲將軍、成德爲參贊大臣勦之。丙辰，安南阮岳等遁，命孫士毅督許世亨進勦，命富綱統兵進駐蒙自。戊午，上回駐避暑山莊。

九月壬戌，緬甸番目細哈覺控等入覲，諭暹羅、緬甸現均內附，二國應修好，不得仍前搆兵。戊辰，賑湖北沔陽、黃岡水災。癸酉，免安徽宿州等二十一州縣衞上年水災額賦。

冬十月庚寅，廓爾喀侵後藏薩喀。命孫士毅出關督勦。甲午，賑湖北潛江水災。丙申，賑湖北江夏等三十六州縣水災。己亥，以黎維祁闇弱，諭孫士毅選擇黎裔入京朝貢。庚子，命雲南提督烏大經統兵出關，檄諭阮惠等來歸。癸卯，調舒濂爲駐藏大臣，以恆瑞爲伊犁參贊大臣。調都爾嘉爲盛京將軍，恆秀爲吉林將軍。改嵩椿爲西安將軍，以興兆代之。琳寧爲黑龍江將軍。乙卯，李侍堯病，命福康安署閩浙總督。

十一月辛酉，免安徽望江等二十六州縣衞本年被水額賦有差。癸亥，李侍堯卒，以福康安代之。以勒保爲陝甘總督，海寧爲山西巡撫。丙子，修湖北江陵、公安各隄。免湖北江陵等三十六州縣本年水災額賦有差。

十二月己丑，釋富勒渾、雅德。孫士毅奏敗賊於壽昌江。癸巳，又敗賊於市球江。丙申，收復黎城，復封黎維祁安南國王，封孫士毅爲一等謀勇公，許世亨爲一等子。戊申，命孫士毅班師。

五十四年春正月己未，以元旦受賀，朝班不肅，褫糾儀御史等職，尙書德保摘翎頂，都察院、鴻臚寺堂官均下部嚴議。庚申，成德以收復宗喀、濟嚨，克聶拉木奏聞。癸酉，禮部尙書德保卒，以常靑代之。甲戌，以緬甸孟隕悔罪投誠，諭令睦隣修好，並賜暹羅國王鄭華綵幣，令其解仇消釁。免福建淡水等六廳縣災欠額賦。癸未，阮惠復陷黎城，廣西提督許世亨等死之。召孫士毅來京，削公爵。調福康安爲兩廣總督。以伍拉納爲閩浙總督，梁肯堂爲河南巡撫。以海祿爲廣西提督。甲申，安南國王黎維祁復來奔，命安插廣西。丙戌，褫孫士毅職，命仍以總督頂戴在鎮南關辦事。

二月庚寅，以京察屆期，予大學士阿桂等議敍，內閣學士謝墉等下部議處，理藩院侍郎福祿原品休致，予總督福康安等議敍。丁酉，勒保陛見，以巴延三署陝甘總督。和闐領隊大臣格綳額以婪索鞫實，處斬。甲寅，調蘭第錫爲江南河道總督，李奉翰爲河東河道總督。乙卯，以安南瘴癘炎荒，不値用兵，詳諭福康安。

三月甲子，免甘肅積年逋賦及未完籽種口糧。免陝西延安等三府州未完倉穀。諭福康安檄阮惠縛獻戕害提鎮之匪。乙丑，劉墉以上書房師傅曠職，降侍郎銜。以彭元瑞爲吏部尚書，孫士毅爲兵部尚書。丁卯，上幸盤山。

夏四月戊子，免奉天廣寧、鳳凰二城屬上年水災額賦，仍賑恤有差。丙申，晉贈許世亨伯爵，令其子承襲。召孫士毅回京。庚子，以恆瑞爲烏里雅蘇台將軍，福長安署兵部尚書。諭福康安安插安南黎氏宗族舊臣。予從軍出力之諒山都督潘啓德以都司用。壬寅，命阿桂覆勘荊州堤工。丁未，宣諭：「安南水土惡劣，決計不復用兵。阮惠已三次乞降，果赴闕求恩，可量加封號。朕撫馭外夷，無不體上天好生之德，從未敢窮兵黷武。」辛亥，賜胡長齡等九十八人進士及第出身有差。調都爾嘉爲黑龍江將軍，嵩椿爲盛京將軍，恆秀爲綏遠城將軍，琳寧爲吉林將軍。癸丑，以阮惠不親來籲懇，遣阮光顯入關進貢，諭福康安卻之。丙辰，豁直隸宣化等四縣上年旱災額賦。

五月己未，免官兵經過之廣西柳州等五府屬本年額賦。福康安等奏安南阮惠遣其姪阮光顯賫表貢乞降，並籲懇入覲。許之，却其貢。乙酉，增伊犂惠遠城、惠寧城官。

閏五月庚寅，上秋獮木蘭。辛卯，免奉天廣寧等七城上年水災額賦。甲午，賑雲南通海等五州縣地震災民。

六月，免安徽安慶等七府州五十三年水災額賦。甲子，以管幹貞爲漕運總督。戊辰，賑直隸蠡縣水災。庚午，命兵部尙書孫士毅軍機處行走。壬申，以郭世勳爲廣東巡撫。癸酉，以陳步瀛爲貴州巡撫。丙子，福康安奏，阮惠卽阮光平，因赦其前罪，准令降附，具表謝恩進貢，並求於明年到京祝釐。上以其情詞肫切，册封爲安南國王，並賜敕諭。免湖北江夏等二十四州縣上年水災額賦。

秋七月乙酉朔，以決河下注泗州一帶，諭賑恤災民。丁酉，賑直隸安州等八州縣水災。庚子，戶部尙書綽克托卒。丙午，以巴延三爲戶部尙書，秦承恩爲陝西巡撫。戊申，安南貢使阮光顯等入覲。

八月乙丑，賑河南永城、臨漳等縣水災。戊辰，賑安徽宿州水災。己巳，上幸木蘭行圍。甲戌，賑直隸淸苑等三十四州縣水災。

九月己丑，廓爾喀貢使入覲，封拉特納巴都爾王爵，巴都爾薩野公爵。庚寅，上回駐避暑山莊。辛卯，賑江蘇銅山等十一州縣水災。丙申，賑吉林屬琿春水災，豁應交義倉糧石及上年借給倉穀。丁酉，上回蹕。丙午，安南黎維祁自保樂襲牧馬，爲阮光平所敗。諭福康安，如黎維祁來奔，收納之。辛亥，左都御史阿揚阿卒，以舒常代之。

冬十月癸丑，察哈爾都統烏爾圖納遜罷，以保泰代之。命伍爾伍遜爲科布多參贊大臣。乙卯，以佛住爲烏里雅蘇台參贊大臣。賑吉林打牲烏拉等處水災。己未，睢寧決口合龍。辛酉，賑湖南華容等縣水災。

十一月乙酉，安南國王阮光平以受封進謝恩貢物，允之。丙戌，免安徽宿州等十四州縣衞逋賦。庚寅，命福康安將黎維祁及其屬人送京師，隸漢軍旗籍，以黎維祁爲世管佐領。癸巳，四川總督李世傑病，命侍衞慶成帶醫診視，以孫士毅署之，彭元瑞署兵部尚書。戊戌，免盛京等五城借倉穀。

十二月庚申，追奪故大學士馮銓等謚。辛未，上以來年八旬萬壽，命鐫八徵耄念之寶。

五十五年春正月壬午朔，以八旬萬壽，頒詔覃恩有差，普免各直省錢糧。己丑，頒恩詔於朝鮮、安南、琉球、暹羅等國。壬辰，賞大學士和珅黃帶、四開褉袍。賜安南國王阮光平金黃鞓帶。乙巳，朝鮮國王李祘表賀萬壽，貢方物。己酉，琉球國王尚穆進表謝恩，貢方物。

二月壬子朔，以河南考城城工錯繆，降江蘭道員，畢沅等褫職，仍留任。癸丑，免直隸永清、武清五十四年水災額賦。己未，上詣東陵、西陵，巡幸山東，免經過直隸州縣錢糧十分之三。壬戌，上謁昭西陵、孝陵、孝東陵。庚午，上謁泰陵、泰東陵。辛未，免直隸各屬節年因災緩徵錢糧。壬申，命福康安帶同阮光平入覲，郭世勳兼署兩廣總督。乙亥，免雲南通海等五州縣五十四年分地震災田額賦，並除傍海震沒田賦。免經過山東錢糧十分之三。降直隸總督劉峩侍郎，以梁肯堂爲直隸總督，調穆和藺爲河南巡撫。戊寅，免山東各屬因災緩徵銀兩。以福崧爲安徽巡撫。

三月乙酉，上登岱。甲午，上謁少昊陵。至曲阜謁先師廟。乙未，釋奠。賜衍聖公孔憲培及孔氏族人等章服銀幣有差。丙申，上謁孔林。庚子，免烏魯木齊各州縣額徵地糧十分之一。乙巳，緬甸國長孟隕遣使表賀萬壽，貢馴象，請封號。命封爲緬甸國王。免直隸昌平等七州縣水災旗地租銀。南掌國王召溫猛表賀萬壽，貢馴象。己酉，免直隸長蘆等五場上年水災竈課。

夏四月丁巳，上幸天津府。諭伍拉納查浙江浮收漕糧情弊。己未，大學士嵇璜重與恩棨宴，御製詩章賜之。辛酉，命吉慶會同嵩椿勘明英額邊至靉陽邊。乙丑，免安徽宿州、靈璧等八州縣衞上年水災額賦。上還京師。丙寅，上詣黑龍潭祈雨。閔鶚元罷，調福崧爲江蘇巡撫，何裕城爲安徽巡撫。庚午，以書麟覆奏欺飾，下部嚴議，仍留任。閔鶚元褫職逮問。壬申，免河南永城五十四年水災額賦。癸酉，以孫士毅爲四川總督，李世傑爲兵部尚書。乙亥，賜石韞玉等九十七人進士及第出身有差。己卯，免山西太原、遼州等十六府州並歸化城等處額賦十分之三。

五月庚寅，上幸避暑山莊。庚子，賞黎維祁三品職銜。壬寅，免西藏所屬三十九部落錢糧。己酉，書麟褫職逮問，福崧兼署兩江總督。韓鑅赴江南幫辦河工。

六月壬子，調孫士毅爲兩江總督，保寧署四川總督，永保署伊犁將軍。乙卯，以陳用敷爲廣西巡撫。閔鶚元論斬。丁巳，免直隸霸州等五十四廳州縣並各屬旗地上年水災額賦。戊午，除湖南乾州等五廳縣苗民雜糧。

秋七月己丑，安南國王阮光平入覲。庚寅，以朱珪爲安徽巡撫。甲午，賑直隸朝陽、天津水災。丙申，賑奉天錦州九關臺，山東平原、禹城等縣水災。丁酉，兵部尚書李世傑以失察書吏休致。己亥，起劉峩爲兵部尚書。戊申，上還京師。賑江蘇碭山等縣，安徽宿州，河南永城、夏邑水災。江蘇碭山王平莊河決。命福崧赴宿州辦河工。丁未，賑山東臨清水災。

八月庚戌，暹羅國王鄭華表賀萬壽，貢方物。琅玕以失察漕糧自劾，罷之。調海寧爲浙江巡撫，書麟爲山西巡撫。辛酉，上八旬萬壽節，御太和殿，王、貝勒、貝子、公、文武大臣，蒙古汗、王、貝勒、貝子、公、額駙、台吉，回部王、公、台吉、伯克，哈薩克、安南國王、朝鮮、緬甸、南掌貢使，各省土司，臺灣生番等行慶賀禮。禮成，寧壽宮、乾淸宮賜宴如儀。己巳，刑部尙書喀寧阿卒，以明亮代之，命舒常兼署。

九月戊寅，賑安徽泗州水災。癸未，命安南國王阮光平歸黎維祁親屬及舊臣之在其國者。己丑，上閱健銳營兵。甲午，賑山東平原等二十七州縣水災。庚子，長麟以讞獄不實褫職，調惠齡爲山東巡撫，以福寧爲湖北巡撫，畢沅兼署之。

冬十月丙辰，賑山東平原等二十七州縣水災。甲子，命保寧回伊犁將軍，以鄂輝爲四川總督。壬申，以福崧爲浙江巡撫，起長麟署江蘇巡撫。賑甘肅皋蘭等三縣霜災。

十一月丁丑朔，以浦霖爲福建巡撫，馮光熊爲湖南巡撫。丙戌，加大學士王杰太子太保，尙書彭元瑞、董誥、胡季堂、福長安、將軍保寧太子少保。乙未，釋富勒渾、雅德。戊戌，命慶成同尹壯圖往山西盤查倉庫。壬戌，賑奉天錦縣等三州縣水災。戊辰，命吏部尙書彭元瑞協辦大學士。

五十六年春正月丁丑，賑江蘇蕭縣等三縣、安徽宿州等三州縣上年水災。己卯，賑直隸文安等三十州縣、山東平原等二十七州縣水災。乙酉，以尹壯圖覆奏欺罔，褫職治罪。戊戌，袁鳳鳴處斬。朝鮮、暹羅、緬甸均遣使謝恩，貢方物。賞賚筵宴如例。己亥，以保寧爲御前大臣。甲辰，調劉墉爲禮部尚書，紀昀爲左都御史。

二月己酉，諭：「朕孜孜求治，兢惕爲懷。尹壯圖逞臆妄言，亦不妨以謗爲規。加恩免尹壯圖治罪，以內閣侍讀用。」戊午，御試翰林詹事等官，擢阮元等二員爲一等，餘陞黜有差。

三月乙亥，賑奉天錦州等處上年水災旗地人戶，並蠲租有差。戊寅，上幸盤山。甲申，免甘肅皐蘭等三縣上年霜災額賦。丁酉，以永保為內大臣。

夏四月丁卯，免山東臨清等三十州縣衞上年水災額賦。辛未，彭元瑞以瞻徇降侍郎，命孫士毅爲吏部尚書。以書麟爲兩江總督，長麟暫署。調馮光熊爲山西巡撫。以姜晟爲湖南巡撫。

五月庚寅，以長麟爲江蘇巡撫。乙未，上秋獮木蘭。辛丑，上駐蹕避暑山莊。

六月甲辰朔，免直隸霸州等六十九廳州縣上年水災額賦。

秋七月庚辰，免江蘇江寧等五府州屬因災積逋半賦。甲申，以緬甸國王孟隕資送羈留內地人民，嘉賚之。己亥，蠲安徽宿州等十九州縣衛上年水災額賦。辛丑，蠲陝西朝邑等二縣逋賦。

八月丁未，命喇特納錫第爲喀喇沁札薩克一等塔布囊。戊午，上幸木蘭行圍。甲子，上行圍。廓爾喀以逋欠誘圍喇嘛、噶布倫，擾西藏。命四川總督鄂輝、將軍成德勦之。命孫士毅署四川總督。己巳，命福康安來京祝其母生辰，郭世勳署兩廣總督。廓爾喀陷西藏定日各寨，據濟嚨。

九月丙子，上回駐避暑山莊。庚辰，召嵩椿回京，以琳寧爲盛京將軍，調恆秀爲吉林將軍。丙戌，上回蹕。戊子，唐古忒兵與達木蒙古兵禦廓爾喀失利，唐古忒公札什納木札勒及達木協領澤巴傑等死之。命乾清門侍衛額勒登保等赴西藏軍營。壬辰，以保泰懦怯褫職，命奎林赴藏辦事，賞舒濂副都統銜，協同辦理。以達賴喇嘛等堅守布達拉，嘉獎之。命劉墉署吏部尚書。甲午，以廓爾喀圍扎什倫布，諭鄂輝等進勦。辛丑，豁奉天廣寧縣逋賦。

冬十月乙巳，宥閔鶚元罪。丁未，廓爾喀入扎什倫布，尋遁去。癸丑，戶部尚書巴延三以浮估城工褫職，調福長安代之。以金簡、彭元瑞爲滿、漢工部尚書。丙辰，以安南開關通市，改廣西龍州通判爲同知。乙丑，諭王大臣不必兼議政虛銜。

十一月癸酉，授福康安爲將軍，海蘭察、奎林爲參贊，征廓爾喀。辛巳，鄂輝、成德褫職，以惠齡爲四川總督，奎林爲成都將軍，吉慶爲山東巡撫。癸未，以陳淮爲貴州巡撫。十二月辛亥，命海蘭察等及索倫、達呼爾兵由西寧進藏。丁卯，召都爾嘉回京。以明亮爲黑龍江將軍，明興爲喀什噶爾參贊大臣。

五十七年春正月壬申，賞七代一堂致仕上駟院卿李質穎御書扁額。免奉天、直隸、安徽、湖南、廣東逋賦。乙亥，以達賴喇嘛復遣丹津班珠爾等私與廓爾喀議和，諭止之。丙子，追論巴忠與廓爾喀議和擅許歲銀罪。甲午，以蘇凌阿爲刑部尚書。

二月壬寅，成德奏敗賊於拍甲嶺。癸卯，予大學士阿桂等、尚書福長安等、侍郎德明等、總督福康安等、巡撫長麟等敍。裁河東鹽政、鹽運使等官。移山西河東道駐運城。丁未，命皇十五子嘉親王祭先師孔子。免奉天錦州府屬上年旱災額賦。己巳，命侍郎和琳管理藏務。鄂輝等奏收復聶拉木，諭以遲延斥之。

三月丁丑，上詣西陵，巡幸五臺山，免經過地方本年錢糧十分之三。戊寅，允濟嚨呼圖克圖「慧通禪師」法號。以帕克哩營官番衆收復哲孟雄、宗木，賚之。辛巳，上謁泰陵、泰東陵。壬午，免直隸大興等八州縣積欠米穀。甲申，加福康安大將軍。庚寅，免五臺本年錢糧十分之五，大同、朔平二府屬未完逋賦。辛卯，上駐蹕五臺山。

夏四月己亥朔，以和闐辦事大臣李侍政失察邁瑪特尼雜爾，下部嚴議。甲辰，上閱滹沱河。以貢楚克扎布爲烏里雅蘇臺參贊大臣。丁未，上祭帝堯廟。甲寅，上還京師。乙卯，上詣黑龍潭祈雨。命刑部清理庶獄，減徒以下罪。

閏四月甲申，以久旱，諭臺灣及沿海各省詳鞫命盜各案，毋有意從嚴。蠲河南湯陰等五縣上年旱災額賦。丙申，以久旱，下詔求言。丁酉，雨。以失陷札什倫布，治仲巴呼圖克圖及孜仲喇嘛等罪。命和琳、鄂輝宣諭達賴喇嘛等。

五月辛丑，定安南國兩年一貢，六年遣使一朝。丁未，上幸避暑山莊，免經過地方錢糧十分之五。戊申，調長麟爲山西巡撫，以奇豐額爲江蘇巡撫。辛亥，允霍罕額爾德尼伯克那爾巴圖遣使入貢。癸丑，上駐蹕避暑山莊。

六月甲戌，福康安奏克廓爾喀所踞擦木要隘。丁丑，賑江西南豐、廣昌水災。福康安奏殄瑪噶爾轄爾甲山梁之賊。己卯，福康安等奏克濟嚨。辛巳，調陳淮爲江西巡撫，馮光熊爲貴州巡撫。丙戌，福康安等奏攻克熱索橋。丁酉，福康安等奏攻克協布魯寨。

秋七月甲辰，賑直隸河間等處旱災，順直宛平、玉田等州縣蝗。己酉，福康安等克廓爾喀東覺山梁，並雅爾賽拉等處營卡，成德等克扎木、鐵索橋等處。

八月辛未，成德克多洛卡、隴岡等處。命孫士毅駐前藏督糧運。癸酉，命福康安爲武英殿大學士，孫士毅爲文淵閣大學士。調金簡、劉墉爲吏部尚書，和琳爲工部尚書，紀昀爲禮部尚書，竇光鼐爲左都御史。庚辰，以博興爲庫倫辦事大臣。丙戌，福康安等奏克噶勒拉、堆補木城卡，阿滿泰、墨爾根保陣亡。成德等克利底、大山賊卡。戊子，福康安奏廓爾喀酋拉特納巴都爾等乞降。上以其悔罪乞降，許之，命班師。丙申，賑陝西咸寧等六州縣旱災。

九月丁酉，上還京師。己亥，論征廓爾喀功，賞福康安一等輕車都尉，晉海蘭察二等公爲一等，議敍孫士毅等各有差。丙午，上命福康安、孫士毅等會商西藏善後事宜。命御前侍衞惠倫等齎金奔巴瓶往藏，貯呼畢勒罕名姓，由達賴喇嘛等對衆拈定。壬子，復廓爾喀王公封爵，定五年一貢。

冬十月戊辰，廓爾喀貢使入覲。己巳，賑河南安陽等十六縣災民，蠲緩新舊額賦有差。己卯，免嵇璜、阿桂翰林院掌院學士，以和珅、彭元瑞代之。壬午，賑直隸河間、任丘五州縣旱災，並免順天等十三府州屬被災旗民額賦。乙酉，郭世勳奏英吉利遣使，請由天津進貢，允之。丁亥，以鄂輝隱匿廓爾喀謝恩表貢褫職，交福康安等嚴鞫之。賑陝西咸陽等十四州縣旱災。癸巳，調圖桑阿爲綏遠城將軍。

十一月丙午，賑山東德州等二十州縣旱災。

十二月庚午，定唐古忒番兵訓練事宜。鑄銀爲錢，文曰「乾隆寶藏」。甲戌，免長蘆興國等五場並滄州等七州縣被災竈地額賦。丙子，以長麟爲浙江巡撫，蔣兆奎爲山西巡撫。以伊犁回民地畝雪災，免本年額穀。癸未，賑河南安陽等二十五縣旱災。辛卯，命永遠枷號鄂輝等於西藏。

五十八年春正月丙申，賑河南林縣等五縣、陝西咸寧等三州縣旱災。己亥，賑直隸保定等二十一州縣旱災。庚子，改杭州織造爲鹽政兼管織造事，改鹽道爲運司，南北兩關稅務歸巡撫管理。以全德爲兩浙鹽政。恆秀回吉林將軍。乙巳，敕諭安南國王阮光平睦鄰修好，愼守封疆，賜以綵幣。丙辰，安南國王阮光平卒，以世子阮光纘嗣。乙亥，免河南安陽等二十五縣上年旱災額賦。壬午，命喀什噶爾阿奇木伯克作爲喀什噶爾協辦大臣。

三月丁酉，上幸盤山。庚子，上駐蹕盤山。甲辰，禮部尙書常青卒，以德明代之。戊申，諭於雍和宮設金奔巴瓶，飭理藩院堂官、掌印札薩克喇嘛等，公同掣蒙古所出之呼畢勒罕。丁未，上回蹕。乙卯，調馮光熊爲雲南巡撫，以英善爲貴州巡撫。戊午，領侍衞內大臣海蘭察卒。

夏四月壬申，命松筠爲內務府總管大臣，在御前侍衞上行走。辛巳，通諭設金奔巴瓶於前藏大昭及雍和宮，公同掣報出呼畢勒罕，以除王公子弟私作呼畢勒罕陋習。乙酉，删除大學士兼尙書銜、翰林院掌院學士兼禮部侍郎銜、順天府府丞兼提督學政銜。丁亥，賜潘世恩等八十一人進士及第出身有差。戊子，命於乾隆五十九年秋特開鄉試恩科，六十年春爲會試恩科。庚寅，廓爾喀歸西藏底瑪爾宗地方。以西藏卡外之拉結、撒黨兩處歸廓爾喀。

五月乙未，命廣西按察使成林赴安南昇隆城，賜奠册封。丁未，上幸避暑山莊。己酉，以明興未奏遣回人赴霍罕等處辦理外藩事件，罷喀什噶爾參贊大臣，調永保代之。以伍彌伍遜爲塔爾巴哈台參贊大臣，貢楚克札布爲科布多參贊大臣。以特成額爲烏里雅蘇台參贊大臣。辛酉，加封福康安爲一等忠鋭嘉勇公。癸丑，上駐蹕避暑山莊。

六月己卯，賑四川泰寧地震災。乙酉，英吉利貢船至天津。戊子，於通州起陸。命在天津筵宴之。

秋七月癸巳，命和琳稽覈藏商出入。壬寅，命英吉利貢使等住宏雅園，金簡、伊齡阿於圓明園分別安設貢件。己酉，以旱命刑部清理庶獄，減徒以下罪。庚午，上御萬樹園大幄，英吉利國正使馬戛爾尼、副使斯當東等入覲。辛未，調福康安爲四川總督，以惠齡暫代，長麟爲兩廣總督，調吉慶爲浙江巡撫，惠齡爲山東巡撫。壬午，免長蘆官臺等二場潮災竈地額賦。丙戌，上還京師。戊子，以慶桂爲兵部尚書。庚寅，諭英吉利貢使由內河水路赴廣東澳門附船回國。

九月丁酉，加長麟太子少保。命松筠護送英吉利使臣等至浙江定海。甲辰，調福寧爲山東巡撫，惠齡爲湖北巡撫。丙午，以安徽無爲等三州縣水災，賞口糧有差。

冬十月癸亥，安南國王阮光纘表進謝恩，貢物二分，納其一。戊子，以長麟奏英吉利使稱再進表章貢物，呈總督轉奏，諭：「係援例而行，並無他意，國王可安心，再來表貢，亦不拘定年限。」

十一月甲午，命和寧赴藏幫同和琳辦事。戊午，以上年各省奏報民數三萬七百四十六萬有奇，較康熙四十九年增十五倍，諭：「生之者寡，食之者衆，勢必益形拮据。各省督撫及有牧民之責者，務當勸諭化導，俾皆儉樸成風，服勤稼穡，惜物力而盡地利，共享升平之福。」己未，以安南等國進象已多，諭雲貴、兩廣督撫檄卻象貢。

十二月癸未，伍拉納陛見，命吉慶署閩浙總督。

五十九年春正月庚寅，免直隸、山東、河南逋賦十分之三。庚戌，管幹貞病免，命書麟兼署漕運總督。乙卯，恆秀以侵帑褫職，調寶琳爲吉林將軍，松筠署之。戊午，安置安南內附人黎維治於江南。

二月庚申，以明年元旦上元值日月食，諭修省，毋舉行慶典。癸亥，廓爾喀遣使進表貢。丁亥，增造廣東水師戰船。

三月己丑，恆秀論絞。庚子，上巡幸天津，免經過地方及天津府屬額賦十分之三，免天津府屬逋賦，免大興等十三州縣逋賦十分之四。壬子，上駐蹕天津府。

夏四月壬戌，常雩，命皇八子儀郡王永璇代行禮。癸亥，上還京師。丁丑，上詣黑龍潭祈雨。

五月丙申，京師雨。甲辰，郭世勳病免，調朱珪爲廣東巡撫，陳用敷爲安徽巡撫。丙午，以直隸保定等八十三州縣旱，命賞給一月口糧。減奉天商販豆麥等項經過直隸、山東關津稅。辛亥，上幸避暑山莊，免經過地方錢糧有差。

六月丙辰朔，以山東歷城等五十一州縣旱，給貧民一月口糧，除山東臨清州水衝地畝田賦。丁巳，上駐蹕避暑山莊。庚午，設唐古忒西南外番布魯克巴、哲孟雄、作木朗、洛敏湯、廓爾喀各交界鄂博。

秋七月戊子，永定河決。庚寅，河南丹、沁二河決。辛卯，賑山西平定等處水災。己亥，賑山東臨清等州縣水災。辛丑，賑直隸天津等處水災。癸卯，河南豐北廳曲家莊河決。

甲辰，書麟以徇隱鹽政巴寧阿交結商人褫職，調富綱爲兩江總督，命蘇凌阿署之。調福康安爲雲貴總督。以和琳爲四川總督，孫士毅署之。以駐藏辦事松筠爲工部尚書。乙巳，命馮光熊署雲貴總督。大學士嵇璜卒，召孫士毅入閣辦事。癸丑，停本年及明年木蘭行圍。免直隸保定等府屬、河南衞輝等府屬、山東臨清等五州縣、山西代州等三州縣被水額賦。

八月丁巳，以直隸天津、河間二府水災重，免因災緩徵額賦。戊午，永定河南工決口合龍。己巳，以明歲御宇屆六十年，普免各省漕糧一次。甲戌，上回蹕。調福寧爲河南巡撫，穆和藺爲山東巡撫，江蘭護之。福康安奏四川大寧教匪謝添秀等傳習邪教，蔓延陝西、湖北、河南，諭嚴爲捕治。丁丑，免直隸通州等二十三州縣逋賦。甲申，畢沅降山東巡撫，罰繳湖廣總督養廉五年。以福寧爲湖廣總督，穆和藺留爲河南巡撫。

九月己丑，賑湖北沔陽等州縣水災。丙申，以秀林爲吉林將軍。己亥，賑福建漳、泉二府水災。減直隸遵化內務府官地租。命福寧駐襄陽，督緝邪教案犯。辛丑，以校正石經，加彭元瑞太子少保銜。癸卯，賑 東高要等縣水災。以湖北來鳳縣教匪段漢榮等糾衆拒捕，諭責畢沅廢弛。戊申，免齊齊哈爾等三城水災逋賦。

冬十月丙辰，免河南汲縣等九縣、山東臨清等十州縣逋賦。壬戌，勒保奏獲邪教首犯劉松。命安徽嚴緝其徒劉之協。癸亥，荷蘭入貢。乙丑，免福建漳州府屬四廳州縣本年水災額賦。戊辰，命將科布多威豁爾等七卡移駐原處北界，餘地賞杜爾伯特汗瑪克素爾札布等游牧。己卯，調陳用敷爲湖北巡撫，惠齡爲安徽巡撫。辛巳，釋恆秀罪。

十一月丙戌，以河南扶溝縣知縣劉清鼐疏防劉之協潛逃，革逮，穆和藺下部嚴議。壬辰，免山東臨清等州縣本年漕賦。壬寅，命富綱署刑部尚書。甲辰，穆和藺褫職，發烏魯木齊効力。以阿精阿爲河南巡撫。

十二月丙辰，普免各省積年逋賦。丙子，吏部尚書金簡卒，以保寧代之。以明亮爲伊犁將軍。戊寅，命舒亮爲黑龍江將軍。改綏遠城將軍圖桑阿爲西安將軍，以永琨代之。

六十年春正月甲申朔，日食，免朝賀。乙酉，賑直隸天津等二十州縣、河南汲縣等十四縣、山東臨清等十州縣上年被水貧民有差。丙戌，召蘇凌阿來京，調福寧爲兩江總督，復以畢沅爲湖廣總督，玉德爲山東巡撫。戊子，調陳用敷爲貴州巡撫，英善爲湖北巡撫，畢沅兼署。乙未，以固倫額駙豐紳殷德爲內務府大臣。辛丑，免山東積年逋賦。庚戌，免江蘇積年逋賦。免江西應緩徵銀穀。

二月癸丑朔，免廣東積年逋賦。陳用敷以查拏要犯劉之協辦理錯謬，褫職逮問。調姚棻爲貴州巡撫，以成林爲廣西巡撫。丙辰，免陝西積年逋賦。貴州松桃廳苗匪石柳鄧等、湖南永綏苗匪石三保等作亂。戊午，湖南苗匪陷乾州廳，同知宋如椿等死之。命福康安往勦，畢沅駐常德籌辦糧餉。庚申，以大學士阿桂等書上諭不能稱旨，停甄敍，侍郎成策等下部議處。予總督福康安等議敍。辛酉，貴州苗匪圍鎭遠鎭總兵珠隆阿於正大營。免奉天廣寧、錦州旗地逋賦。免甘肅皋蘭等四十五州縣積年逋賦。丙寅，命四川總督和琳赴酉陽州備苗，孫士毅仍留四川辦理報銷。丁卯，免浙江積年民地竈地逋賦。己巳，苗匪陷永綏廳鴉酉寨，鎭筸鎭總兵明安圖等死之。辛未，湖南永順苗匪張廷仲等作亂，擾保靖、瀘溪。丙子，免安徽積年逋賦。壬午，貴州苗匪擾思南、印江一帶，竄入四川秀山。福康安赴銅仁督勦。命德楞泰領巴圖魯侍衞等赴貴州軍營。

閏二月乙酉，福康安奏解正大營之圍。壬辰，馮光熊留爲貴州巡撫，調姚棻爲雲南巡撫。以苗匪亂，免貴州銅仁府屬松桃、正大等處額賦。乙未，上詣東陵，免經過地方錢糧十分之三。戊戌，上謁昭西陵、孝陵、孝東陵、景陵。己亥，福康安奏解嗅腦圍。乙巳，福康安奏攻克石城，勦除巖洞苗匪。丁未，上謁泰陵、泰東陵，奠孝賢皇后陵。免兩淮場竈積欠。戊申，福康安奏解松桃之圍。

三月乙卯，和琳奏肅清秀山後路，命往松桃與福康安會勦。以孫士毅署四川總督。己未，福康安奏殄除長冲、卡落苗匪，進兵楚境。命額勒登保迅赴福康安軍營。己卯，福康安奏解湖南永綏匪圍。

夏四月辛卯，臺灣彰化匪徒陳周全等作亂，陷縣城，尋復之。癸巳，竇光鼐以會試衡文失當，降調。以朱珪爲左都御史，仍留廣東巡撫任。己亥，以魁倫劾洋盜肆行，命浦霖來京候旨，調姚棻爲福建巡撫，以魁倫署之，江蘭爲雲南巡撫。庚子，賜王以銜等一百十一人進士及第出身有差。癸卯，賞會試薦卷文理較優之舉人徐炘、傅淦、李端內閣中書。戊申，上詣廣潤祠祈雨。是夜，雨。丁未，免貴州官兵經過地方本年額賦有差。福康安等奏克黃瓜寨。己酉，以福寧、惠齡經理湖南軍務未竣，命蘇凌阿仍署兩江總督，費淳爲安徽巡撫。庚戌，免福建龍溪等四縣上年水災額賦有差。匪首陳周全等伏誅。

五月丙辰，上幸避暑山莊。伍拉納、浦霖以辦理災賑不善，褫職鞫治。命魁倫兼署閩浙總督。免經過地方本年錢糧十分之三。丁巳，調費淳爲江蘇巡撫，仍留惠齡爲安徽巡撫。福康安等奏克構皮寨及蘇皮寨等處。調福康安爲閩浙總督，勒保爲四川總督。以宜綿爲陝甘總督。壬戌，上駐蹕避暑山莊。甲子，以福建倉庫虧缺查實，申飭科道無人奏及，並命嗣後陳奏地方重大事件，毋忝言責。召阿精阿來京，以景安爲河南巡撫。丁卯，召惠齡來京，以汪新爲安徽巡撫。戊辰，命蘇凌阿駐清江浦，兼署江蘇巡撫。辛未，以于敏中營私玷職，褫輕車都尉世職。

六月壬午，以湖南苗匪擾鎮筸後路，諭責福寧怯懦，劉君輔株守。命惠齡仍署湖北巡撫。戊子，以旱命刑部淸理庶獄，減徒以下罪，承德府如之。庚寅，福康安等奏克沙兜、多喜等處苗寨。乙未，賑廣東南海等縣水災。戊申，姚棻以質訊解任，命魁倫兼署福建巡撫，長麟署閩浙總督。

秋七月庚申，德明以罣累滋陽縣知縣陳照自縊，論絞。乙丑，免湖北江陵等十二州縣衞上年水災額賦。丙寅，以福康安等奏連克苗寨，渡大烏草河，賚珍物。壬申，哲布尊丹巴呼圖克圖等入覲，召見賜茶。

八月壬午，調永琨爲烏里雅蘇台將軍，恆瑞爲綏遠城將軍。癸未，賜南掌國王召溫猛、緬甸國王孟隕敕諭，均賚文綺。丙申，允兵部尙書劉峩乞休，以朱珪代之，仍留廣東巡撫任。以金士松爲左都御史。丁未，免直隸通州等五十二州縣積欠旗租。福康安等進駐楊柳坪。

九月辛亥，上御勤政殿，召皇子、皇孫、王、公、大臣等入見，宣示立皇十五子嘉親王爲皇太子，明年爲嗣皇帝嘉慶元年。撫恤江蘇海州等七州縣水災。壬子，皇太子及王、公、內外文武大臣，蒙古王、公等各奏籲請俟壽躋期頤，再舉行歸政典禮，不允。丙辰，富勒渾、雅德以前爲總督婪贓，均褫職，分別發熱河、伊犁効力。己未，上閱健銳營兵。晉封福康安忠銳嘉勇貝子，和琳一等宣勇伯。庚申，上命皇太子謁東陵、西陵。乙丑，黑龍江將軍舒亮以婪索，褫職鞫治，調永琨代之。命圖桑阿爲烏里雅蘇臺將軍。改恆瑞爲西安將軍，以烏爾圖納遜代之。命博興爲察哈爾都統。調特克愼爲庫倫辦事大臣，策巴克爲西寧辦事大臣。丙寅，明亮以任黑龍江將軍時侵漁貂皮褫職，命保寧爲伊犂將軍。己巳，舒亮論絞。明亮留烏魯木齊効力。癸酉，以奉天、山西、四川、湖南、貴州、廣西賦無逋欠，免明年正賦十分之二。乙亥，免福建龍溪等六縣，華封、羅溪二縣上年被水額賦。

冬十月戊寅朔，頒嘉慶元年時憲書。庚辰，福康安等奏擒匪首吳半生。賞福康安之子德麟副都統銜，和琳黃帶，餘議敍賞賚有差。甲申，以伍拉納等貪黷敗檢，戍其子於伊犂。長麟以徇庇伍拉納、浦霖褫職，命來京。以魁倫署閩浙總督，姚棻署福建巡撫。乙酉，普免天下嘉慶元年地丁錢糧。丙戌，伍拉納、浦霖處斬。壬辰，以額勒登保、德楞泰勦捕苗匪奮勇，授內大臣。乙未，命定丙辰年傳位典禮。癸卯，命明年正月初吉，重舉千叟宴。

十一月丁巳，福康安等奏克天星寨等處。加和琳太子少保銜，賞福康安、和琳上用黃裏玄狐端罩各一。庚申，賑奉天金州、熊岳、錦州三城，寧海等三州縣旱災旗民，免額賦有差。乙丑，上命皇太子居毓慶宮。

十二月戊寅朔，諭曰：「朕於明年歸政後，凡有繕奏事件，俱書太上皇帝。其奏對稱太上皇。」戊子，賑貴州銅仁被擾難民。福康安等奏克天星等苗寨。壬寅，允朱珪收英吉利國王表貢，賜敕嘉賚，交英商波郎齎回，並以其表言勸廓爾喀投順，于賜敕內以無須英國兵力告之。甲辰，賜琉球國王尚溫敕諭。丁未，以來歲元旦，傳位皇太子爲嗣皇帝，前期遣官告祭天地宗社。

是歲，緬甸、南掌、暹羅、安南、英吉利、琉球、廓爾喀來貢。

嘉慶元年正月戊申朔，舉行授受大典，立皇太子爲皇帝。尊上爲太上皇帝，軍國重務仍奏聞，秉訓裁決，大事降旨敕。宮中時憲書用乾隆年號。

三年冬，上不豫。四年正月壬戌崩，壽八十有九。是年，四月乙未，上尊謚曰法天隆運至誠先覺體元立極敷文奮武孝慈神聖純皇帝，廟號高宗。九月庚午，葬裕陵。

論曰：高宗運際郅隆，勵精圖治，開疆拓宇，四征不庭，揆文奮武，於斯爲盛。享祚之久，同符聖祖，而壽考則逾之。自三代以後，未嘗有也。惟耄期倦勤，蔽於權倖，上累日月之明，爲之歎息焉。

清史稿卷十六

本紀十六

仁宗本紀

仁宗受天興運敷化綏猷崇文經武孝恭勤儉端敏英哲睿皇帝，諱顒琰，高宗第十五子也。母魏佳氏，追尊孝儀皇后。乾隆二十五年十月初六日生。五十四年，封嘉親王。六十年九月，策立爲皇太子，高宗將傳位焉，以明年爲嘉慶元年。

嘉慶元年丙辰春正月戊辰朔，舉行內禪，上侍高宗徧禮於堂子、奉先殿、壽皇殿。高宗御太和殿，授璽。上卽位，尊高宗爲太上皇帝，訓政。頒詔天下，賜宴宗藩。庚戌，立皇后喜塔拉氏。寧壽宮舉行千叟宴，太上皇帝蒞焉。九十以上者，召至御座，賜卮酒如故事。辛酉，祈穀於上帝。癸亥，上奉太上皇帝賜廷臣宴於正大光明殿。凡賜宴皆如之。辦理苗疆大學士福康安等奏攻克朗坡，進攻平隴。湖北枝江、宜都教匪起。

二月丁丑朔，釋奠先師孔子。戊寅，祭社稷。庚辰，初舉經筵。辛巳，敕甘肅貴德廳建文廟。戊子，春分，朝日於東郊。己丑，上御乾清門聽政，園居則御勤政殿，以爲常。己亥，湖北當陽教匪起，戕官。西安將軍恆瑞率兵二千勦之。辛丑，祭歷代帝王廟。丙午，湖北巡撫惠齡奏獲教匪聶傑人。

三月庚戌，停四川續徵軍需銀兩。辛亥，上耕耤田，四推。壬子，上奉太上皇帝謁陵。丁卯，車駕還京。己巳，皇后祀先蠶。癸酉，恆瑞奏收復湖北竹山。壬申，留保住免。以烏爾圖納遜爲理藩院尚書，富銳爲綏遠城將軍，永慶爲蒙古都統。

夏四月丙子朔，時享太廟。命宜綿、永保、恆瑞、孫士毅等分勦湖北教匪。辛巳，常雩，祀天於圜丘。以勦來鳳功，晉四川總督孫士毅三等男。敕伊犁貢馬由草地行。丁酉，上侍太上皇帝祈雨黑龍潭。是日，雨。庚子，賜趙文楷等一百一人進士及第出身有差。

五月戊申，詔額魯特來京有出痘者，嗣後由草地赴熱河覲見。辛酉，祭地於方澤。壬戌，上奉太上皇帝避暑木蘭。乙丑，以富綱爲漕運總督。壬申，大學士、貝子福康安卒於軍。

六月乙亥朔，日有食之。以魁倫爲閩浙總督，朱珪爲兩廣總督。以紀昀爲兵部尚書，金士松爲禮部尚書，沈初爲左都御史。丙子，調福昌爲福州將軍。以明亮署廣州將軍。丁丑，除山西代州三州縣水沖田賦。戊寅，和琳奏獲苗匪石三保，解京誅之。癸巳，江南豐汛河決。

秋七月辛亥，明亮奏勦平孝感縣教匪。大學士、四川總督、三等男孫士毅卒於軍。

八月丙子，以雨停秋獮。壬寅，和琳卒於軍，命明亮、鄂輝接統軍務。

九月乙巳，車駕還京。

冬十月戊寅，上萬壽節，詣太上皇帝行禮。禮成，受廷臣賀。己卯，以董誥爲大學士。王杰以足疾疏辭軍機處、南書房、禮部事，允之。命沈初爲軍機大臣。辛巳，贈征苗陣亡提督花連布太子少保，予世職。丙戌，調沈初爲兵部尚書，以紀昀爲左都御史。

十一月庚戌，豐汛河工合龍復決。予湖北死事巡檢王翼孫、訓導甘杜、典史浦寶光世職。甲子，冬至，祀天於圜丘。乙丑，江西巡撫陳淮有罪，逮問遣戍。己巳，以湖北敎匪偷渡滾河入秦，褫永保職逮問，以惠齡統其軍。

十二月戊子，湖南苗匪平，封明亮伯爵，額勒登保侯爵，及德楞泰等世職有差。庚子，祫祭太廟。辛丑，上奉太上皇帝御太和殿，賜宴朝正外藩。

是歲，免順天、江蘇、山西、湖南、福建等省三十九廳州縣災賦逋賦各有差。會計天下民數二萬七千五百六十六萬二千四十四名口，穀數三千七百二十萬六千五百三十九石一升二合七勺。朝鮮入貢。

二年丁巳春正月丁卯，貴州南籠仲苗夷婦王囊仙作亂，命總督勒保勦之。庚午，觀成奏四川教匪徐添德侵擾達州、東鄉，命總兵朱射斗等勦之。

二月癸酉，上御經筵。江南豐汛復報合龍。戊寅，皇后崩，奉太上皇帝誥，素服七日，不摘纓。廷臣如之，近臣常服不掛珠。辛巳，敍景安勦擒教匪功，晉三等伯。戊戌，册謚大行皇后曰孝淑皇后。惠齡奏獲匪首劉起等，解京誅之。

三月戊申，上謁西陵。丁巳，還京。癸亥，以劉墉爲大學士，調沈初爲吏部尚書，朱珪爲兵部尚書。以福長安、慶桂爲滿洲都統，德楞泰爲漢軍都統。巴克坦布、慶成奏，由應山追賊入豫，查明賊首李全、王廷詔、姚之富均在其內。諭令擒捕。

夏四月壬申，設湖南鎭筸鎭總兵官，改保靖土縣爲流官。辛巳，追贈侍郎奉寬太師、禮部尚書，上受書師也。

五月戊辰，上奉太上皇帝避暑木蘭。己巳，惠齡奏教匪姚之富等由白馬石搶渡漢江入川。詔罷總統慶成、恆瑞等，各降官，以宜綿爲總統，明亮、德楞泰爲幫辦。

六月癸酉，勒保奏，勦辦南籠仲苗，迭克水烟坪、卡子河等處。得旨：亟將苗首仙姑等擒獲。

閏六月庚子，吉慶奏克西隆州亞稿苗寨。丙午，勒保奏進克普坪，槍斃匪首，解南籠圍。詔奬紳民堅守危城，深明大義，改南籠府爲興義府。勒保續報解黃草壩圍，滇、黔路通。壬戌，軍機章京吳熊光、戴衢亨均加三品卿銜，與侍郎傅森一體在軍機大臣上學習行走。

秋七月己巳，永定河決。己卯，命喀什噶爾、英吉沙爾二回城儲糧備荒。癸未，都統巴克坦布卒於軍。乙酉，免四川運送軍糈奉節六州縣明年額賦。

八月甲辰，永定河合龍。丙辰，范宜恆卒，調沈初爲戶部尚書，紀昀爲禮部尚書。己未，大學士誠謀英勇公阿桂卒。丙寅，上奉太上皇帝還京。

九月戊辰，勒保奏攻克仲苗賊巢，獲賊首王囊仙等，解京誅之。封勒保三等侯。丁丑，上臨奠故大學士阿桂。甲申，以蘇凌阿爲大學士，李奉翰爲兩江總督。庚寅，詔宜綿、勒保、秦承恩、景安等分募鄉勇入伍勦賊。癸巳，詔曰：「聞賊每逼平民入夥，迎拒官軍。官軍報捷，所稱殺賊，多係平民，非眞賊也。故日久無功。領兵大員尙其設法解散，勿令玉石俱焚。」甲午，以湖北恩施、利川，四川奉節士民奮勇殺賊，再免一年錢糧。

冬十月戊戌，明亮、德楞泰請廣修民堡，以削賊勢。詔斥其迂緩。丙辰，乾清宮交泰殿災。辛酉，命勒保總統四川軍務。

十一月丙寅朔，予陣亡散秩大臣佛住、護軍統領阿爾薩朗世職。

十二月戊申，以康基田爲江南河道總督，司馬騊爲東河河道總督。予陣亡總兵明安圖，副將曾攀桂、伊薩納等世職。甲子，祫祭太廟。

是歲，免順天、湖廣、陝西、雲南、甘肅等省五十七州縣災賦有差。朝鮮、琉球、暹羅入貢。

三年戊午春正月庚午，以梁肯堂爲兵部尚書，胡季堂爲直隸總督。甲申，調勒保爲四川總督。乙丑，額勒登保奏獲賊首覃加耀。上責其遲延，奪額勒登保爵職。並以疏防奪明亮、德楞泰爵職，奪舒亮、穆克登阿職，籍其家，均隨軍自効。

二月丁未，上釋奠文廟，臨雍講學。以鄂奇泰爲黑龍江將軍，慶霖爲江寧將軍。辛亥，柯藩、烏爾圖納遜坐縱陝賊渡漢入楚，褫職。壬子，以吳省欽爲左都御史。乙卯，命內閣學士那彥成在軍機處學習行走。

三月丁丑，德楞泰奏，追勦賊首齊王氏、姚之富，投崖死。予明亮副都統銜。己丑，以勦賊遲延，褫觀成、劉君輔職。以富成爲成都將軍。

夏五月丙寅，免福建全省遠年逋賦。己巳，截留江西漕糧，接賑山東曹縣等十三州縣被水災民。甲戌，上奉太上皇帝避暑木蘭。

六月己酉，以勦賊遲延，盡奪德楞泰爵職，予副都統銜自効。甲寅，雲貴總督、三等男鄂輝卒。

秋七月庚午，富楞泰卒。以德勒格楞貴爲寧夏將軍。以雨停秋獮。

八月，以獲敎匪王三槐功，晉勒保及和珅公爵，福長安侯爵。己酉，張誠基奏江西西寧州敎匪作亂，勦平之。

九月癸亥，上奉太上皇帝還京。己卯，祀明總制袁崇煥於賢良祠。

冬十月庚子，新建乾淸宮交泰殿成。

十一月丁亥，左都御史舒常卒。

十二月乙巳，惠齡奏獲賊首羅其淸、羅其書。戊午，祫祭太廟。

是歲，免陝西、貴州等省四十八廳州縣災賦有差。朝鮮、琉球、暹羅入貢。

四年己未春正月壬戌，太上皇帝崩，上始親政。丁卯，大學士和珅有罪，及尚書福長安俱下獄鞫訊。晉儀郡王永璇親王，貝勒永璘爲慶郡王，綿億封履郡王，奕綸、奕紳在上書房讀書，綿志等各封賞有差。詔：「中外陳奏直達朕前，不許副封關會軍機處。」命成親王永瑆、大學士董誥、尚書慶桂在軍機處行走。沈初免直。成親王永瑆管戶部。丁丑，和珅賜死於獄，福長安論斬。己卯，特詔申明軍紀。命勒保爲經略，明亮、額勒登保爲參贊，并查詢劉清居官，具實保奏。吳省欽免，以劉權之爲左都御史。以保寧爲大學士，仍管伊犁將軍，慶桂協辦大學士，書麟爲吏部尚書，松筠爲戶部尚書。敍斬賊首冉文儔功，獎敍惠齡、德楞泰。丙戌，宜綿解任，以恆瑞爲陝甘總督。丁亥，贈原任御史曹錫寶副都御史，廕一子。召前內閣學士尹壯圖來京。

二月己丑，以松筠爲陝甘總督，布彥達賚爲戶部尚書。辛卯，詔曰：「自教匪滋事以來，迫脅良民，焚毁田舍。民非甘心從賊，欲逃無歸，歸亦無食。亟宜招撫解散，而非空言所能收效。應如何綏輯安插，令勒保詢之劉清及其他良吏，籌議良法，俾可施行，速具以聞。」甲午，弛私售和闐玉禁。辛丑，秦承恩以貽誤軍事，褫職逮問。李奉翰卒，以費淳爲兩江總督。乙巳，復宗室鄉會試例，增部院郎官宗室額缺。壬子，釋回徐述夔、王錫侯子孫緣坐發遣者。丁巳，錄用故大學士朱軾、孫嘉淦子孫。

三月己未朔，蘇凌阿免，以慶桂爲大學士，成德爲刑部尚書，傅森爲左都御史。庚申，戶部尚書沈初卒，以范建中爲戶部尚書。癸亥，以書麟爲閩浙總督、協辦大學士。甲子，調慶霖爲福州將軍，福昌爲江寧將軍。戊辰，許直省道員密摺上奏。庚午，解景安任，以倭什布爲湖廣總督，吳熊光爲河南巡撫。丙子，額勒登保奏勦滅教匪蕭占國、張長更，上嘉之，予二等男。敍獎裨將朱射斗、楊遇春等。戊寅，定侍衞軍政。壬午，追贈皇四兄履端郡王永珹爲親王，皇七兄悼敏皇子永琮爲哲親王，皇十二兄永璂爲貝勒。癸未，勒保奏勦滅教匪冷天祿。得旨：「旬日之內，連薙三酋，深爲可嘉，額勒登保晉一等男。」免河南被匪之鄧州二十州縣新舊額賦。甘肅布政使廣厚奏勦斃賊目張世龍。

夏四月己丑朔，欽天監言四月朔日，日月合璧，五星聯珠。上曰：「躔度偶逢，兵戈未息，何足言瑞。」予尹壯圖給事中，准回籍養親。丙申，恭上大行皇帝尊謚，禮成，頒詔覃恩。丁酉，免陝西被賊之孝義等三十五廳州縣新舊額賦。己亥，免四川被賊之奉節等三十六廳州縣新舊額賦。辛酉，詔遵奉皇考敕旨，於庚申、辛酉舉鄉會恩科。癸丑，賜姚文田等二百二十人進士及第出身有差。丙辰，以慶成爲成都將軍。

五月戊午朔，停本年秋決。甲子，免湖北被賊之孝感等四十七州縣衞新舊額賦。庚午，江蘭罷，以初彭齡爲雲南巡撫。庚辰，以傅森爲兵部尚書，阿迪斯爲左都御史。辛巳，克勤郡王恆謹以不謹削爵。甲申，以董誥爲大學士。丁亥，敕費淳訪劾貪吏。詔免伯德爾格回民增納金錢及葡萄折價。

六月己丑，增設步軍統領左右翼總兵官。庚寅，詔曰：「朕聞湖北隨州未被賊擾，因民人掘溝壘山，足資捍禦。民間邨堡，儘可照辦。勒保、松筠、吳熊光即曉諭百姓知之。」辛卯，吳熊光、吳璥請加徵河工稭料運費銀。得旨申飭，下部議處。庚戌，卹陝西陣亡總兵官保興等世職。

秋七月辛酉，調山西兵三千赴湖北，盛京兵二千，額勒亨額統之，赴四川勦賊。癸亥，勒保奏獲賊首包正洪，予朱射斗騎都尉世職。壬申，經略勒保以玩誤軍務奪職逮問，以明亮爲經略，魁倫爲四川總督。乙亥，削景安伯爵，遣戍伊犁。免甘肅被賊隴西等四十八州縣新舊額賦。辛巳，停中秋節貢。

八月己丑，富俊免，以興奎爲烏魯木齊都統。壬辰，調盛京兵二千，吉林、黑龍江兵各一千，赴湖北勦賊。癸巳，以長麟爲雲貴總督。乙未，勒保奏德楞泰生擒賊目龔文玉，給騎都尉世職。癸卯，罷明亮經略，命額勒登保以都統銜爲經略。乙巳，命修撰趙文楷、中書李鼎元册封琉球國王尚溫。己酉，慶成、永保以督軍不力逮問，命那彥成往陝西督辦。癸丑，編修洪亮吉致書成親王私論國政，遣戍伊犁。

九月丙辰朔，卹陣亡貴州副將孫大猷世職。丙寅，怡親王永琅薨。庚午，大行梓宮發引，上恭送啓鑾。庚午，葬高宗純皇帝於裕陵。癸酉，還京。甲戌，高宗純皇帝、孝賢純皇后、孝儀純皇后升祔太廟，頒詔覃恩。辛巳，故湖廣總督畢沅坐濫用軍需削世職，奪蔭官。壬午，明亮以勦賊不力罷參贊，褫都統，予副都統勦賊。

冬十月壬辰，調朱珪爲戶部尚書，劉權之爲吏部尚書，范建中爲左都御史。丁酉，明亮奏獲賊首張漢潮。湖北道員胡齊崙以侵盜錢糧處斬。壬寅，德楞泰奏獲賊首高均德、高二。予德楞泰二等男。丁未，成親王永瑆免值軍機處。命傅森仍爲軍機大臣。辛亥，命廷臣保舉賢良。壬子，勒保論斬，解京監候。

十一月甲子，故超勇公海蘭察子公安祿於四川勦賊陣亡，詔優卹之，名其子恩特赫默扎拉芬，襲超勇公。癸酉，免直隸積年逋賦。戊寅，興肇、慶成以帶兵不力遣戍。賞額勒登保銀一萬兩，德楞泰銀五千兩。庚辰，冬至，祀天於圜丘，奉高宗純皇帝配享，頒詔覃恩。

十二月壬辰，漕運總督蔣兆奎以率請加賦濟運罷。卹陣亡副將丁有成、德亮等世職。甲午，福寧以殺降報捷，景安以縱賊殃民，俱褫職逮問。丙申，額勒登保奏獲教匪王登廷。辛丑，姜晟奏獲湖南苗匪吳陳受。得旨嘉獎，加太子少保。壬子，祫祭太廟。

是歲，免河南、湖北被兵六十七州縣新舊額賦，徵兵經過直隸、河南、湖北田賦。又除江蘇、湖北各一縣坍田額賦，吉林三姓、黑龍江、雲南石屏州災賦。普免天下積年逋賦。朝鮮、暹羅入貢。

五年庚申春正月甲寅朔，上謁陵。丙辰，詣裕陵行初期祭禮。庚申，上還京。命額勒登保勦辦陝西教匪，德楞泰、魁倫勦辦四川教匪。辛酉，以松筠爲伊犂將軍，仍留陝西勦賊。調長麟爲陝甘總督，以玉德爲閩浙總督，阮元爲江蘇巡撫。壬戌，詔清查庫欵，從容彌補，勿以嚴急而致累民。金士松卒，以張若渟爲兵部尚書。辛未，祈穀於上帝，奉高宗純皇帝配享。解倭什布任，以姜晟爲湖廣總督，移松筠勦湖北賊。戊寅，以景熠爲黑龍江將軍。

二月丁亥，命那彥成參贊甘肅軍務。辛卯，以汪承霈爲左都御史。癸巳，敕新疆鑄乾隆錢。壬寅，卹四川陣亡副將關聯陞等世職。丁未，追論縱賊諸臣，秦承恩、宜綿戍伊犂。庚戌，予告大學士蔡新卒。

三月庚申，上謁陵。辛酉，解七十五任，逮京治罪。甲子，清明節，上行敷土禮。乙丑，阿迪斯以擁兵玩誤逮問，起勒保護成都將軍。丁卯，上幸南苑。德楞泰奏截勦渡江教匪，獲匪首冉添元，晉三等子。壬申，上謁西陵。乙亥，還京。辛巳，甄錄賢良祠大臣後裔。以縱賊渡嘉陵江，復過潼河，奪魁倫職逮問。以勒保署四川總督，起明亮藍翎侍衞從軍。

夏四月癸未朔，日有食之。乙酉，阿迪斯遣戍伊犂，以德楞泰爲成都將軍。庚子，雲南倮夷平，加書麟太子太保。

閏四月甲寅，命刑部查久禁官犯及禁錮子孫與久戍者寬減之。丙午，上步禱祈雨。乙卯，釋洪亮吉回籍。丙辰，釋安南人黎侗等於獄，安置火器營，給月餼。是日，雨。丙寅，卹四川陣亡提督達三泰世職。戊辰，以那彥成不任戎務，罷直軍機處，召回京。

五月壬戌朔，夏至，祀地於方澤，奉高宗純皇帝配享。己丑，經略額勒登保以勦辦匪目劉允恭等功，晉三等子。丙午，那彥成到京，奏對無狀，降爲翰林院侍講。

六月壬戌，額勒登保奏獲賊首楊開甲。丁卯，以張若渟爲刑部尚書，汪承霈爲兵部尚書，馮光熊爲左都御史。甲戌，賜魁倫自盡，戍其子扎拉芬於伊犁。

秋七月辛卯，命右翼總兵長齡統吉林、黑龍江兵赴湖北協勦教匪。琅玕奏青苗楊文泰作亂，勦平之。馬慧裕奏獲傳教首犯劉之協，解京誅之。丙申，禮部尚書德明卒，以達椿爲禮部尚書。己酉，額勒登保奏獲賊目陳傑。

八月丙辰，固原提督王文雄勦賊陣亡，予三等子。

九月壬午，上謁東陵。戊子，還京。丁未，卹四川陣亡副將李錫命世職。

冬十月戊辰，胡季堂卒，以姜晟爲直隸總督，書麟爲湖廣總督，琅玕爲雲貴總督。

十一月乙酉，睿親王淳穎薨。己亥，卹陣亡革職將軍富成等世職。

十二月甲寅，陝西教匪徐添德竄湖北，湖北教匪冉學勝竄陝西，降責德楞泰、勒保等。

丁巳，德楞泰奏獲教匪楊開第等。丙子，祫祭太廟。

是歲，免順天、江蘇、四川、雲南、甘肅等省七十廳州縣災賦，及兵差經過、坍田額賦各有差。朝鮮、琉球入貢。

六年辛酉春正月壬午，以傅森爲戶部尚書，明安爲步軍統領。辛卯，遣少卿窩星阿、裘行簡犒額勒登保、德楞泰軍。丁酉，德楞泰以勦山陽教匪功，復一等子。甲辰，德楞泰奏獲賊首高二、王儒。乙巳，勒保奏獲黃、藍、白三號賊目徐萬富等。

二月乙卯，勒保奏獲賊首王士虎。丙辰，書麟奏明亮獲賊目卜興昂。戊午，賜賢良後裔尚書魏象樞六世孫煜、尚書楊名時曾孫景曾、巡撫徐士林孫從旭舉人。戊辰，上謁陵，行敷土禮。壬申，上還京。改湖廣提督爲湖南提督。置湖北提督，駐襄陽。改襄陽鎮總兵爲鄖陽鎮總兵。癸酉，傅森卒，以成德爲戶部尚書、軍機大臣。乙亥，額勒登保奏獲賊首王廷詔。

三月庚辰，詔：「被賊裹脅匪徒多係良民，凡投出者悉貸其死。軍前大臣仰體朕意，廣爲宣示，務使周知。」卹陣亡總兵多爾濟扎布、李紹祖等世職。丁酉，賜賢良後裔大學士李光地四世孫維翰、尚書湯斌四世孫念曾舉人，巡撫傅弘烈六世孫縣丞徵瓏知縣。己亥，詔：

「朕將謁陵，春苗暢發，令大臣監護民田，勿許踐踏禾苗。」敍江西士民協勦教匪劉聯登功，改江西寧州爲義寧州。辛丑，上謁陵。乙巳，行釋服禮。

夏四月丁未朔，上還京。己未，以四川民人輸資急公，免遂寧等八十六廳州縣明年額賦。辛酉，册立皇后鈕祜祿氏。壬戌，協辦大學士、湖廣總督書麟卒，以吳熊光爲湖廣總督。德楞泰奏獲賊首張允壽。丙寅，以獲王廷詔、高二、馬五功，晉額勒登保二等子，楊遇春騎都尉。戊辰，以兩廣總督吉慶協辦大學士。辛未，賜顧臯等二百七十五人進士及第出身有差。

五月己卯，賜賢良後裔大學士王熙曾孫元洪舉人。甲申，上祭文昌廟，始命列入祀典。乙酉，卹四川陣亡總兵朱射斗視提督，予世職。丙戌，命總兵官輪班入覲。奉天府丞視學政，三年更任。乙巳，以額勒登保爲理藩院尚書。

六月壬子，大雨。永定河決，分遣卿員撫恤被水災民。以水災停本年秋獮。姜晟免，發永定河効力。起陳大文署直隸總督。丙辰，復雨。西安將軍恆瑞卒。辛未，上步禱社稷壇祈晴。是日，晴。勒保奏東鄉青、藍號匪悉數殲除。

七月庚辰，特發在京兵丁口糧一月。甲申，命那彥寶、巴寧阿修築永定河工。勒保奏獲匪目徐添壽、王登高。戊戌，賑熱河水災。

八月丁巳，額勒登保奏獲匪首王士虎、冉添泗。勒保奏七十五獲賊目劉清選、湯步武等。甲子，勒保奏獲賊首冉學勝等，封三等男。

九月己丑，續修大清會典。

冬十月丙午，永定河合龍。癸丑，額勒登保奏獲賊首辛斗。德楞泰奏斃賊首龍紹周。癸亥，詔甄敍川、陝軍勞，晉額勒登保三等伯，德楞泰二等伯，賽沖阿騎都尉，溫春雲騎尉。

十一月甲申，貴州巡撫伊桑阿以驕贖欺罔賜死。癸巳，詔曰：「軍務卽日告蕆，安插鄉勇爲善後要事。其通籌詳議以聞。」乙未，額勒登保奏獲賊首高見奇。戊戌，七十五以縱賊，奪職逮問。己亥，升四川達州爲綏定府，太平營爲太平協。

十二月癸卯朔，慶成奏獲苟文明股匪。丁未，詔曰：「前奉皇考特旨，查攷本朝殉節諸臣未得世職者，業經查出一百四十餘員，補給恩騎尉世職。茲又續查得九百九十餘員，開單呈覽，均係抗節效忠之臣。其子孫俱卽給與恩騎尉世職，支給俸餉。除投標當差外，有願應試者，准作文武生員，一體應試。」癸亥，詔奬劉清，特授四川建昌道。壬申，額勒登保奏勦辦通江賊匪，斃匪目苟朝獻。辛未，祫祭太廟。

是歲，免直隸、山西、浙江、安徽、四川、雲南、甘肅等省二百三十一廳州縣衞額賦有差。朝鮮、暹羅入貢。

七年壬戌春正月癸酉朔，上謁裕陵，行三期祭禮。賜所過貧民棉衣。甲戌，定祭社稷壇用上戊。戊寅，上還京。壬午，以松筠爲伊犂將軍。甲午，額勒登保奏獲首逆辛聰，餘黨悉平。吳熊光奏獲匪首張允壽子得貴，撲滅藍號賊股。明安以貪黷褫職，遣戍伊犂。以祿康爲步軍統領，解刑部尚書。額勒登保以疏防苟文明竄渡漢江，降男爵。庚子，上御經筵。

二月癸卯，以苟文明竄南山老林，飭領兵大臣堵勦，地方官嚴密查拏，勿令蔓延。丁未，釋奠先師孔子。壬戌，優卹陣亡副將韓自昌與其弟副將韓加業，飭地方官爲建雙烈祠，賜其母銀三百兩。丙寅，額勒登保奏劉淸獲賊首李彬、辛文，加按察使銜花翎。

三月癸酉，勒保奏獲賊首張添倫、魏學盛、陳國珠。丁丑，德楞泰奏獲匪首龔其堯、李世漢、李國珍，餘黨悉平。壬午，上謁泰陵。庚寅，還京。壬辰，成德卒，以祿康爲戶部尚書。

夏四月戊申，以顏檢爲直隸總督。乙丑，賜吳廷琛等二百四十八人進士及第出身有差。丁卯，慶成奏獲賊首魏洪升、張喜、白庸。

五月己卯，睿親王寶恩薨。琅玕奏獲倮匪首逆腊者布。壬午，勒保奏獲匪首庹向瑤、徐添陪、張思從。甲午，慶成奏搜捕餘匪，獲康二麻、張昌元，加太子太保。

六月己酉，德楞泰奏教匪樊人傑溺水死，俘其妻孥，餘匪殲盡，晉封三等侯。甲寅，命劉權之、德瑛爲軍機大臣。乙卯，達椿卒，以長麟爲禮部尚書。命保寧管理兵部。以祿康、恭阿拉爲漢軍都統。

秋七月辛未，勒保奏勦殲黃、白、青、藍四號賊匪，晉一等男。庚辰，陝西貢生何泰條陳黜奢崇儉，挽回風氣。得旨可採，賞大緞二匹。甲申，大學士王杰致仕，加太子太傅，在籍食俸。戊子，上秋獮木蘭。癸巳，詔曰：「廣東博羅監犯越獄一案，經朕硃諭查詢，始據該督撫據實陳奏。則天下事之不發覺者多矣，殊堪感歎，更深懍畏。除分別懲治外，尙其大法小廉，用副澂敍官方至意。」以興奎爲西安將軍，明亮爲烏魯木齊都統。甲午，額勒登保奏獲逆首苟文明。諭：「適到木蘭，便聞捷音。教匪起事諸犯，只餘此賊。今旣授首，不難肅淸。額勒登保晉一等伯，楊遇春以下，各優予敍賚。」張若渟卒，以熊枚爲刑部尚書。轉汪承霈爲左都御史，戴衢亨爲兵部尚書。

八月己亥朔，日有食之。詔曰：「月朔日食，月望月食，天象示儆，兢惕時深。朕躬有闕失歟？勦捕邪匪，餘孽未盡，其應靖以兵威，或迪以德化歟？政事有不便於民者，或一時行之，日久則滋流弊歟？其各讜言無隱。至月食修刑，惟當於明法敕罰，力求詳愼，所當與內外諸臣交勉焉。」以朱珪協辦大學士。癸卯，以嵇承志爲東河河道總督，以劉淸爲四川按察使。乙卯，上行圍。越南農耐、阮福映率屬內附，繳前藩敕印。詔許其入貢。辛酉，德楞泰奏獲賊首蒲添寶。

九月庚辰，上迴鑾。戊子，上謁陵。辛卯，還京。丙申，吳熊光奏斃黃號匪首唐明萬。

冬十月己酉，杭州將軍弘豐卒，以張承勳爲杭州將軍。壬子，勒保奏獲白號賊首張簡、藍號賊首湯思蛟。丁巳，德楞泰奏斃賊首戴四，獲賊目趙鑑。

十一月戊辰朔，德楞泰奏獲賊首陳傳學。庚午，詔以吉慶辦理博羅會匪，奏報不實，免協辦大學士，命那彥成查辦。尋解總督，敕瑚圖理署理。丙戌，額勒登保奏獲賊首景英，晉三等侯。

十二月戊戌朔，安徽宿州盜匪作亂，費淳等討平之。癸丑，詔額勒登保、德楞泰、勒保、惠齡、吳熊光會報川、陝、楚教匪蕩平。封額勒登保、德楞泰一等侯，勒保一等伯，明亮一等男，賽沖阿、楊遇春以次封賚。幷推恩成親王永瑆等、軍機大臣慶桂、董誥等。乙丑，祫祭太廟。

是歲，免直隸、陝西、江西、四川等省五十六廳州縣災賦。除江蘇、福建、山東十縣衞坍田額賦。朝鮮入貢。

八年癸亥春正月庚午，以倭什布爲兩廣總督。丁丑，命伊犂廣開民田。張誠基以勦辦義寧州土匪陳奏不實，論絞。乙酉，賜貧民棉衣。甲午，上御經筵。

二月己未，上謁東陵。

閏二月戊寅，上還駐圓明園。乙酉，還宮，入順貞門，奸人陳德突出犯駕。定親王綿恩、額駙拉旺多爾濟及丹巴多爾濟等擒獲之，交廷臣嚴鞫。獎賚綿恩等有差。丁亥，祀先農，上親耕耤田。己丑，詔曰：「陳德之事，視如猘犬，不必窮鞫。所慚愳者，德化未昭，始有此警予之事耳。卽按律定擬。」是日，陳德及其二子伏誅。予告大學士王杰陛辭，賜玉鳩杖，御書詩章，馳驛回籍。庚寅，嚴申門禁。

三月丙申，御試翰林。甲辰，甘肅提督穆克登布以勦捕餘匪陣亡，贈二等男。卹湖北陣亡總兵王懋賞等世職。庚申，皇后行躬桑禮。

四月丙戌，上祈雨。丁亥，雨。

五月乙未，建宗室、覺羅住房。癸丑，以富俊爲吉林將軍。

六月戊子，尙書彭元瑞乞休，允之，仍總裁高宗實錄。以費淳爲兵部尙書，陳大文爲兩江總督。己丑，封阮福映爲越南國王。

秋七月乙巳，以那彥成爲禮部尙書。丁未，以三省餘匪肅清，優敍額勒登保、德楞泰及軍機大臣。壬申，上巡幸木蘭。

八月壬午，調富俊爲盛京將軍。以停止行圍迴鑾。辛卯，上還京。

九月戊申，致仕尙書、前協辦大學士彭元瑞卒。

冬十月壬申，琅玕奏獲首犯恆乍綳，傈傈匪平。癸未，葬孝淑皇后於山陵。

十一月戊戌，朱珪等請磨敬一亭明代碑文，上不許。

十二月己丑，祫祭太廟。

是歲，免直隸、山東、河南、江蘇、安徽、陝西、湖北、四川、雲南、甘肅等省四百十八廳州縣衞災賦逋賦有差。朝鮮、越南入貢。

九年甲子春正月丁未，調興奎爲寧夏將軍，賽沖阿爲西安將軍。

二月壬戌，上御經筵。癸亥，上臨幸翰林院，賜宴，賦柏梁體詩。戊子，上謁東陵。

三月壬辰，幸盤山。壬寅，詣明陵，奠酒長陵。甲辰，上還京。

夏四月己巳，上閱健銳營兵。丙子，召嵇承志來京，以徐端署河東河道總督。

五月甲午，上祈雨黑龍潭。丁酉，雨。丁未，鐵保奏進八旗詩一百三十四卷，賜名熙朝雅頌集。

六月壬戌，玉德等奏海盜蔡牽擾及鹿耳門，突入汕木寨。得旨：追擒務獲。戊辰，以祿康協辦大學士，明亮爲工部尚書，長麟爲刑部尚書，費淳爲吏部尚書。德瑛罷直軍機處，以那彥成、英和爲軍機大臣。乙亥，惠齡卒，以那彥成爲陝甘總督。卹捕海盜陣亡總兵胡振聲，贈提督，予世職，錄用其子。

秋七月丙午，上巡幸木蘭。庚子，初彭齡以誣參吳熊光褫職。癸丑，以歲周浹甲，停本年決囚。

八月己未，清查湖北濫支軍需，追罰福康安、和琳之子並畢沅等。丁丑，上迴鑾謁陵。

九月庚寅，上幸南苑行圍。辛卯，以搜捕三省餘匪淨盡，甄敍額勒登保以次有差。甲午，上還京。

冬十月癸酉，廣西武緣知縣孫廷標匿傷縱兇，特旨處絞，臬司公峩遣戍烏魯木齊。己卯，上御惇敍殿，賜宴宗室諸王。

十一月戊申，調那彥成爲兩廣總督，倭什布爲陝甘總督。

十二月丁卯，調徐端爲江南河道總督。庚辰，大學士劉墉卒。甲申，祫祭太廟。

是歲，免直隸、湖北、四川等省二十一廳州縣災賦有差。朝鮮、暹羅入貢。

十年乙丑春正月乙未，予告大學士王杰因賜壽來京卒，優詔卹贈。辛亥，以朱珪爲大學士，紀昀協辦大學士，以鐵保爲兩江總督。詔內務府大臣嚴行約束內監，稽其出入，纂入宮史，著爲令。

二月己未，上御經筵。己巳，禮親王永恩薨，子昭槤襲。協辦大學士紀昀卒，調劉權之禮部尙書、協辦大學士。

三月己丑，上幸南苑行圍。己亥，上謁泰陵。丙午，迴鑾，閱健銳營兵。戊申，上還京。以弘康爲廣州將軍。

夏四月辛巳，御史蔡維鈺疏請查禁西洋人刻書傳教。得旨：一體查禁。戊寅，賜彭浚等二百四十三人進士及第出身有差。

五月甲申朔，詔內務府大臣管理西洋堂，未能嚴切稽查，任令傳教，下部議處。其經卷檢查銷毁，習教之佟瀾等罪之。戊申，追敍剿平教匪淸野功，加勒保太子太保，明亮一等子。

六月庚申，顏檢以失察虧帑黜免，調吳熊光爲直隸總督，百齡爲湖廣總督。丁丑，永定河決。

閏六月癸未，劉權之免，以費淳協辦大學士，秦承恩爲左都御史。戊戌，永定河合龍。

乙巳，以清安泰爲浙江巡撫。

秋七月壬辰，上詣盛京謁陵啓鑾。

八月丙戌，上祭北鎭廟。乙未，上謁永陵。丙申，行大饗禮。閱吉林官兵射。庚子，上謁福陵，行大饗禮。辛丑，上謁昭陵，行大饗禮。臨奠克勤郡王岳託、武勳王揚古利、弘毅公額亦都、直義公費英東墓。上駐蹕盛京，詣寶册前行禮。甲辰，詣天壇、地壇行禮。乙巳，上御崇政殿受賀。御前大臣、三等公額勒登保卒，建祠京師。以慶成爲成都將軍。丙午，上御大政殿，賜扈從王大臣及朝鮮陪臣宴。御製盛京頌八章。賜朝鮮國王李松御書匾額。戊申，上迴鑾。

九月己巳，上謁東陵。壬申，還京。丙子，臨奠額勒登保。

冬十月甲午，命戴均元馳赴南河勘工。丙申，英吉利國王入貢，賜敕竝文綺。辛丑，那彥成免，調吳熊光爲兩廣總督，裘行簡署直隸總督。癸卯，以賽沖阿爲廣州將軍。

十一月丙辰，百齡免，以全保爲湖廣總督。己未，以慶溥爲湖北提督。

十二月丁未，祫祭太廟。

是歲，免直隸、山西、陝西等省三十四州縣災賦及兩淮十一場額課有差。會計天下民數三萬三千二百一十八萬一千四百三名口，穀數二千九百四十一萬一千九百九十九石七升三合二勺。朝鮮、英吉利入貢。

十一年丙寅春正月壬子，海盜蔡牽陷鳳山縣，命玉德勦辦，調廣州將軍賽沖阿馳往督辦。丙子，那彥成以在署演戲，濫收海盜，奪職，戍伊犂。

二月癸未，上御經筵。辛卯，上謁東陵。甲辰，上幸南苑行圍。戊申，還京。

三月己丑，臺灣總兵愛新泰克復鳳山縣，予世職。

夏四月辛卯，上閱健銳營兵。癸巳，李亨特免，以吳璥爲河東河道總督。丙申，續編皇清文穎。

五月丙寅，玉德罷，以阿林保爲閩浙總督。

六月戊寅，調姜晟爲工部尚書，秦承恩爲刑部尚書。庚辰，慶成以奏對失實削職，戍黑龍江。以特清額爲成都將軍。庚寅，以戴均元爲江南河道總督，徐端爲副總河。庚子，命德楞泰管理兵部。

秋七月癸亥，寧陝鎮新兵陳逢順糾黨戕官，陷洋縣，擾及寧羌。命德楞泰統巴圖魯侍衞、索倫兵勦之。丁卯，上巡幸木蘭。

八月庚寅，上行圍。甲辰，李長庚奏勦殲蔡牽匪黨多名，蔡牽逸。

九月乙巳，發巴圖魯侍衞、索倫等兵赴陝西。癸丑，論直隸失察僞侵帑案，顏檢戍烏魯木齊，降姜晟、陳大文、熊枚四品京堂。起初彭齡爲安徽巡撫。庚申，起劉權之爲左都御史。癸亥，上還京。

冬十月丁丑，德楞泰奏勦平洋縣叛兵。甲申，以全保爲陝甘總督，汪志伊爲湖廣總督，曹振鏞爲工部尙書。丁亥，以溫承惠爲直隸總督。起阮元署福建巡撫，以病辭。調張師誠爲福建巡撫，金光悌爲江西巡撫。癸巳，以和寧爲烏魯木齊都統。大學士保寧乞休，優詔致仕，予食公俸。

十一月庚申，以祿康爲大學士，長麟協辦大學士，文寧爲步軍統領。詔以德楞泰勦辦叛兵，寬大受降，切責之，降楊遇春寧陝鎭總兵，楊芳遣戍伊犂，卽押降兵赴戍。

十二月戊寅，大學士朱珪卒。己卯，上臨第賜奠。庚辰，特詔旗民力求節儉。辛丑，祫祭太廟。

是歲，免直隸、四川等省三十五廳州縣災賦有差。朝鮮、琉球入貢。

十二年丁卯春正月丙午，以費淳爲大學士，戴衢亨協辦大學士。癸亥，詔曰：「從前勦辦邪匪，鄉勇過多。追事平遣散爲難，多令入伍充兵。今陝之寧陝，川之綏定，迭報新兵滋事，隨時勦平。此等獷悍之徒，必須隨時懲創，勿令別生事端。」戊辰，陝西瓦石坪新兵滋事，討平之。

二月甲戌，上御經筵。戊子，積拉堪罷，削爵。壬辰，上謁東陵。

三月壬辰，上幸南苑行圍。辛亥，謁西陵。甲寅，還京。丁巳，高宗實錄、聖訓成。辛巳，上祈雨。甲子，雨。

夏四月丙戌，上閱健銳營兵。庚子，上祈雨。

五月己丑，雨。己未，以長齡爲陝甘總督，薩彬圖爲漕運總督。丙寅，增定河工料價。雍正以來，常年工費率六十萬。自此驟增百六十萬。

六月乙未，禁督撫幕友朦保入官。

秋七月乙巳，命編修齊鯤、給事中費錫章册封琉球國王。戊午，上巡幸木蘭。

八月乙酉，上行圍。

九月丙午，上還駐木蘭。暹羅私招商人貿易，降敕訓止之。辛亥，上迴鑾。甲寅，閱古北口兵。丙辰，還京。

冬十月乙未，令武鄉、會試內場罷策論，默寫武經。

十一月辛丑，塞陳家浦壩口，導黃河由故道入海。

十二月癸未，調清安泰爲河南巡撫，以阮元爲浙江巡撫。癸巳，祫祭太廟。是歲，免直隸、江蘇、四川、甘肅等省四十七州縣災賦鹽課。除江蘇、福建、山西五縣水沖坍田額賦。朝鮮、琉球、南掌入貢。

十三年戊辰春正月戊午，浙江提督李長庚追擊海盜，卒於軍，贈伯爵。以部將王得祿爲浙江提督。

二月丁卯，命皇次子釋奠先師孔子。庚午，上御經筵。丙子，予告大學士保寧卒。戊寅，特詔獎敍湖南辰沅永靖道傅鼐，加按察使銜。

三月庚子，上謁東陵。壬午，上巡閱天津長隄。丙辰，以徐端爲南河河道總督。己未，上閱天津鎮兵。丙寅，上幸南苑行圍。命長麟、戴衢亨勘察南河。

夏四月戊辰，上還京。辛卯，賜吳信中等二百六十一人進士及第出身有差。

五月癸卯，長麟、戴衢亨奏查勘河工，請用一百三十餘歲張姓老民指出靳輔舊於天然閘東建閘二座，驗有壩基，擬請修復。得旨照准，賞老民銀緞。庚申，修闕里孔廟。

閏五月壬午，湖南提督仙鶴翎以表賀生皇長孫失辭，罷。

六月甲辰，御製耕織圖詩，刊於授時通考。乙巳，秦承恩免，以吳璥爲刑部尚書。

秋七月庚辰，上巡幸木蘭。

八月己酉，上行圍。甲寅，卹廣東捕盜被戕總兵林國良世職。

九月己卯，上還京。

冬十月癸巳朔，日有食之。

十一月壬午，吳熊光罷，以永保爲兩廣總督。庚寅，以興肇爲杭州將軍。

十二月壬辰朔，命皇次子詣大高殿祈雪。己亥，上祈雪。乙巳，雪。以周興岱爲左都御史。己未，祫祭太廟。

是歲，免直隸、四川等省十三廳州縣災賦逋賦。除直隸、江蘇、浙江、福建、雲南、甘肅等省十一廳州縣沖田額賦，浙江、福建二場坍地額課。朝鮮、琉球入貢。

十四年己巳春正月辛酉朔，上五旬萬壽節，頒詔覃恩，加封儀親王永璇子綿志、成親王永瑆孫奕綸爲貝勒，加恩藩臣、廷臣有差。丁卯，以百齡爲兩廣總督。壬申，廣興有罪處斬，子蘊秀戍吉林，籍其家。緣以降黜者多人，長齡戍伊犂。以和寧爲陝甘總督。

二月壬辰，上御經筵。壬寅，上製崇儉詩、義利辨，頒示廷臣。丁未，上謁東陵。丁巳，福建總兵許松年殲斃海盜朱濆，予世職。己未，上還京。

三月癸亥，上謁西陵。丙子，還京。西安將軍、三等公德楞泰卒。己卯，松筠奏遣戍叛兵蒲大芳、馬友元等一百餘人在戍不法，均分起誅訖。上責其濫殺，奪職。以晉昌爲伊犂將軍，興肇爲荆州將軍。

夏四月甲寅，賜洪瑩等二百四十一人進士及第出身有差。吳熊光戍伊犂，百齡劾之也。孫玉庭罷。

五月丁丑，特詔切責廷臣泄沓。戊寅，巡漕御史英綸以貪婪卑汚處絞。

六月乙未，倉場黑檔盜米事發，責黜歷任侍郎有差。丁未，以松筠爲陝甘總督。

秋七月戊辰，詔停本年秋決。江蘇查賑知縣李毓昌爲山陽知縣王伸漢毒斃，下部鞫實，王伸漢立斬，知府王轂立絞，家丁李祥等均極刑，總督鐵保奪職遣戍，巡撫汪日章奪職。上製憫忠詩，賜其嗣子李希佐舉人、控訴得申武生李清泰武舉。調阿林保爲兩江總督，以方維甸爲閩浙總督。壬申，給事中花杰以參劾軍機大臣戴衢亨徇私不得直降官。乙亥，詔曰：「朕痌瘝在抱，每直省報災，無不立霈恩施，多方賑恤。乃督撫不加查察，致有冒賑之事。如近日寶坻、山陽二案，竟謀斃持正委員，豈可不加以懲治，非有所靳惜也。御史周鉞因請報災之處，另委道府詳查。不知道府又安盡賢能。現在寶坻一案，該管東路同知歸恩燕即曾索銀三千兩。山陽一案，該管知府王轂收銀二千兩。設遇此類道府，又可信乎！道府亦不能徧歷村莊，仍委之委員，益不足憑矣。其要惟在督撫得人耳。至若以查災爲難，因而相率諱災，則其咎更重矣。將此通諭知之。」壬午，上巡幸木蘭。

八月庚戌，浙江學政、侍郎劉鳳誥以監臨舞弊褫職，戍黑龍江。巡撫阮元以徇隱奪職。

九月己未，以慶成爲福州將軍。庚申，上還京。己巳，張師誠疏報王得祿、邱良功合勦海盜蔡牽，緊逼賊船，衝斷船尾，蔡牽落海淹斃。予王得祿子爵，邱良功男爵。壬申，百齡疏請粵鹽改陸運，從之。

冬十月癸巳，上萬壽節，御太和殿受賀，賜宴。庚戌，阿林保疏請漕糧加折收納，上嚴斥之。

十一月壬辰，以松筠爲兩江總督，那彥成爲陝甘總督。

十二月戊戌，以失察工部書吏冒領戶部、內務府官銀，祿康、費淳以次降黜。甲寅，祫祭太廟。

是歲，免直隸、江蘇等省二十四州縣災賦。除順天文安窪地、浙江錢清場、湖南茶州坍地田賦。朝鮮、琉球、暹羅、越南、南掌入貢。

十五年庚午春正月丙子，以劉權之爲協辦大學士。

二月己丑，上御經筵。壬辰，長麟以疾免，以瑚圖禮爲刑部尚書，托津爲工部尚書。丙申，召勒保來京，以常明爲四川總督。丙子，詔以鴉片烟戕生，通飭督撫斷其來源。三月甲子，上謁東陵。戊寅，上幸南苑行圍。癸未，還京。

夏四月丁酉，上閱健銳營兵。

五月癸亥，勒保以不奏匿名書，罷大學士，降工部尚書。復以祿康爲大學士，明亮協辦大學士。以戴衢亨爲大學士，費淳爲工部尚書。

六月戊戌，改熱河副都統爲都統，以積拉堪補授。壬子，百齡以擒解海盜烏石二功，予輕車都尉世職。

秋七月甲寅，永定河溢。壬申，上巡幸木蘭。辛巳，以徐端爲南河河道總督。修改雲梯關海口，命馬慧裕督辦。

八月戊戌，上行圍。壬子，以皂保爲蒙古都統。設廣東水師提督，陽江鎭水師總兵。

九月己未，以汪志伊爲閩浙總督，馬慧裕爲湖廣總督，恭阿拉爲工部尚書。甲子，永定河漫口合龍。己巳，上還京。乙亥，增南河稭料價銀。

冬十月甲午，江南高堰、山盱兩隄決壩。丁酉，定部院直日例。

十一月壬戌，前吉林將軍秀林以盜用蔘銀，賜死。

十二月丙申，廣西疏報壽民藍祥一百四十二歲，特賜御製詩章、御書匾額、六品頂戴、銀五十兩。丁酉，馬慧裕奏雲梯關大工合龍，河歸正道入海。得旨嘉獎。己亥，以陳鳳翔爲江南河道總督。壬寅，調興肇察哈爾都統。己酉，祫祭太廟。

是歲，免直隸七州縣災賦。除江蘇丹徒、上海坍田，安徽無爲州廢田田賦。朝鮮、暹羅入貢。

十六年辛未春正月戊午，以雲梯關馬港新築長堤，增設淮海道，海安、海阜二廳同知。癸酉，以百齡爲刑部尙書，松筠調兩廣總督，勒保爲兩江總督。

二月壬午，上御經筵。丁亥，釋奠先師孔子。詔曰：「朕因連年南河河工糜費至四千餘萬，特命托津、初彭齡前往查察。茲據奏覆，查勘工帳銀款出入尙屬相符，而工程未盡堅固。此實歷任河臣之咎，吳璥、徐端俱降革有差。在工人員一併斥革。其未發銀六十萬，幷著停發。」

三月丙寅，上謁西陵。壬午，謁陵禮成，西巡五臺山。乙亥，工部尙書費淳卒，贈大學士。以肅親王永錫爲蒙古都統。

閏三月庚辰，上駐蹕五臺山。乙酉，上迴鑾。丙申，上謁堯母陵、帝堯廟行禮。戊戌，上閱直隸綠營兵，幸蓮池書院，遣官祭明臣楊繼盛祠。癸卯，上還京。

夏四月戊申，大學士戴衢亨卒。甲子，上祈雨。致仕協辦大學士長麟卒。壬申，賜蔣立鏞等二百三十七人進士及第出身有差。以福慶爲漢軍都統，崇祿爲蒙古都統。

五月辛巳，以劉權之爲大學士，鄒炳泰協辦大學士，劉鐶之兵部尚書。丁亥，上再詣天神壇祈雨。庚寅，雨。

六月壬午，明亮以覆奏不實，降副都統。以松筠爲協辦大學士。癸丑，祿康以覆奏不實，降副都統。以勒保爲大學士，管理吏部，吉綸爲工部尚書、步軍統領。乙丑，湖南按察使傅鼐卒，贈巡撫，許建專祠。

秋七月戊寅，命光祿寺少卿盧蔭溥入直軍機處，加四品卿銜。壬辰，禁西洋人潛居內地。丙申，上巡幸木蘭。癸丑，江南李家樓河決。乙巳，興肇以老免，起貢楚克扎布爲察哈爾都統。

八月壬戌，上行圍。

九月己卯，建興安大嶺神祠，春秋致祀。戊子，上迴鑾。乙未，以松筠爲吏部尚書，蔣攸銛爲兩廣總督。丁酉，上謁陵。庚子，上還京。辛丑，四川十二支嶺夷向化，改土歸流。

十一月庚子，敕改運河邳、宿工程復歸河員管理。

十二月癸丑，以和寧爲盛京將軍。癸酉，祫祭太廟。

是歲，免順天、江蘇、河南等省八州縣災賦。除甘肅逋賦，又除喀什噶爾回莊田賦。朝鮮、琉球、暹羅、緬甸入貢。

十七年壬申春正月壬午，時享太廟，命皇次子行禮。

二月甲辰朔，上御經筵。

三月丙子，上謁東陵。己丑，上幸南苑行圍。辛卯，以明亮爲西安將軍。壬辰，上御晾鷹臺，大閱八旗官兵。丙申，上還京。

夏四月甲辰，詔曰：「八旗生齒日繁，亟宜廣籌生計。朕聞吉林土膏沃衍，地廣人稀。柳條邊外，葠場移遠，其間空曠之地，不下千有餘里，多屬腴壤，流民時有前往耕植。應援乾隆年間拉林成案，將閒散旗丁送往吉林，撥給地畝，或耕或佃，以資養贍。農暇仍可練習騎射，以備當差，教養兩得其益。該將軍等盡心籌畫，區分棲止，詳度以聞。」丙辰，上閱健銳營兵。癸亥，護軍統領扎克塔爾卒，予銀三百兩。

五月戊子，溫承惠奏灤州拏獲金丹、八卦邪教董懷信等。得旨：從嚴懲辦。

六月乙巳，移閑散宗室於盛京居住，築室給田給銀。

秋七月戊子，上巡幸木蘭。

八月壬子，陳鳳翔以不職免，以黎世序爲江南河道總督。甲寅，以阮元爲漕運總督。

丙辰，上行圍。

九月戊子，上還京。甲午，慶桂以年老罷，以松筠爲軍機大臣。

冬十月丁卯，以恭阿拉爲禮部尚書。

十一月辛未，以景安爲理藩院尚書兼漢軍都統。

十二月壬子，以鐵保爲禮部尚書，潘世恩爲工部尚書。甲寅，以興肇爲江寧將軍。

是歲，免順天、奉天、直隸、河南、安徽等省二十七州縣災賦、逋賦、旗租，臺灣噶瑪蘭水沖田賦。朝鮮、暹羅入貢。

十八年癸酉春正月乙亥，軍機大臣松筠罷爲御前大臣，以勒保爲軍機大臣。

二月庚子，上御經筵。

三月丁丑，上幸南苑行圍。丙戌，上謁西陵。丙申，上還京。

夏四月己亥，以明亮爲蒙古都統。甲寅，上祈雨。癸亥，以富俊爲黑龍江將軍。

五月庚辰，上祈雨。壬辰，雨。

六月乙卯，賜進書生員鮑廷博舉人。庚申，以松筠爲伊犂將軍。

秋七月甲戌，申嚴販運鴉片烟律，食者幷罪之。丁丑，御史馮大中疏言中外臣工辦事遲延怠緩，請旨稽覈，上是之。壬午，上巡幸木蘭。

八月庚戌，上行圍。

九月甲子，上以陰雨減圍。癸酉，上迴鑾。乙亥，河南睢州河溢。河南滑縣八卦教匪李文成糾衆謀逆，知縣强克捷捕繫獄。其黨馮克善、牛亮臣陷縣城，克捷死之。直隸長垣、山東曹縣賊黨咸應。上命高杞、同興防堵，溫承惠佩欽差大臣關防勦之。召楊遇春統兵北上。賊黨徐安幗陷長垣，戕知縣趙綸。金鄉知縣吳階捕賊崔士俊等。戊寅，上行次髫髻山。是日，奸人陳爽數十人突入紫禁城，將逼內宮，皇次子用槍殪其一人。一賊登月華門牆，執旗指揮，皇次子再用槍擊之墜，貝勒綿志續殪其一。王大臣率健銳、火器營兵入，盡捕斬之。己卯，詔封皇次子爲智親王，綿志郡王銜。論捕賊功，各予奬敍。奪吉綸職，以英和爲步軍統領。庚辰，詔曰：「朕紹承大統，不敢暇逸，不敢爲虐民之事。自川、楚教匪平後，方期與吾民共享承平之福，乃昨九月十五日，大內突有非常之事。漢、唐、宋、明之所未有，朕實惡焉。然變起一朝，禍積有素。當今大患，惟在因循怠玩。雖經再三誥誡，舌敝筆禿，終不足以動諸臣之聽，朕惟返躬修省耳。諸臣願爲忠良，卽盡心力，匡朕之咎，正民之志，切勿依前尸位，益增朕失。通諭知之。」命那彥成爲欽差大臣，勦賊河南。以提督楊遇春、副都統富僧德、總兵楊芳帶兵協勦。辛巳，首逆林清就擒。壬午，上還京。癸未，以松筠、曹振鏞爲大學士，托津、百齡協辦大學士，鐵保、章煦爲吏部尚書。丙戌，首逆林清、通逆內監劉進亨等伏誅。

冬十月丙申，祖之望免，以韓崶爲刑部尚書。癸卯，山東鹽運使劉清大破賊於扈家集，侍衞蘇爾愼復定陶、曹縣。御史張鵬展疏陳，百姓不敢出首邪匪，由於地方官規避處分，不爲受理，或反坐誣。上是之。己酉，那彥成奏各路調兵，再行進勦。上嚴斥之。甲寅，命托津往督河南軍務，桂芳入直軍機處。丁巳，䘏禁城拒賊傷亡侍衞那倫等世職。己未，祿康、裕瑞失察屬人從逆，發盛京禁錮。辛酉，諭降漢軍籍、直隸籍之科道官。壬戌，以明亮爲兵部尚書。

十一月甲子朔，那彥成奏攻克道口賊巢，進圍滑城。丙寅，敕删減公罪則例。壬申，通逆都司曹綸伏誅。戊子，那彥成奏楊芳等攻克司寨山賊寨，殲斃首犯李文成。

十二月丙申，命松筠、長齡籌議新疆經費。丙午，那彥成奏攻克滑城，賊渠宋元成等伏誅，生擒牛亮臣等。予那彥成三等男，楊遇春等以次奬敍有差。命托津留辦長垣賊匪。

是歲，免直隸、河南、湖南等省二十六州縣災賦。除江蘇、河南、湖南廢田田賦。朝鮮、琉球、越南、暹羅入貢。

十九年甲戌春正月壬午，以吳璥爲河東河道總督。

二月甲午，上御經筵。乙未，以晉昌爲盛京將軍。壬寅，成都將軍賽沖阿以勦陝西賊匪苗小一等，予三等男，長齡輕車都尉，楊遇春晉一等男。壬子，以富俊爲吉林將軍，特依順保爲黑龍江將軍。丙辰，鐵保免，以英和爲吏部尚書，奕紹爲漢軍都統。以戴均元爲左都御史。

閏二月甲子，以和寧爲禮部尚書。己丑，予死事滑縣知縣强克捷、教諭呂秉鈞、巡檢劉斌等世職。

四月乙亥，上閱健鋭營兵。豫親王裕豐失察屬人祝現入教，謀逆已發覺，不入奏，削爵。以其弟裕興襲封。以興肇爲漢軍都統。壬午，漕運總督桂芳卒。丙戌，賜龍汝言等二百二十六人進士及第出身有差。

五月癸亥，以和寧爲熱河都統。

六月庚申朔，日有食之。庚辰，以劉鐶之爲戶部尚書，初彭齡爲兵部尚書，署江蘇巡撫。

八月甲子，上御經筵。辛未，大學士、威勤伯勒保再乞致仕，許之，命食伯俸。以托津爲大學士，明亮協辦大學士。戊寅，上謁陵。甲申，上還京。

九月乙未，以景安爲戶部尙書。

冬十月乙丑，以慶溥爲左都御史。己巳，江西巡撫阮元以擒捕土匪，加太子少保。

十一月癸丑，命開墾伊犂、吉林荒地。

十二月癸未，百齡罷協辦大學士，以章煦爲協辦大學士。乙酉，祫祭太廟。

是歲，免直隸二縣、河南二縣、黑龍江各城災賦。除奉天岫巖、浙江西安四縣廢田田賦。朝鮮、琉球入貢。

二十年乙亥春正月甲午，時享太廟，命智親王行禮。

二月己未，上御經筵。

三月庚寅，上謁東陵。戊申，上還京。甲午，初彭齡以參劾百齡不實，又代茅豫乞病，降官。旋經百齡查覆參奏，奪職。己酉，兩廣總督蔣攸銛疏陳查禁鴉片烟章程。得旨：「洋船到澳門時，按船查驗，杜絕來源。官吏賣放及民人私販者，分別治罪。」

夏四月己巳，上閱健銳營兵。壬午，上製官箴二十六章，宣示臣工。

五月丁亥，刑部疏，審明知府王樹勳卽僧明心，曚混捐保職官。得旨：枷號兩個月，遣戍黑龍江。入敎侍郎蔣予蒲褫職。

六月戊辰，上製勤政愛民論，宣示中外。己卯，常明奏中瞻對土番洛布七力滋事，改委總兵羅思舉由下瞻對前往勦辦。其勦辦不力之總兵羅聲皋及捏禀之都司圖棠阿均褫職逮問。

秋七月甲午，總兵羅思舉勦辦瞻對土番洛布七力竣事，下部議敍。癸卯，上巡幸木蘭。

八月戊辰，上行圍。百齡以捕獲編造逆詞首犯方榮升功，晉三等男。

九月己亥，上還京。

冬十月庚申，召松筠來京，以長齡爲伊犂將軍。癸亥，命侍郎那彥寶往勘山西地震災。

十一月丁亥，禮親王昭槤以刑比佃丁欠租，削爵圈禁，以麟趾襲。

十二月己卯，祫祭太廟。

是歲，免直隸寧晉二縣災賦。除江蘇寶山、靖江，山西靜樂廢田田賦。會計天下民數三萬二千六百五十七萬四千八百九十五名口，存倉穀數三千八十萬二千八百六十九石九斗一升七合五勺。朝鮮、琉球、暹羅入貢。

二十一年丙子春正月丙戌，特詔諸親王、郡王勿令內監代爲奏事，致開交結之端。

二月壬子，上御經筵。甲戌，上謁東陵。庚辰，上還京。

三月庚寅，上謁西陵。辛丑，上臨故大學士朱珪墓賜奠。丁未，上還宮。

夏四月丙子，張師誠以父疾具奏，不候旨卽回籍，罷。以胡克家爲江蘇巡撫。

五月辛卯，以馬慧裕爲左都御史，孫玉庭爲湖廣總督。丁未，以鄂勒哲依圖爲御前大臣。

六月丁丑，休致大學士慶桂卒。戊寅，那彥成緣事褫職逮問，以方受疇爲直隸總督。

閏六月戊戌，釋昭槤於禁所。壬寅，以戴均元爲吏部尚書。

秋七月乙卯，和世泰、穆克登額、蘇楞額以帶領英吉利國使臣，不諳事體，不克入覲，俱黜降。以松筠爲滿洲都統，和寧爲工部尚書。乙丑，上巡幸木蘭。

八月壬辰，上行圍。九月戊午，上迴鑾。閱古北口兵。壬戌，上還京。

冬十月戊子，命松筠署兩江總督，章煦爲軍機大臣。

十一月壬子，百齡卒，調孫玉庭爲兩江總督，阮元爲湖廣總督。丙辰，以綿志爲領侍衞內大臣。

十二月癸卯，祫祭太廟。

是歲，免直隸、河南、浙江、湖南等省五十六州縣災賦有差。朝鮮、琉球、英吉利入貢。

二十二年丁丑春正月壬申，上御經筵。

二月丁丑，釋奠先師孔子。癸未，以長齡爲陝甘總督，晉昌爲伊犂將軍，富俊爲盛京將軍。

三月甲辰朔，以董敎增爲閩浙總督。戊申，增設天津水師營總兵官，專轄水師兩營。壬子，上謁東陵。己巳，上還京。辛未，章煦免，以戴均元協辦大學士，盧蔭溥爲兵部尚書，汪廷珍爲左都御史。

夏四月丁亥，上閱健銳營兵。庚寅，停伊犂仲夏進馬。辛卯，雲南夷匪平，加伯麟太子少保。戊戌，賜吳其濬等二百五十五人進士及第出身有差。

五月辛酉，上祈雨。壬戌，雨。以玉麟爲駐藏大臣。丁卯，福建布政使李賡芸被誣自縊，遣熙昌、王引之鞫其事，得實。奉旨：總督汪志伊、巡撫王紹蘭俱奪職。壬申，上製望雨省愆說。

六月甲戌，松筠疏請停止明年奉謁祖陵。奉旨嚴斥，罷大學士，黜爲察哈爾都統。以明亮爲大學士，伯麟協辦大學士，和寧爲兵部尚書。以賽沖阿爲御前大臣，德寧阿爲成都將軍。

秋七月庚申，上巡幸木蘭。以蘇楞額爲工部尙書，和世泰爲理藩院尙書。

八月丁亥，上行圍。壬辰，積拉堪罷，以毓秀爲杭州將軍。

九月癸丑，常明卒，以蔣攸銛爲四川總督，阮元爲兩廣總督，慶保爲湖廣總督。庚申，上還京。庚午，上製諫臣論，頒都察院。

冬十月辛未朔，日有食之。

十一月乙丑，以伊沖阿爲熱河都統。

十二月甲戌，免雲南銅廠逋銀。丁酉，祫祭太廟。

是歲，免直隸八縣、黑龍江三城災賦。除奉天承德，直隸定州，江蘇丹徒、江陰，江西豐城，河南孟縣，福建侯官等縣水沖、河壓田賦。朝鮮、琉球、越南入貢。

二十三年戊寅春正月戊申，特詔松筠勿沾名市惠，以保桑榆。甲寅，詔明亮年逾八旬，宜節勞頤養，勿庸常川入直，並免帶領引見承旨。

二月庚午，命戴均元、和寧爲軍機大臣。大學士董誥致仕，命食全俸。庚辰，上御經筵。己丑，上閱火器營兵。

三月庚子，上謁西陵。庚戌，以章煦爲大學士，汪廷珍爲禮部尚書，吳芳培爲左都御史。戊午，上還京。

四月戊辰朔，日有食之。乙亥，風霾。丙子，詔曰：「昨日酉初三刻，暴風自東南來，塵霾四塞，燃燭始能辨色。其象甚異。朕心震懼惕，思上蒼示警之因，稽諸洪範咎徵，蒙恆風若之義，皆朕蒞事不明、用人不當之所致也。有言責者，體朕遇災而懼之心，剴切論列，無有所隱。卽下民有寃抑者，亦可據事代爲直陳，以副朕修德弭災之意。」給事中盧浙疏言，風沙示警，請禁員弁貪功妄捕，擾累平民。得旨：「所奏甚是。林清案內逸犯飭緝，承緝員弁輒以他犯塞責。番役兵丁，乘機肆虐，誣陷索擄，無所不至。比到官審明，業已皮骨僅存，貲產蕩盡，甚有因而殞命者。寃苦莫訴，宜致斯災。所有次要五十餘犯，概令停緝。卽祝現等六犯，亦只交刑部存記，獲日辦理。嗣後捕役有犯前情，該管官嚴刑重懲，以其家產付諸被誣之家，庶可儆惡習而安良懦。」己卯，欽天監疏言：「謹按天文正義，天地四方昏濛，若下塵雨，名曰霾。故曰天地霾，君臣乖，大旱，又主米貴。」得旨：「初八日之事，正與正義之象相同。惟朕恪遵成憲，日日召見臣工，前席周諮，似不致於乖離。但此其迹也，其實與朕同心望治，有幾人哉！不敢面諍，退有後言，貌合而情暌，是卽乖也。其於同僚，不爲君子之和而爲小人之同，是亦乖也。我君臣其交儆焉。」庚辰，上祈雨。戊子，上再祈雨。辛卯，雨。

五月戊戌，詔曰：「館臣呈進敕修明鑑，於萬曆、天啓載入先朝開創之事，又加按語頌揚，於體例均爲未合。副總裁侍郎秀寧降爲侍衞，前往新疆換班。正總裁曹振鏞等各予薄罰，另行纂輯。」

六月壬申，武陟沁河溢，旋報合龍。

七月甲子，上東巡啓鑾。

八月丁卯朔，詔以取道民田，免經過奉天承德四州縣額賦。戊子，頒行皇朝通禮。壬午，上祭北鎮。辛卯，謁永陵，行大饗禮。

九月丙申朔，謁福陵。丁酉，謁昭陵，均行大饗禮，詣寶册前行禮。上製再舉東巡慶成記。臨奠克勤郡王岳託、武勳王揚古利、弘毅公額亦都、直義公費英東墓。加恩額亦都後裔五人，費英東後裔一人。庚子，上詣天壇、堂子行禮。辛亥，上迴鑾。丁巳，以富俊爲吉林將軍，賽沖阿爲盛京將軍。

冬十月庚午，上駐蹕興隆寺。辛未，萬壽節，行宮受賀。癸酉，上謁東陵。丙子，上還京。辛巳，予告大學士董誥卒，上臨第賜奠。

十一月戊申，以奕灝爲蒙古都統。辛亥，詔曰：「國家臨御年久，宜加意於人心風俗。而人心之正，風俗之醇，則繫於政教之得失。其間消息甚微，繫於國脉甚重，未可視爲迂圖也。天下事有萬殊，理歸一是。從嚴、從寬，必準諸理。施行所及，乃能大畏民志。民志定，民心正矣。凡我君臣，當以憂盛危明之心，不爲苟且便安之計。其於風俗之淳薄，尤當時時體察，潛移默化，整綱飭紀，正人心以正風俗。亮工熙績，莫重於斯。期與內外臣工交勉之。」

十二月戊辰，上祈雪。戊子，以八十六爲廣州將軍，松筠爲禮部尚書。以劉鐶之爲左都御史。壬辰，祫祭太廟。

是歲，免順天、直隸、山東、安徽、甘肅、雲南等省七十九州縣災賦有差。朝鮮、琉球入貢。

二十四年己卯春正月甲午朔，上六旬萬壽，頒詔覃恩，賜廷臣宴。封皇三子綿愷爲惇親王，皇四子綿忻爲瑞親王，皇長孫奕緯爲貝勒。晉封綿志、奕紹等有差。丁巳，和寧免直軍機，以侍郎文孚爲軍機大臣。

二月甲子，上御經筵。

三月己亥，上謁東陵。壬子，上幸南苑行圍。己未，上謁西陵。

夏四月甲子，上還京。庚辰，上閱健鋭營兵。丙戌，賜陳沆等二百二十四人進士及第出身有差。戊子，罷鳳陽、九江兩關監督，由巡道兼理。己巳，上祈雨。庚寅，以松筠爲內大臣。

閏四月己酉，上詣天神壇祈雨。是日，雨。

五月乙酉，成親王永瑆以告祭禮愆，罷職削俸歸第。以英和、和世泰俱爲滿洲都統。

六月癸卯，調松筠爲工部尚書。

秋七月壬戌，以鄭親王烏爾恭阿爲漢軍都統。庚申，上巡幸木蘭。壬午，永定河決，命吳璥、那彥寶勘築。

八月辛卯，河南蘭陽北岸河溢。予告大學士、威勤伯勒保卒，贈一等侯。

九月壬戌，上還京。癸酉，罷松筠御前大臣爲盛京將軍。

冬十月乙未，萬壽節，上御太和殿受賀。侍郎周系英因參劾湖南客民焚殺，兼致私書，革職，並斥革其子舉人。

十一月乙巳，晉封明亮三等侯。

十二月庚子，吳邦慶以奏覆湖南客民焚殺案不實，降官。丙午，董教增疏請洋船准販茶葉，得旨斥駁。丙辰，祫祭太廟。

是歲，免直隸、浙江、湖南等省三十九州縣衞災賦旗租有差。除江蘇川沙廳、寶山縣廢地田賦。朝鮮、琉球、越南、暹羅、南掌入貢。

二十五年庚辰春正月壬申，詔優恤老臣明亮、和寧等，毋庸來園帶領引見。

二月己丑，上御經筵。癸卯，章煦以疾致仕，以戴均元爲大學士，吳璥協辦大學士。戊申，上閱火器營兵。乙卯，慶郡王永璘有疾，上臨視，晉封親王。

三月甲子，上謁東陵。兵部遺失行印，事聞，明亮以次罰降有差。乙丑，上詣明成祖、宣宗、孝宗陵奠酒。己巳，慶親王永璘薨。戊寅，上還京。臨故慶親王第賜奠，命其子綿慜襲郡王。

夏四月甲午，上詣八里莊慶僖親王殯所賜奠。庚戌，賜陳繼昌等二百四十六人進士及第出身有差。

六月癸卯，禁王公私設諳達及買民女爲妾。松筠黜爲驍騎校。

秋七月壬申，上巡幸木蘭。方受疇等疏呈嘉禾。戊寅，駐蹕避暑山莊。己卯，上不豫，嚮夕大漸。宣詔立皇次子智親王爲皇太子。日加戌，上崩於行宮，年六十有一。

八月乙巳，奉移梓宮還京。十月甲辰，恭上尊謚曰受天興運敷化綏猷崇文經武孝恭勤儉端敏英哲睿皇帝，廟號仁宗。道光元年三月癸酉，葬昌陵。

論曰：仁宗初逢訓政，恭謹無違。迨躬蒞萬幾，鋤奸登善。削平逋寇，捕治海盜，力握要樞，崇儉勤事，闢地移民，皆爲治之大原也。詔令數下，諄切求言。而吁咈之風，未遽睹焉，是可慨已。